KiWi 359

Über das Buch
In diesem Buch erzählt Renate Feyl von Frauen, die nicht gewillt waren, ihr Leben in Einfalt und Unterordnung zu verbringen. Allen, von Maria Sibylla Merian bis Lise Meitner, ist gemeinsam, daß sie sich durch wissenschaftliche Leistungen einen Platz in der Geschichte sicherten und sich aus der den Frauen von der Gesellschaft vorgeschriebenen Rolle befreiten. Ohne attackierende Forderungen, ohne fanatisches Eifern, ohne draufgängerischen Ehrgeiz, eher lautlos und aus der Stille heraus bahnten sich Frauen weltweit den Weg in die Wissenschaft. Bewundert von den einen, belacht von den anderen gingen sie, gelassen und auf sich selbst vertrauend, ihren Weg durch das Dickicht von Intoleranz und Mißachtung, Beschränkung und Spott.
Welchen Anfeindungen sie ausgesetzt waren, wieviel Engstirnigkeit ihnen begegnete und wie sie sich trotz alledem mit Geduld und Leidenschaft ihre Position in der Wissenschaft eroberten, das wird in den hier versammelten elf literarischen Porträts eindrucksvoll gezeigt:
Maria Sibylla Merian · Dorothea Christina Erxleben · Caroline Herschel · Dorothea Schlözer · Betty Gleim · Amalie Dietrich · Henriette Hirschfeld-Tiburtius · Ricarda Huch · Margarethe von Wrangell · Lise Meitner · Emmy Noether

Die Autorin
Renate Feyl, 1944 in Prag geboren, studierte Philosophie. Lebt als freie Schriftstellerin in Berlin. Schrieb Romane und Essays.

Weitere Titel bei k&w
Sein ist das Weib – Denken der Mann, KiWi 249, 1991. *Idylle mit Professor,* Roman, KiWi 262, 1992. *Ausharren im Paradies,* Roman 1992.

Renate Feyl

Der lautlose Aufbruch

Frauen in der Wissenschaft

Kiepenheuer & Witsch

Zuerst erschienen 1981 im
Verlag Neues Leben, Berlin.
Außerdem 1983 in der Sammlung Luchterhand,
Darmstadt und Neuwied

Umschlag: Manfred Schulz, Köln
Umschlagmotiv: Bildarchiv Preußischer Kulturbesitz, Berlin
Satz: Kalle Giese Grafik, Overath
Druck und Bindearbeiten: Clausen & Bosse, Leck
ISBN 3-462-02388-8

Inhaltsverzeichnis

Der Mann handelt, die Frau liebt. Der Mann ist der Kopf. Die Frau ist das Herz. Er ist der Pflug, die rastlose Bewegung, und sie ist der Acker, die ruhende Erde. Er tönt in Dur, sie summt in Moll. Der Mann soll herrschen, und die Frau lerne dienen beizeiten. Das männliche Prinzip, sagt Pythagoras, ist die Ordnung und das Licht; das weibliche Prinzip ist das Chaos und die Finsternis. Wirr, unstet, extrem, unüberlegt und leichten Sinnes dahintreibend ist sie. Entschlossen, stark, kühn, und wissend den Dingen auf den Grund gehend ist er. Tatenfroh zieht es ihn hinaus ins feindliche Leben, wo er strebt und schafft, rafft und jagt. Abends kehrt er heim zur züchtigen Hausfrau.

Was unter dem Zwang der Arbeitsteilung zur Gewohnheit wurde, erklärt man schließlich zur Natur: Nicht denken, erkunden oder wissen ist die Natur der Frau, sondern fühlen, erdulden, erfahren. Sie, das sanfte Sinnenwesen, die geborene Verführerin, das Objekt der Zerstreuung, dieser reizende rohe Schöpfungsentwurf hat eine einzige irdische Mission zu erfüllen: Sie muß gefallen, nichts als gefallen, um rechtzeitig die ehrenwerteste Laufbahn einzuschlagen, die ihr bestimmt ist – die Ehe. Gewähr ihrer Versorgung und ein schützender Hafen, in dem sie sich als existentielle Ergänzung zum Mann bescheiden entfalten darf. Vor allem hat sie hier ihrem Naturberuf zu folgen: muß Kinder gebären, Kinder erziehen, das Haus hüten, die Tugend bewachen und sich dem Willen des Mannes fügen. Denn er ist des Weibes Ernährer, und wer Brot gibt, gibt Rat. Geprägt von traditionellen Lebensmustern, eingeschüchtert von der Herrschaft eines Vorurteils, verängstigt durch wirtschaftliches Abhängigsein, ertragen Frauen über viele Jahrhunderte hinweg geduldig die eigene selbstempfundene Unmündigkeit. Bildung heißt für sie immer Herzensbildung, Größe immer Seelengröße.

Als Schauspielerinnen, Tänzerinnen, Musikantinnen, Malerinnen und Dichterinnen jedoch sind sie zu allen Zeiten geehrt und akzeptiert. Denn, so sagt man, alles Musische, alles Nachschöpferische käme dem weiblichen Naturell am nächsten. Im Musischen finden Frauen ihr Selbst, sind Abenteuer und Geheimnis, Mythos und Wunschwelt. Die Zärtlichkeit ihres Intellekts und die Sinnlichkeit ihrer Phantasie schlagen im Musischen die Brücke zu ihrer eigentlichen Bestimmung: Objekt zu sein. Objekt der Begierde, Objekt der Bildung, Objekt der Freude, Objekt der Verehrung.

Der einzige Tempel menschlicher Tätigkeit, zu dem den Frauen zäh der Eintritt verweigert wird, ist die Wissenschaft, denn jegliche ernsthafte geistige Arbeit zählt zu den sorgsam gehüteten Revieren männlicher Angelegenheiten. Gymnasien, Universitäten, hohe und höhere Schulen stehen Männern von alters her offen. Für Frauen dagegen, wenn sie nicht zur Oberschicht gehören und in Nonnenklöstern erzogen werden, bleibt wissenschaftliche Bildung bis zum Anfang unseres Jahrhunderts eine private Daseinslust. Nicht einmal als Utopie wird in Erwägung gezogen, daß sie den Gesetzen der Natur und des Denkens durch Logik und Verstand auf die Spur kommen könnten. Die wenigen weiblichen Ausnahmen, die es dennoch in den Wissenschaften zu Ruhm bringen, gelten zu ihrer Zeit nicht etwa als Vorboten eines allmählichen intellektuellen Erwachens der Frauen aus ihrem geistigen Dämmerzustand, sondern werden als vereinzelte Phänomene gedeutet, mystifiziert und ins Reich des Transzendenten verwiesen. Hypathia, die griechische Mathematikerin - ein unerklärbares Geheimnis. Hildegard von Bingen, die deutsche Universalgelehrte - die heilige Hildegardis. Anna Maria von Schürmann - das Wunder von Utrecht. Anna Morandi-Manzolini, die italienische Anatomin - ein weibliches Phantasma. Immer aber ist die gelehrte Frau die Tochter eines berühmten Mannes, die Schwester eines begnadeten Bruders, die Schülerin eines verdienstvollen Lehrers. Maria Sibylla Merian - des Matthäus Merian selig ledige Tochter. Caroline Herschel - die Schwester des Wilhelm Herschel, Lydia Rabinowitsch-Kempner - eine Schülerin Robert Kochs, Lise Meitner - eine Mitarbeiterin Otto Hahns.

Ohne attackierende Forderungen, ohne fanatisches Eifern, ohne draufgängerischen Ehrgeiz, eher lautlos und aus der Stille heraus bahnen sich die Frauen weltweit den Weg in die Wissenschaft. Es ist ein langes, behutsames Sichvorwärtstasten; ein verhaltenes Schweben zwischen gewohnter Unterwürfigkeit und verlockender Auflehnung; ein Suchen und Irren, Finden und Verlieren voll geduldiger Leidenschaft. Bewundert von den einen, belacht von den andern, gehen sie, gelassen und auf sich selbst vertrauend, ihren Weg durch das Dickicht von Intoleranz und Mißachtung, Beschränkung und Spott.

Von dem Augenblick an, da sie ihren Anspruch kundtun, finden sich namhafte männliche Verbündete, die sich zum Anwalt ihrer Rechte machen. Luther ist es zunächst noch um die Voraussetzungen für ein gleichberechtigtes Bildungsgut zu tun. Er appelliert an »die Burgermeister und Ratherrn allerlei Städte in deutschen Landen«, christliche

Schulen zu errichten, in denen Jungen wie Mädchen, Knäblin wie Meidlin, lernen können. Agrippa von Nettesheim kommt dann schon zu der ketzerischen Erkenntnis: »Wenn es nicht durch die Gewohnheit den Weibern verboten wäre, zu studieren, so würden wir zu unserer Zeit derer noch mehr gelehrte Frauen zu sehen bekommen, als unter den gelehrtesten Männern.« Comenius beweist schließlich in seiner *Didactica magna,* daß kein genügender Grund dafür angegeben werden kann, das weibliche Geschlecht von den Straßen der Weisheit ausschließen zu müssen. »Denn sie sind in gleicher Weise Ebenbild Gottes; in gleicher Weise mit beweglichem Geiste und umfassender Weisheit (oft mehr als unser Geschlecht) ausgerüstet.« Und er fordert, daß »ihm niemand entgegentreten soll mit dem Worte des Apostels: ›Einem Weibe aber gestatte ich nicht, daß sie lehre‹, oder mit jenem Ausspruche Juvenal's in der sechsten Satire: ›Nicht möge die Frau, die mit dir ehelich verbunden ist, ein Redetalent besitzen; noch wissen alle Geschichtchen.‹ Oder mit jenen Worten des Hippolyt beim Euripides: ›Ich hasse die Unterrichtete: möge nie eine in meinem Hause sein, die mehr weiß, als einem Weibe zu wissen dienlich ist.‹« Und doch stehen Frauen, die wissenschaftlich arbeiten wollen, immer wieder vor der fugenlosen Wand des Vorurteils, daß sie nur Gefühl hat, er aber das Genie. Femina sexu, ingenius vir.

Jene Frauen, die als erste an dem Bildungsprivileg der Männer zu rütteln wagen, sind zunächst meist selbst privilegiert: ausgestattet mit den Vorteilen eines vermögenden Elternhauses. Doch diese wenigen haben es von Anfang an schwerer als jeder durchschnittlich begabte Mann. Ihre ersten nachhaltigen Erfolge fallen in eine Zeit, da ein gigantisches Ringen zwischen Dunkelheit und Aufklärung, geistigem Stillstand und geistiger Bewegung, zwischen Nachlaßverwaltung und Neuorientierung stattfindet. Trotz der gesellschaftlich tief verwurzelten Abneigung gegen das Bildungsbegehren des weiblichen Geschlechts verfechten auch im 18. Jahrhundert vorurteilslose und kompetente Zeitkritiker die Rechte der Frauen, stellen die Passion für das Alte, Ausgediente in Frage und bewerten alles nach den Maßstäben der Vernunft. Während einerseits noch unverhohlen überlegt wird, ob »Weiber Menschen sind«, wird andrerseits schon der Boden für ein Verwirklichen ihrer geistigen Ansprüche bereitet.

Johann Christoph Gottsched gründet die erste Frauenzeitschrift Deutschlands, *Die vernünftigen Tadlerinnen,* die im preußischen Halle erscheint und Harsdörfers Tradition der *Frauenzimmer-Gesprächsspiele* fortsetzt. Gottsched befürwortet Dichterkrönungen von Frauen und betreibt ihre Aufnahme in Gelehrtenvereine, die zahlreich und in Mode sind. Die poetischen Lorbeeren einer Zieglerin, Zäunemännin, Riegerin oder Löberin sind herzhafte Angriffe auf hartnäckige Vorurteile, sind der Aufbruch zur Wirklichkeit von morgen. In den Gelehrtenvereinen, in denen Frauen eine erste Berührung mit der Welt der Wissenschaft nehmen, überwinden sie allein durch die Tatsache ihrer Mitgliedschaft das anscheinend Unüberwindliche: Sie betreten das Vorfeld zur Universität und nähern sich damit der den Frauen verschlossenen Festung männlichen Geistes. Nicht durch Gewalt, sondern durch Poesie öffnen sie sich das Tor zur Wissenschaft. Bald sind Frauen als Mitglieder in Gelehrtenvereinen nichts Ungewöhnliches, nichts Sensationelles mehr. Das Abweichende wird zur Sitte.

Wenn auch viele Geschlechtsgenossinnen dem neuen, frauenfreundlichen Zeitgefühl skeptisch, hilflos, meist ablehnend gegenüberstehen, gibt es aus ihren Reihen immer wieder die vereinzelt einzelnen, die durch eigenes Beispiel den geistigen Dornröschenschlaf der Frauen rigoros in Frage stellen. Sie zeigen, worauf es ankommt: nicht warten auf den Prinzen, der wachküssen wird, sondern ihn aus sich selbst heraus schaffen durch Arbeit und eigenständiges Denken. Durch die praktische Erkenntnis, daß auch Frauen das Recht haben, sich selbst zu bestimmen und sich selbst zu verwirklichen. Luise Adelgunde Victoria Kulmus, engagierte Übersetzerin, regt die Gründung einer »Frauenzimmer-Akademie« an, die 1744 in Königsberg errichtet wird, überschreitet damit kühn die Grenzen des Gewohnten und führt vor, was zwar längst noch nicht allgemein wirklich, wohl aber schon vereinzelt möglich ist. Obgleich zwanzig Jahre später gewichtige Stimmen wie die des großen Königsberger Junggesellen Kant zu jeglichen Versuchen dieser Art meinen, daß »der Inhalt der großen Wissenschaft des Frauenzimmers vielmehr der Mensch und unter den Menschen der Mann« ist, daß »ihre Weltweisheit nicht Vernünfteln, sondern Empfinden« sei, läßt sich doch der Bildungsanspruch der Frauen aus der öffentlichen Diskussion nicht mehr verdrängen. Ihr Bedürfnis, intelligente Energie in energische Intelligenz zu verwandeln, ist nicht mehr aufzuhalten. Mit dem Heraustreten der Menschheit aus ihrer selbstverschuldeten Unmündigkeit, mit der wachsenden Gewißheit, daß das Sein des Menschen sein eigenes Produkt ist, verliert auch das Emanzipationsbestreben der Frauen das Hülsenhafte, Unbestimmte, seine leere Wortwirklichkeit und prägt sich unter heftigem Für und Wider in einen lebbaren Wert um.

Ermuntert von Nachrichten, die aus dem Ausland kommen, aus Bologna, der Hochburg der Wissenschaften, wo Laura Bassi schon 1732 zum Doktor der Philosophie und Medizin promoviert, wagen auch in Deutschland zwei Frauen diesen Schritt – Dorothea Christiana Erxleben und

Dorothea Schlözer. Neue Maßstäbe sind gesetzt. Frauen begnügen sich nicht mehr nur mit dem Aufenthalt im Vorfeld der Universitäten, in den Gelehrtenvereinen, sondern dringen nun in das Innerste der Almae matres vor, unterziehen sich dem Prüfungsritual der Fakultäten und greifen verwegen nach dem geheiligten männlichen Privileg, ein geistig geschulter, humanistisch gebildeter, nicht zuletzt auch ein akademisch geweihter Mensch zu werden. Sie bewerben sich gleichberechtigt um ein Doktordiplom, schwören gleichberechtigt den Magistereid. Es ist ein hoffnungsvolles Erwachen, ein Aufbruch aus dem Asyl der Unwissenheit; für geistig ambitionierte Frauen eine mutmachende Zeit voller Utopiegehalt. Sie beginnen, über ihr Denken sich selbst in Besitz zu nehmen, lassen die vielgepriesenen Wonnen der Passivität und des Verzichts hinter sich und zögern nicht, ihre geistigen Fähigkeiten auf die weißen Felder im Wissen zu richten. Doch da ruft Jean Jacques Rousseau, einer der geistigen Wegbereiter der Französischen Revolution, den europäischen Intellektuellen vehement sein »Zurück zur Natur« zu und gibt dem zur Macht drängenden Bürgertum ein neues Kultur- und Bildungsideal. In seinem Buch *Émile oder Über die Erziehung,* das 1762 erscheint und wie ein Vulkanausbruch auf das in Vernunft erstarrte Europa wirkt, wird das weibliche Idol geprägt. Die »natürliche« Frau ist ganz wie Sophie: Weib und Mutter, Gattin und Hausfrau. Als Mädchen hat sie die Religion ihrer Eltern, als Gattin die ihres Mannes. Begehrenswert machen sie Sanftmut, Gehorsam, praktischer Sinn und Häuslichkeit. Gefallsucht und Eitelkeit werden verziehen; unnützes Wortwissen belastet nur. Sparen und speichern, fleißig schaffen und Werte erwirtschaften, jene praktischen Bürgertugenden, die gegen Luxus und Laster des genußsüchtigen Adels gerichtet sind, bestimmen das Rousseausche Frauenbild.

Tiefer denn je prägt es sich im folgenden Jahrhundert in männliche und weibliche Köpfe ein, bestimmt die öffentliche Meinung, bestätigt die heimlichen Ansichten, befestigt die herrschende Sitte und erschwert den hoffnungsvoll begonnenen Aufbruch der Frauen zu sich selbst um ein vielfaches. Das alte Hindernis stellt sich ihnen von neuem in den Weg. Frauen sind im öffentlichen Bewußtsein wieder das, was sie immer waren: ein Etwas ohne Namen und Rechte; ein Geschlecht, das für das andere Geschlecht erzogen wird. Sie sind anmutig und begehrenswert, wenn lammblütig fromm, wenn unterwürfig, gehorsam, willenlos, wenn demütig und duldend, ganz das naive Gretchen, wie es dann auch in der deutschen Literatur bald seinen Einzug hält und klassisch von sich reden macht: »Du lieber Gott! Was so ein Mann nicht alles alles denken kann! Beschämt nur steh ich vor ihm da, und sag zu allen Sachen ja.«

Neue Hoffnung bringt den »weisen Weibern« die Französische Revolution. Als unter dem Jubel des Volkes die Menschenrechte proklamiert werden, erkennt Olympe de Gouges, daß dies nur Männerrechte sind, und erlaubt sich, was in keinem Jahrhundert gestattet noch denkbar war: Sie verfaßt die *Erklärung der Rechte der Frau und Bürgerin* und formuliert hier jenen Satz, der männliche und weibliche Zeitgenossen außer Fassung bringt: Wenn die Frauen das Recht haben, das Schafott zu besteigen, müssen sie auch das Recht haben, auf einer Rednertribüne zu stehen. Obwohl Olympe de Gouges auf Beschluß des frauenfeindlichen Konvents hingerichtet wird, ist der Geist der *Déclaration des Droits de la Femme* nicht mehr aus dem öffentlichen Bewußtsein zu verbannen. In England erhebt Mary Wollstonecraft, die Verwegene, Junge, Unerschrockene, ihre Stimme und verteidigt heißherzig die Rechte der Frauen in einem Buch, das zum europäischen Gespräch wird: *Vindication of the*

Rights of Women. Theodor Gottlieb von Hippel greift in Deutschland ihr Engagement auf, formuliert die Rechte der Frauen als Menschenrechte und führt in seiner Schrift *Über die bürgerliche Verbesserung der Weiber* den Beweis, daß »es nicht an den Weibern lag, wenn sie nichts entdeckten und nichts erfanden, sondern an der ihnen verweigerten Gelegenheit«. Alle Argumente, die gegen die Beteiligung der Frauen an der Wissenschaft ins Feld geführt werden, weist er als nicht stichhaltig zurück. Die pädagogischen Leistungen einer Betty Gleim und die sprachwissenschaftlichen Arbeiten einer Therese Albertine Luise Robinson, genannt Talvj, geben ihm bereits wenige Jahre später recht. Jeder einzelne Erfolg von Frauen, die nicht länger gewillt sind, ihr Leben im Nichtstun versäumen zu müssen, trägt dazu bei, daß allmählich lautlos und unspektakulär ein neues weibliches Selbstverständnis heraufwächst. Immer mehr Frauen finden sich immer weniger damit ab, zur »Unterschicht Weib« zu gehören, und formulieren ihren Anspruch, am geistigen Gespräch der Nation teilzuhaben. Zunächst ist es noch ein Ersuchen, Ermahnen, Nachfragen und Appellieren; ein behutsames Streiten, das bis zur Revolution von 1848 anhält und hier einen neuen Ausgangspunkt nimmt: Von nun an wandelt sich Konsens in Konfrontation. Immer unversöhnlicher, entschiedener, polemischer, zugespitzter werden die Forderungen von Frauen. Denn im letzten Drittel des 19. Jahrhunderts, als der kapitalistische Bedarf an Produktivkräften rapide anwächst und Frauen als billige Arbeitskräfte von den Unternehmern entdeckt werden, als sie in Fabriken und Büros ihren Lebensunterhalt verdienen und sich eine kärgliche Existenz sichern, als sie gleiche, nicht selten schwerere Arbeit wie Männer leisten und trotzdem unterbezahlt und unterprivilegiert bleiben, wächst weibliches Selbstbewußtsein millionenfach an. Es artikuliert sich in einem heftigen, unversöhnlichen Kampf um soziale Rechte, organisiert sich in Frauenvereinen und bildet eine starke Frauenbewegung, die die Forderung nach ökonomischer Gleichberechtigung auf ihre Fahnen schreibt.

Vor diesem mutmachenden Hintergrund wagen nicht mehr nur einzelne, sondern nunmehr eine beträchtliche Anzahl von wissenschaftlich ambitionierten Frauen die ihnen verwehrten Früchte vom Baum der Erkenntnis zu pflücken. Etliche verlassen unter demütigenden Bedingungen ihre Heimat, um im Ausland zu studieren, weil dort Frauen viel früher als in Deutschland zum Universitätsstudium zugelassen sind: ab 1860 bereits in Rußland und den Vereinigten Staaten, ab 1863 in Frankreich, ab 1864 in der Schweiz, ab 1868 in Spanien, ab 1870 in England und Schweden.

In Deutschland schalten sich Frauen zunächst als Gasthörerinnen in den Universitätsbetrieb ein. Sie wollen, daß ihre Teilnahme an den Wissenschaften nicht mehr über Sondergenehmigungen und Ausnahmeregelungen, über männlichen guten Willen und augenzwinkernde Toleranz erfolgen muß, sondern vielmehr das Selbstverständliche werden soll, das lang ersehnte, endlich errungene geistige Mitsein, das Sum, ergo cogito: Ich bin, also denke ich. Unausgesprochen und doch weithin spürbar wird der Aufbruch zu den Wissenschaften für die Frauen vor allem der Aufbruch zu sich selbst, der lange Weg vom Selbstverlust zum Selbstvertrauen, vom Objektsein zum Subjektwerden, vom Halben zum Ganzen, vom Fragmentarischen des Individuellen zur Totalität der Persönlichkeit. Für diese Frauen, die oft ledig und bedauert oder inmitten häuslicher Pflichten, umgeben von mehreren Kindern, nicht von ihren wissenschaftlichen Forschungen ablassen, gibt es nur eine einzige wirkliche Bürde, die sie nicht zu tragen imstande sind:

ein Talent in sich spüren und es nicht ausleben dürfen. Dahinzudämmern, ohne je seinen wahren Interessen nahezukommen, und die Leidenschaft des Denkens verkümmern zu lassen.

Doch je größer das Begehren der Frauen nach einer wissenschaftlichen Ausbildung wird, desto heftiger tobt der Kampf gegen sie. Es scheint, als fürchteten die Männer, die von alters her die Geschichte gemacht und die Gedanken gekrönt haben, um die Legende ihrer überlegenen Geistigkeit, die sich glanzvoll entfalten ließ, solange die intellektuellen Leistungen und Ansprüche des anderen Geschlechts so sicher und gefahrlos im Dunkel gehalten werden konnten. Der alte Ruf erschallt erneut: Frauen gehören nicht an die Universitäten, sondern in die häuslichen Zwinger, jene galanten Bastillen, in denen sie zwischen Lust, List und Last ihrer natürlichen Bestimmung als Geliebte, Gattin und Mutter leben sollen. Nicht nur ein Universitätsstudium ist für Frauen unnütz, vergeudet und überflüssig, sondern bereits der Besuch eines Gymnasiums. Anklang findet der Theologieprofessor Nathusius, der für eine gründliche Ausbildung der Mädchen vier Dinge zu empfehlen weiß: »Einen tüchtigen Klaps, die Schnorrsche Bilderbibel, nicht zu viel aufgestrichen beim Frühstück und nicht zu häufig in den Konzerten herumräkeln.«

Was den Männern in den Akademien und Hörsälen in einem kurzen Wochenkursus vermittelt wird, müssen sich die Frauen nach wie vor über Jahre hin mühsam im Selbststudium aneignen. Jede einzelne von ihnen steht mit ihren wissenschaftlichen Arbeiten von vornherein unter dem Zwang des Erfolges, will sie nicht von ihren argwöhnischen Zeitgenossen verhöhnt, als krankhaft Ehrgeizige verschrien oder als weiblicher Versager bezeichnet werden. So wächst ihre private Daseinslust nicht selten zu einer Mühsal, die wiederum nur die begabtesten, die zähesten unter den Frauen zu tragen imstande sind. Aber diese wenigen arbeiten dafür um so ernsthafter; sammeln, ordnen, beschreiben, vergleichen, verknüpfen und entdecken. Es scheint, als brächten sie in die Wissenschaft unmerklich die Summe jenes inneren Reichtums ein, der dem »schwachen Geschlecht« über die Jahrhunderte als Bildungsgut vorbehalten blieb und der die Frauen ganz allmählich und stillschweigend für ihren Vorgriff auf die Zukunft legitimiert hat. Inmitten einer Gesellschaft, die ihnen unentwegt die Fähigkeit zu wissenschaftlichem Denken, logischem Schließen und strengem Folgern abspricht, sind sie gezwungen, mit fast jeder gewonnenen Erkenntnis sich selbst zu überschreiten. Gegen ihre mutlos machende Umgebung setzen sie dreifachen Mut, ... zigfachen Fleiß und vielfaches Talent. Gelehrte Frauen? fragt man spöttisch in der Öffentlichkeit, hermaphroditische Arbeitstiere! An den wissenschaftlichen Leistungen einer Emilie de Châtelet, Teresa Ciceri Castiglioni, Sophie Germain, Elizabeth Blackwell, Sonja Kowaleskaja oder Rina Monti kann man zwar nicht mehr vorbei, setzt sie aber doch unverdrossen herab: Ausnahme. Zufall. Fügung. Glücksumstand.

In gelehrten Kreisen, in denen sich Männer als Repräsentanten des Tiefsinns sonnen und durchschnittlich begabte Anlaßdenker sich damit begnügen, das Bestehende für das Vernünftige zu erklären, empfindet man das »Einmischen« der Frauen in die Wissenschaft wie eine existentielle Bedrohung. Die Frauen wollen den Männern die Stellen wegnehmen, heißt es; wollen eine Barrikade zwischen den Geschlechtern errichten; in einen nutzlosen Wettstreit mit dem Mann treten, um ihm endlich ebenbürtig zu sein; Frauen proben die lang ersehnte Revolte gegen die jahrtausendealte Herrschaft des Mannes. Ein breites öffentliches Echo finden diese Reden der Philister, die August Bebel das Geschlecht der Käuzchen nennt, »das überall dort ist, wo Dämmerung herrscht, und erschreckt aufschreit, sobald ein Lichtstrahl in das ihm behagliche Dunkel fällt«.

Doch keine der gelehrten Frauen hält sich bei diesen Anschuldigungen auf. Keine lähmt der Spott. Keine fürchtet die Größe der Hindernisse. Die Zahl derer, die sich trotz allem in die Domäne männlicher Tätigkeit, in die Wissenschaft, hineinbegeben, ohne anzuklopfen, ohne um Erlaubnis zu fragen, nur durch das Ergebnis ihrer Arbeit sagen: Hier bin ich, das denke ich, so denke ich, so schlußfolgere ich, wird immer größer, denn aus Neigung und nicht aus Trotz folgen sie den Spuren ihres Talents.

Mit Macht drängt zur Jahrhundertwende nunmehr auch in Deutschland die Frage heran, ob man Frauen offiziell zum Universitätsstudium zulassen soll oder nicht.

Gleich einem eruptiven Ausbruch prasseln Ansichten und Meinungen, Phrasen und Vermutungen in der Öffentlichkeit aufeinander. Das Frauenproblem wird ein Problem der Männer. Denkkraft und Energie, rufen die Antifeministen, sind die Kainszeichen der Emanzipierten. Prominente deutsche Professoren, wie Felix Dahn, Otto Gierke, Karl von Bardeleben, Eduard von Hartmann, Hans Delbrück oder Wilhelm Ostwald, lassen sich als Pächter der Aeterna veritas in Gutachten zu tiefsinnigen Verallgemeinerungen herab: Das Ansehen der Wissenschaft wird leiden, wenn auch Frauen auf diesem Gebiet mitzureden berechtigt sind; Männer und Frauen in ein und demselben Hörsaal verderben die Sitten und verletzen das Schamgefühl; das Universitätsstudium schwächt die Gesundheit der Frauen, sie sitzen krumm und bekommen Schäden an der Wirbelsäule; Frauen an den Universitäten verleiten ihre männlichen Kommilitonen zu wilden Ehen; Amazonen sind auch auf geistigem Gebiet naturwidrig; der Frauen höchstes Ziel muß der häusliche Herd bleiben, soll anders die Weltordnung nicht verschoben werden; mit der Zulassung der Frauen zum Universitätsstudium betritt man die abschüssige Bahn, auf der es keinen Halt gibt, bis die Austilgung der Unterschiede der Geschlechter im öffentlichen Recht erreicht ist.

Jene Professoren, wie Wilhelm Wundt, Hermann Munk, Rudolf Eucken oder Wilhelm Foerster, die für das Frauenstudium eintreten mit der sinngemäßen Begründung, daß keiner ein Darwin oder Humboldt geworden wäre, hätte er ein Mädchenpensionat besuchen müssen, werden weithin überhört. Die meisten deutschen Akademiker schluchzen in Vorträgen und Zeitungsartikeln am Grabe der Weiblichkeit. Bildung macht unweiblich, weil Bildung gegen den Naturberuf der Frau, das Mutterdasein, gerichtet ist. Und sie geben tröstende Ausblicke: Das Streben der Frauen zur Wissenschaft ist nur eine Modeerscheinung, kreiert von einigen Fanatikerinnen, zugeschnitten auf jene, die ihr unvorteilhaftes Äußeres mit Ehrgeiz kompensieren müssen. Es hat keinen Bestand und keine Zukunft, denn das andere, das Ewigweibliche, werde sich durchsetzen. So kommt dieser Begriff, der von Jahrhundert zu Jahrhundert mitgeschleppt und von einer paternalistischen Gesellschaft stets wohlwollend inthronisiert worden ist, erneut zu Ehren. Manch einer von den titelträchtigen akademischen Wanderpredigern, die am Feldzug gegen Frauen in der Wissenschaft teilnehmen, malt das Ewigweibliche in den altbekannten Farben: als Vorstellung von Schönheit, Sanftmut und Sinnlichkeit; als Synthese aus Schläue, List und Gefallsucht; als Symbol für Willenlosigkeit, Unterordnungsbegehr und Geistesarmut; als das von Poeten besungene göttlich Erhabene, irdisch Schillernde, reizvoll Unvollkommene, kraftvoll Schwache, kurzum typisch Feminine. Emphatisch entwerfen sie jenes nebulöse Idealbild, irgendwo schwebend zwischen Schlummernder Venus und Sixtinischer Madonna, und vergessen, was dazu auch noch gesagt werden müßte: daß sich nämlich bei genauerem Hinsehen das Ewigweibliche bloß als Klischee eines frommen männlichen Wunsches, als Metapher für statisches Denken, als eine vergreiste Vision, eine hinkende Metaphrase für Verachtung und Verehrung offenbart. Es ist das, was es nicht gibt und nie gegeben hat. Lediglich in dem langen, ungeschriebenen Herr-Knecht-Kapitel der Geschlechter, welches die Lebens- und Alltagsnormen der Generationen geprägt und die Unterordnung der Frau unter den Mann als vernünftig postuliert hat, ist das Ewigweibliche zu einem feststehenden Begriff geronnen. Hinter ihm verbergen sich bürgerliche Sehnsüchte, Widersprüche und Wertvorstellungen und mit ihnen der Ewigkeitsanspruch bürgerlicher Verhältnisse.

Nur wenige erkennen, daß das Ewigweibliche Ausdruck für eine Gesinnung ist, die unter dem Mantel scheinbar männlichen Wohlwollens und männlichen Schutzes die Frau zur »naturgemäßen Nummer zwei des Menschengeschlechts« erklärt, zu einem Wesen, das weder im Denken noch im Sein zu irgendeiner Veränderung fähig ist, keine Geschichte hat und keine Zukunft kennt. Es wird verschwiegen, daß die Zeit aus dem Wunschbild ein Standbild gemeißelt, aus der Frau ausschließlich eine Mutter gemacht, sie zum Urgrund allen Seins verklärt, zum Symbol für Zuflucht, Heimkehr, Ruhe und Liebe bestimmt hat. Jedoch alles andere, sogenannt Männliche, wie Aufbruch, Bewegung, Suche, Entdeckung und Abenteuer, ist ihr versagt. Obwohl damit das Ewigweibliche, dieses dünne Stimmchen aus dem Chorus mysticus, als Stereotyp für Gewohntes, Vorgeformtes und Erstarrtes steht und eben nicht mehr als die klägliche Chiffre für die galante Geringschätzung des weiblichen Geschlechts symbolisiert, fallen doch viele auf die Gegenüberstellung herein: hier die sanften Schönen – dort die gelehrten Xanthippen. Hier die Begehrenswerten, Anschmiegsamen, Lenkbaren – dort die bebrillten Jungfern mit runzliger Stirn, geknotetem Haar, die denkenden und daher vermännlichten Wesen. Zu kurz gekommen, rechthaberisch, spröde, unsinnlich.

Was einst im England des 18. Jahrhunderts eine Ehre war – jenen Zirkeln anzugehören, in denen der Naturforscher Benjamin Stillingfleet die Frauen für die Wissenschaft begeisterte und entgegen allen Konventionen bei diesen Zusammenkünften in blauen Kniestrümpfen, den »blue stockings« erschien –, wird nun im Deutschland des 19. Jahrhunderts zum Spottbegriff: Als »Blaustrümpfe« gelten jene, die sich um Bildung und Selbständigkeit mühen; rauhe Frauen, bedauernswerte graue Reformschwestern, deren »gelehrte Tugend sich wie Nachtfrost auf ihr Leben legt«.

Mit rückhaltlosem Egoismus versuchen die meisten Männer ihre in Jahrhunderten gefestigte Vormachtstellung vor dem weiblichen Geschlecht zu behaupten. Die Herrschaft der Wissenden über die Unwissenden soll die Herrschaft des Mannes über die Frau bleiben. Alles andere führt zum Umsturz aller Werte, zu jener gefürchteten neuen Gesellschaft, worin die freie Entwicklung eines jeden die Bedingung für die freie Entwicklung aller ist.

Besonders unrühmlich tritt der Leipziger Neurologe Paul Möbius in Erscheinung, schreibt *Über den physiologischen Schwachsinn des Weibes* und findet weithin Beachtung. Streitbar wird seine Schrift genannt, weil hier ausgesprochen ist, was anscheinend wirklich über die gescheiten Frauen gedacht wird: »Gelehrte und künstlerische Frauen sind Ergebnisse der Entartung ... Die wenigen weiblichen Gelehrten, deren Namen die Geschichte der letzten zwei Jahrtausende enthält, waren gute Schüler, nichts weiter ... Übermäßige Gehirntätigkeit macht das Weib nicht nur verkehrt, sondern auch krank. Die modernen Närrinnen sind schlechte Gebärerinnen und schlechte Mütter ... Je besser die Schulen werden, um so schlechter werden die Wochenbetten, um so geringer wird die Milchabsonderung, kurz, um so untauglicher werden die Weiber.«

Seine verwegenen Thesen untermauert Möbius damit, daß er den unseligen Streit über die Größenverhältnisse von männlichem und weiblichem Gehirn erneut aufgreift und mit einem scharfsinnigen Fazit zu beenden glaubt: Das Gehirn der Frau ist kleiner, folglich ist auch ihr Denken geringer, phantasieloser, unschöpferischer. Für geistige Tätigkeit fehlen ihr entsprechende Windungen im Stirn- und Schläfenlappen. Abschließender Appell: »Schützt das Weib gegen den Intellektualismus!«

So hat über Jahre hinweg jeder akademisch begradigte Kümmerling und manch unproduktiver Professor, der als Reflex des Jammervollen auf der warmen Bank des Mittelmaßes seine Dienstjahre absitzt und in dem Hochgefühl schwelgt, die größere Hirnmasse zu besitzen, mit seiner Stimme in gelehrten Kreisen immer noch Vorrang vor einer Frau, auch wenn diese sich längst durch analytisches Denken vor aller Welt ausgewiesen hat. Marie Curie wird 1911 die Mitgliedschaft der Französischen Akademie der Wissenschaften verweigert, obwohl sie im selben Jahr den Nobelpreis für Chemie erhält.

Und doch finden die gelehrten Frauen inmitten dieses verzweigten Geflechts von Dummheit, Vorurteil und Repression zu einem unabhängigen Denken, zu ihrer existentiellen Selbständigkeit. Sie, die statt genommen nur hingenommen haben, verlassen den gewohnten, verhängnisvollen Weg der Passivität, der Verlorenheit, des Verzichts und der Unterordnung unter einen fremden Willen. Marie Heim-Vögtlin, die Schweizer Ärztin, Emily Greene Balch, die amerikanische Nationalökonomin, Maria Montessori, die italienische Pädagogin, Cécile Vogt, die französisch-deutsche Physiologin, Ellen Gleditsch, die norwegische Chemikerin, Irène Joliot-Curie, die französische Kernphysikerin - sie alle wirken wie ihre Vorgängerinnen fast ohne ihr Zutun mutmachend auf jene, die den gleichen Weg einschlagen wollen. Jeder Erfolg ihrer Arbeit räumt ein Stück Resignation und Zweifel beiseite, schmälert die Breite des Mißtrauens und ist ein Angriff auf die geistige Inkompetenz, die den Frauen wie allen anderen Unterprivilegierten a priori zugesprochen wird. Jede Leistung ist ein Akt der Emanzipation, heißt Reichtum und Rechte der weiblichen Natur innerhalb der menschlichen Natur herausarbeiten.

1908 endlich öffnen sich in Deutschland den Frauen die Universitäten. Von nun an sind sie offiziell zum Studium zugelassen. Für lange Zeit bleibt dies das höchste Zugeständnis, mit dem der Staat den wissenschaftlich ambitionierten Frauen entgegenkommt. Ein Aufstieg innerhalb der Universitätshierarchie scheint jedoch jegliche Toleranzgrenze zu überschreiten. Das alte Mißtrauen baut wieder Barrieren: Der große kleine Unterschied soll denn doch, bei allem Verständnis für die Bestrebungen der Wissenschaftlerinnen, zu erkennen sein. Frauen, heißt es, können nicht Professor werden. Die höchste Weihe akademischer Gelehrsamkeit steht ihnen, für die Denken doch vorwiegend ein Akt des Herzens ist, nicht zu Gesicht. Der Platz hinter dem Katheder soll der Olymp männlicher Geisteskraft bleiben und nicht durch ein weibliches Wesen zum

Gespött gemacht werden. Daß bisweilen begabten Frauen, deren wissenschaftliche Leistungen über die Landesgrenzen hinaus Anerkennung finden, der Professorentitel verliehen wird, ist noch einzusehen, kommt einer Ausnahme, einer Auszeichnung gleich. Daß sich aber die Frauen gleich den Männern nun auch rechtmäßig habilitieren wollen, übersteigt das Maß elementarer Vernunft. Weibliche Personen, die dennoch dieses Ansinnen hegen und sich damit wagen, »Wissenschaft zur Schnurre« zu machen, werden unter Gelächter in ihre Schranken verwiesen oder erhalten mit höflichem Bedauern ihren Antrag zurück.

Doch dann, als in der Novemberrevolution 1918 in Deutschland das aktive und passive Wahlrecht für Frauen erkämpft wird, als zur ökonomischen nunmehr auch die politische Gleichberechtigung auf die Tagesordnung gesetzt ist, läßt sich das Anliegen der Wissenschaftlerinnen weder aufschieben noch abtun. 1920 erhalten sie an preußischen Universitäten das Recht zur Habilitation, erwerben damit die Venia legendi, die Befugnis zu lehren, und können fortan wie ihre männlichen Kollegen Vorlesungen halten. Hedwig Kohn, die Physikerin, Adele Hartmann, die Anatomin, Emmy Noether, die Mathematikerin, Margarete Bieber, die Archäologin, Agathe Lasch, die Germanistin, sind die ersten, die sich an deutschen Universitäten habilitieren. Sie alle zeichnet diese stille Leidenschaft aus, mit der sie sich dem Abenteuer des Erkennens überlassen und für sich das Recht in Anspruch nehmen, ebenso wie ihre Kollegen dem in den Dingen wohnenden Widersinn durch gezieltes Nachdenken auf die Spur zu kommen.

Dieses lautlose geistige Mitsein überzeugt auch die wortgewandtesten Gegner und standhaftesten Zweifler über die Jahre mehr als spektakuläres Aufbegehren oder pseudogelehrte und vielstrapazierte Emanzipationsbeteuerungen.

Die exakt meßbaren Ergebnisse ihrer wissenschaftlichen Arbeit sind die verläßlichen Fundamente ihres geistigen Anspruchs und die tragenden Pfeiler ihrer Autorität. Nur damit verwandeln die Frauen ein Jahrhunderte währendes Ersuchen in ein zeitgemäßes Erfordernis, machen aus der Bitte die Befugnis, aus dem Verlangen die Vollmacht und aus der Utopie die Wirklichkeit. Und sie zeigen noch mehr: Nicht das Ringen um männliche Bildung, sondern das Ringen um menschliche Bildung, um geistige Vervollkommnung, wie es jedem gebührt, der als Persönlichkeit ein Ganzes werden will, steht im Mittelpunkt ihres Tuns.

So haben die Wissenschaftlerinnen, die gewöhnlich zuallerletzt mit dem Emanzipationskampf in Verbindung gebracht werden, doch das meiste für ihn getan. Als schweigende Wortführerin zeigt jede einzelne von ihnen, daß für die entsprechenden Talente auch die entsprechenden Energien aufgebracht werden müssen, soll Emanzipation nicht mehr als nur eine Phrase sein, deren sich mit Vorliebe leere Köpfe bedienen, um sie als zeitgemäßes Banner der eigenen Gedankenarmut voranzutragen. Weder die Loslösung vom andern Geschlecht noch die Freiheit von sozialen und biologischen Bindungen erstreben die »akademischen Frauen«, sondern das andere, Unpopuläre, das schwer zu Machende: innerhalb aller gegebenen und gewählten Abhängigkeiten durch einsichtiges, ernsthaftes Nachdenken, durch die Macht des Wissens zu Unabhängigkeit zu gelangen. Dafür entfalten sie eine unbändige Leidenschaft, gehen dem Werden der Dinge nach, ringen um Kenntnis der Ursache und lassen nicht davon ab, »alle Seiten und Modifikationen einer einzigen Erfahrung, eines einzigen Versuchs nach aller Möglichkeit durchzuforschen und durchzuarbeiten«. Während sie mit ihren Forschungen zum ununterbrochenen Entwicklungsgang des Wissens beitragen, schaffen sie jene Souveränität, jenen Reichtum an Kenntnis und Erfahrungen, jenen tätigen, erfüllten Lebenssinn, der die wahre Emanzipation ausmacht.

Eins jedoch lehnen sie alle gleichermaßen ab: in einen Konkurrenzkampf mit dem anderen Geschlecht zu treten, nach männlichen Leitbildern, mit männlichen Kräften und männlichen Fähigkeiten denken, fühlen oder handeln zu wollen. Keine folgt der beschränkten Devise: »Wir Frauen sind doch die besseren Männer!« Vielmehr streben sie danach, im Sinne naturgegebener Möglichkeiten ihre Talente zu vervollkommnen und nicht nur die körperliche Arbeit, die für Frauen von alters her ohnehin außer Frage stand, sondern eben auch die geistige Arbeit als Teil des Menschseins, als das sich bewährende Wesen des Menschen zu entwickeln.

Doch erst als die Frauen, unter ihnen die Wissenschaftlerinnen, erkennen, daß der Kampf gegen die Geschlechtsschranken wirkungslos bleibt ohne den Kampf gegen die Klassenschranken, als der Herrschaft der Besitzenden über die Besitzlosen ein Ende gesetzt ist, erst von diesem Zeitpunkt an verwandelt sich das von Frauen tausendfach geträumte Anderssein endlich in ein geistiges Mitsein. Wer denken will, kann denken. Wer finden will, kann finden. Wer folgern will, kann folgern. Selbstverwirklichung und Selbstbestimmung, sich bilden in seiner Arbeit und arbeiten an seiner Bildung, diese uralten Menschenrechte sind keine männlichen Privilegien mehr.

Wenn auch die Tradition eine Trägheitskraft der Geschichte ist, wenn auch alte Gewohnheiten und überholte Ansichten angenehm wärmen, wenn auch noch immer Vorurteile bestehen, die die wissenschaftlichen Leistungen von Frauen in Frage stellen, so sind doch die Bedingungen geschaffen, jener sozialökonomische Nährboden, auf dem sich ihre fundierte Phantasie und ihre verläßlichen Kenntnisse entfalten können.

Die einst einsam-kühne Feststellung August Bebels, daß Frauen zu großen Leistungen fähig sind und daher nicht länger um ihre geistige Existenz wie um ein Almosen betteln müssen, hat sich bestätigt. Und auch das für Frauen obligate Schweigen in der Gemeinde, das Mulier taceat in ecclesia, dieser traurige Wahlspruch all derer, die den Verstand der Frauen und ihre Intelligenz aus gutem Grunde zu fürchten hatten, ist verklungen. Was John Stuart Mill einst forderte, daß die Frau den Zweck ihres Daseins in sich selbst und nicht im Mann haben soll, durchdringt immer mehr das weibliche Selbstbewußtsein. Der lange Kampf um die Emanzipation, der jahrhundertalte Traum nach vorwärts, die Suche nach Identität, die Erwartungen und Sehnsüchte, all die verwirkten Hoffnungen und verwehrten Utopien haben einen neuen Anfang.

Maria Sibylla Merian
1647 – 1717

Zunächst ist da ein starkes Empfinden für die Natur, das sie ganz beherrscht. Der Anblick von Blumen und Schmetterlingen ruft in ihr eine elementare Freude hervor. Sie beginnt sorgfältig abzubilden, was sie in ihrer nächsten Umgebung beobachtet. Während sie zeichnet und sich die Konturen und Gegensätze der Natur zu eigen macht, während sie noch einmal entwirft, was bereits existiert, wandelt sich ihr Empfinden in ein Erleben, wird umfassender, totaler. Dieses fortwährende Verinnerlichen, Nachformen und Durchdringen, dieses unablässige Ermitteln der Natur mit den eigenen Sinnen, wecken in ihr die Lust, den in den Dingen wohnenden Zusammenhängen auf die Spur zu kommen. Aus dem Erlebnis der Natur wächst das Bedürfnis, sie zu erkennen, ihre Gesetze bloßzulegen.

Empfinden, Erleben und Erkennen sind für Maria Sibylla Merian die Stationen auf dem Weg zur Wissenschaft. Als junges Mädchen zeichnet sie heimlich, weil ihre Mutter nichts von solchen »unweiblichen Absonderlichkeiten« erfahren darf. Erst als der Stiefvater Jacob Marrell, selbst ein bekannter Blumenmaler, die Zeichnungen entdeckt und sich entschließt, Maria Sibylla im Malen und Kupferstechen ausbilden zu lassen, ist ihrem Talent der Weg geebnet. Sie nutzt begierig diese einmalige Chance, weiß sie doch, daß anderen Frauen mit gleichen Ambitionen und gleichen Talenten hartnäckig eine Ausbildung verweigert wird und sie zu jenem Daseinszweck bestimmt, den die herrschende Sittlichkeit ihnen vorschreibt: »Wirtschafterin, Köchin und Sklavin des Mannes zu sein«.

Oft sitzt die junge Merian in der Werkstatt bis in die späten Abendstunden allein. Mit Grabstichel und Schabeisen bringt sie in unendlich mühevoller Feinarbeit die Vorlagen - die Zeichnung, das Aquarell oder die Skizze - seitenverkehrt ins Kupfer. Fehler, Flüchtigkeiten, Versäumnisse versucht sie zu vermeiden. Niemandem, auch nicht dem leisesten Zweifler, will sie einen Anlaß geben zu sagen: Sie kann nur das Halbe, ist eben Frau, schwach in ihrem Willen, begrenzt in ihrer Ausdauer, flüchtig in ihren Eindrücken. Außerdem fürchtet sie, die Mutter könnte sich doch noch durchsetzen und die geringste Nachlässigkeit zum Anlaß nehmen, die Lehre der Tochter abbrechen zu lassen. So fühlt sich die junge Merian permanent aufgefordert, ihr Talent dreifach, ... zigfach unter Beweis zu stellen. Ein »gekonnt« genügt eben bei einer Frau nicht, es muß schon genial sein. Begabt ist nichts, begnadet etwas. Für hervorragend hat himmlisch, für fähig fabelhaft, für gut glänzend, für eminent einmalig zu stehen. Die Maßstäbe, die an die Leistungen einer Frau gelegt werden, sind nicht streng, sondern ungerecht, nicht hoch, sondern unmäßig. Jedes kleinste Versagen gilt als gerechte Strafe dafür, daß ein weibliches Wesen es wagt, eigenmächtig jenseits des vorgezeichneten Kreises zu leben, in dem es sich artig zu bewegen hat.

Der jungen Merian bleibt dieses Dilemma, das sie mit allen geistig anspruchsvollen Frauen ihrer Zeit teilt, nicht verborgen. Vorbehaltlos überläßt sie sich darum ihrem Talent. Jeder Charakterzug, jede Handlung, jeder Gedanke ist dieser Lust zu zeichnen unterworfen, wird von ihr geprägt und so unnachgiebig aufgesogen, daß nichts anderes mehr Platz in ihr zu haben scheint.

Zu nichts Leichtsinnigem, Unüberlegtem, zu nichts Überflüssigem, zu keinem Gefühlsausbruch oder Überschwang ist sie zu bewegen. Ernst und innere Disziplin bilden zeitlebens ihr existentielles Grundbefinden. Selbst ihre unerwartete Heirat mit dem zehn Jahre älteren Graveur und Blumenmaler Andreas Graff, dem sie von Frankfurt nach Nürnberg folgt, ändert an diesem strengen Merianschen Wesen nichts. Sie stürzt sich in die Arbeit, als hätte sie so die Gewißheit, hier sich selbst zu finden.

Trotz des großen Hausstandes, den sie führt, trotz des Kindes, das die Einundzwanzigjährige bekommt, gründet sie eine Malschule, in der sie die Töchter aus gutsituierten Patrizierhäusern in Seidenstickerei und Nadelmalerei unterrichtet, übernimmt Auftragsarbeiten für das Bemalen von Seidendecken, Tafeltüchern und Möbelstoffen, betreibt einen gutgehenden Farb- und Firnishandel und findet zwischendurch auch noch Zeit für das Eigentliche: hinausgehen in die Natur, zeichnen, was sie sieht, den Blick schärfen für die kleinen, unscheinbaren Dinge, wie es der Albrecht Dürer aus Nürnberg vor mehr als hundert Jahren mit seiner *Akelei,* seinem *Veilchenstrauß,* seinem *Türkenbund,* seinem *Wilden Lattich,* seinem *Schöllkraut* oder seinem *Hirschkäfer* vorgeführt hat.

Ihr Empfinden für die Schönheiten der Natur steigert sich in jeder Zeichnung zu einer ungewohnten, neuen Sichtweise, die im Natürlichen das Einfache und im Einfachen das Erhabene erkennt. 1675 gibt die Achtundzwanzigjährige den ersten Teil ihres ersten Buches heraus. Es erscheint in Nürnberg, im Selbstverlag ihres Mannes. Geschickt nutzt die junge »Frau Gräffin« das Privileg, mit dem sie geboren wurde. Sie ist nicht irgendwer, sie ist Merians Tochter. So setzt sie auf den Titel des *Neuen Blumenbuches* selbstbewußt und auch sich absichernd hinzu: »M. Merians des Ältern seel. Tochter.« Die Tochter des seligen Matthäus Merian.

Mit jenem Hinweis auf die ehrwürdige Familientradition wirbt sie um Verständnis, daß sie als Frau sich erkühnt, an die Öffentlichkeit zu treten, und hofft auf geneigte Aufnahme ihres Buches. Denn der Vater Matthäus Merian, der starb, als sie drei Jahre alt war, gilt noch lange nach seinem Tode als europäische Berühmtheit, als der unübertroffene Städtestecher und Illustrator der Bibel, als der Herausgeber der *Topographien,* eines imposanten Werkes, das nach seinem Tode auf dreißig Foliobände mit über zweitausend Kupfern anwächst und dazu beiträgt, in großen Leserkreisen die geringe Kenntnis von den europäischen Städten und Ländern zu erweitern.

Das *Neue Blumenbuch* dient zunächst als Muster- und Vorlagenbuch für die Stickereien und Handarbeiten der Damen. Dies stört die Merianin nicht im mindesten, weiß sie doch, daß auch der Botanische Garten in Paris ursprünglich zu dem Zwecke angelegt wurde, den Stickerinnen der Hofkleider neue Blumenmuster zu liefern, und daß er schon Jahre später in ein ideales Terrain für wissenschaftliche Forschungen umgewandelt werden konnte. Die Merian bekommt für ihr »artig Büchlein« allseits wohlwollendes Lob, weil sie eine Anregung zu nützlicher Beschäftigung im Hause, einen Tip für »Frauenzimmer-Zeitvertreib« gegeben hat.

Und doch unterscheidet sich das *Neue Blumenbuch,* dessen drei Teile 1680 geschlossen und in einer Neuausgabe erscheinen, von allen anderen Florilegien, die bis dahin erschienen sind. In den Merianschen Blumendarstellungen gibt es kein Liebäugeln mit dem Geschmack der Zeit. Nichts Überladenes, nichts Gekünsteltes liegt in den kolorierten Kupfern. Sie meidet den üppigen und üblichen Zierat des Barocks. Die Tulpen, Rosen, Hyazinthen, Narzissen, Anemonen, Lilien, Ranunkeln, die Schlüsselblume und das Stiefmütterchen wirken durch sich selbst. Im Einfachen liegt das Großartige, im Natürlichen das Schöne.

Generationen von Blumenmalern nehmen sich die Meriansche Sichtweise zum Vorbild, unter ihnen Esther Barbara von Sandrart und die junge Rachel Ruysch, Mutter von zehn Kindern, die es in ihrer Blumen- und Früchtemalerei zu solcher Größe bringt, daß sie Goethe in seiner *Betrachtung über Blumenmalerei* in eine Reihe mit Jan van Huysum und Daniel Seghers stellt. Mit dieser schlichten, fast sachlichen, ganz naturgetreuen Art der Blumenmalerei kündigt sich bei der Merian schon jener Weg an, dessen Richtung das Ziel ihres Lebens wird: der Weg in die Naturforschung. Was anfangs als ein starkes Empfinden für die Natur erschien, was durch ständiges Zeichnen zum Naturerlebnis wurde, umfassend, total ihre Sinne, ihre Phantasie beschäftigte, drängt nun zum rationellen Erfassen, zum Verstehen der Kontraste, zum Auffinden der Zusammenhänge, drängt zum Wesen der Erscheinungen, zum Erkennen.

Bald sind es nicht mehr nur die Blumen, nicht mehr nur zufällig diese oder jene Schmetterlinge, die ihre Aufmerksamkeit anlocken, sondern nun bezieht sie in ihre Beobachtungen systematisch das ein, was die Blumen umgibt, das kleine biologische Umfeld: die Gräser, die Spinnen, die Schnecken, die Mücken, die Wespen, die Käfer, die Würmer und – die Quellen ihrer Nahrung. Zu Hause zieht sie in Pappschachteln Seidenraupen, beobachtet ihr Verhalten, ihre Gewohnheiten und prüft, in welcher Weise sie sich verändern. Sie beschäftigt sich mit den Arbeiten Johann Goedarts, hat auch von Jan Jacobz Swammerdam gehört, der sich mit der Anatomie und Klassifikation von Insekten befaßt, und weiß, es ist das Unpopulärste, was sie nur tun kann: Sie wagt sich in das Hoheitsgebiet männlicher Betätigung vor, in die Wissenschaft, und noch dazu auf ein Terrain, das sich nahezu unerforscht vor ihr ausbreitet: das Leben der Insekten, von denen nur wenige Menschen etwas wissen wollen, weil alles Niedere und Kriechende, alles Stechende und Krabbelnde Symbol des Ekelerregenden und Widerwärtigen ist. Insekten gelten als »Teufelsgeziefer«, als Aussatz der Natur. Jene, die sich damit beschäftigen, geraten leicht in den Verdacht, eine krankhafte Phantasie zu haben, einer unnormalen Neigung zu huldigen, wenn nicht gar mit dem Teufel zu paktieren. Auch ist der Aberglaube, der überall dort üppig gedeiht, wo aus den Tiefen der Unkenntnis das mystische Dunkel schaut, den meisten Zeitgenossen der Merian ein vertrauter Begleiter.

Tag für Tag, Monat um Monat sitzt sie mit ihrem Skizzenblock vor den Insektenkästen, lauert auf die Veränderungen, auf Eiablage, Häutung, Verpuppung, auf das Schlüpfen des Falters, um die Metamorphose der Insekten im Bild festzuhalten. Täglich muß sie für frisches Futter der Tiere sorgen, schafft kiloweise Maulbeerblätter heran und bezieht in ihre Forschungen auch andere Raupen ein, die ihr Sammler und Liebhaber schicken oder die sie selbst auf ihren Exkursionen in die nahe gelegene Umgebung findet.

In dieser Zeit konzentriertester Forschung wird ihre zweite Tochter, Dorothea Henriette, geboren. Obwohl das erste Kind, Johanna Helena, schon zehn Jahre alt und Partnerin für die Mutter ist, beim Betreuen der Raupen, beim Sammeln des Futters oder beim Zubereiten der Farben hilft und ganz selbstverständlich in die geistige Welt der Mutter eingeführt wird, hat Maria Sibylla, die inzwischen Zweiunddreißigjährige, eine fast gigantische Arbeitslast zu bewältigen. Sie muß für das Baby sorgen, den großen Haushalt führen, die wichtigsten Auftragsarbeiten übernehmen, damit sie ihre Raupenzucht finanzieren kann, muß die Tiere beobachten, ihr Verhalten beschreiben. Abends ist sie erschöpft, ausgezehrt, und nicht selten steigt eine tiefe Verzweiflung in ihr auf. Andreas Graff, ihr Ehemann, ist für sie da und nicht da; ein um sie kreisender unsteter Mensch, der den Kopf voller Pläne hat, aber doch keinen davon bis zu Ende ausführt. Mehr als ernsthafte Arbeit scheint ihm ein bohemienhaftes Leben zu gefallen. Hinter dem Rücken der Merian kursieren Gerüchte, manches Unschöne wird ihr hinterbracht, aber sie will von alldem nichts wissen, denn immerhin ist er der Vater ihrer beiden Töchter, ihrer engsten Freundinnen. Beschimpft oder verachtet man ihn, so fühlt auch sie sich getroffen. Und doch geht das Leben mit ihm, wochenlang ohne ihn nicht spurlos an ihr vorüber. Es macht sie verletzlich, dünnervig und ist ihr Anlaß genug, sich immer mehr auf sich selbst zu beschränken, in sich die Welt zu suchen, die verläßlich, die sinnvoll, die erfüllend ist.

Ihre Raupenforschungen nehmen sie Jahr um Jahr mehr in Anpruch. Furchtlos bewegt sie sich auf einem Feld ungesicherter Erkenntnisse. Nur wenige Schmetterlinge haben schon einen Namen. Unbekannt ist auch, aus welcher Raupe letztendlich welcher Falter wird, von welchen Blättern sich wer ernährt. Auch die Tatsache, daß Schmetterlinge Eier ablegen, hat sich noch nicht allgemein durchgesetzt. Warum soll es mit den Schmetterlingen anders sein als mit den Milben, Läusen, Mücken und Fliegen, von denen man annimmt, daß sie aus »Unrath und Koth« entstehen? William Harvey, Entdecker des Blutkreislaufs und Schöpfer der neueren Physiologie, hat sein epochemachendes »omne animal ex ovo« gerade erst vor einem Vierteljahrhundert ausgesprochen: Jedes lebende Wesen entwickelt sich aus dem Ei.

Die Merian gehört zu den ersten Forschern, die Harveys

Satz unbewußt überprüfen und – bestätigt finden. 1679 ist es dann soweit: Das Ergebnis ihrer jahrelangen biologischen Forschungen erscheint in Nürnberg in Buchform: *Der Raupen wunderbare Verwandlung und sonderbare Blumennahrung.*

Kein Biologe vor ihr hat so konsequent und so gründlich die Metamorphose der Insekten beobachtet, beschrieben und ins Bild gesetzt. Jede der fünfzig Tafeln zeigt einen kleinen, aber wichtigen Ausschnitt aus der Natur. Die Stadien, die sie »Stände« nennt – Ei, Raupe, Puppe, Schmetterling –, sowie die Pflanzen, auf denen die Raupen zu finden sind und von denen sie sich ernähren, erscheinen als eine in sich abgeschlossene Welt. Zum erstenmal sind in diesem Buch, das unter Wissenschaftlern, »Naturkündigern, Kunstliebhabern und Gartenfreunden« großes Aufsehen erregt, natürliche Zusammenhänge anschaulich dargestellt. Es scheint, als hätten die jahrelangen Einzelstudien, die reichen Detailkenntnisse der Merian auch zu einer neuen Art der Naturbetrachtung geführt. Sie, die noch vor zehn Jahren Blume um Blume malte, in der Hoffnung, so dem Zeitweiligen etwas Beständiges verleihen zu können, erkennt nun als Biologin, daß das Beständige die Veränderung ist, die wunderbare Verwandlung. Nichts, was ist, bleibt, wie es ist. Ihr Blick für die Natur schärft sich zu einem Sinn für die Veränderungen in ihr. Sie ist dem Heraklitschen Panta rhei nahe. Die Natur ist voller Wechsel, voller Wandlungen, voller Übergänge. Sie ist Bildner und Umbildner. Alles fließt. Alles bewegt sich. Alles verändert sich. Die Merian spricht es so nicht aus, aber doch führt ihr Buch von der *Raupen wunderbaren Verwandlung* dieses ahnungsvolle Wissen bildhaft vor. Trotz der Fehler und Irrtümer, die beim Vorwagen in wissenschaftliches Neuland nicht ausbleiben, trotz mangelnder Systematik und oft verwirrender Begriffsbestimmungen, trotz alledem kann kein Biologe der nachfolgenden Generationen das Meriansche Werk übergehen. Mit diesem Buch legt sie nicht nur den Grundstein für die Methodik der Raupenzucht, sondern bricht einer neuen Forschungsrichtung, der Entomologie, die Bahn. Maria Sibylla Merian wird die Begründerin der deutschen Insektenkunde.

Die gelehrte Frau ist in aller Munde. Es wird als eine Sensation empfunden, daß nach Hildegard von Bingen, die in ihrer *Physica* alle bis dahin vorhandenen Kenntnisse über Pflanzen und Tiere zusammenfaßt, und nach Anna Maria von Schürmann, dem Wunder an Gelehrsamkeit, nun eine dritte Frau, diese Maria Sibylla Gräffin, geborene Merian, sich aufmacht, den Weg in die Wissenschaft zu gehen. Weder Verbissenheit noch Trotz oder entfesselter Ehrgeiz sind dabei im Spiel. Von Gleichberechtigung der Geschlechter hat die Merian noch nichts gehört. Die Norm gebietet, daß sich die Frauen an der Seite ihres Mannes zu Meisterinnen der Hingabe entfalten, was für sie gewöhnlich Selbstaufgabe, Verleugnung ihrer Subjektivität, ihres Wollens, ihres Denkens bedeutet. Noch empfinden sich Frauen inmitten tausenderlei vornehmlich ökonomischer Abhängigkeiten als dem Manne zugehörig. Noch artikulieren sie nicht ihre unterdrückte Sehnsucht nach Identität, nach Selbständigkeit. Nur zählbare Frauen wagen es, durch ihr Handeln die herrschende aristotelische Auffassung vom Wesen der Frau, das hochmütig mit dem »Fehlen gewisser Eigenschaften« erklärt wird, in Frage zu stellen. Die Merian hat keine Zeit, darüber nachzudenken. Aber sie ist auch nicht bereit, nur das zu tun, was ein Mann ihr zugesteht, oder gar ein Leben für ihn bis zur Selbstentsagung zu führen. Durch ihre Arbeit hat sie sich Freiräume geschaffen und das Vertrauen zu sich selbst inmitten der Tiefen der traditionellen

Unmündigkeit der Frauen gewonnen. Sie empfindet sich weder als Rivalin noch als Gespielin des Mannes. Sie setzt sich bewußt als ein Ich, als ein Subjekt, als ein menschliches Wesen, das sich das Recht herausnimmt, den Spuren seines Talents zu folgen. Sie hielte sich für eine unvollkommene, bedauernswerte Frau, würde sie sich damit begnügen, ihr Leben in Einfalt und Unterordnung an der Seite ihres Mannes verdämmern zu lassen. Mit diesem Mut zu sich selbst lebt sie einfach nur ihre Natur aus, was ihr nicht selten zu einer Bürde wird und sie an die Grenze physischer Möglichkeiten führt.

Nach zwanzigjähriger Ehe trennt sie sich von ihrem Mann; eine schwerwiegende, lang erwogene Entscheidung, die fast einer Selbstwehr gleichkommt. Lieber will sie allein mit ihren Töchtern leben, als sich von einer glücklosen Ehe innerlich zerstören zu lassen, als Kräfte und Nerven an eine Geschichte zu vergeuden, für die kein Opfer mehr lohnt. Sie zieht mit ihrer Mutter und den beiden Töchtern nach Wieuwerd in Westfriesland, weil sie hier, auf Schloß Waltha, bei einer pietistischen Sekte, den Labadisten, das sucht, was ihr abhanden gekommen ist – die innere Ruhe. Sie malt nicht, sie radiert nicht, sie mischt keine Farben. Sie pausiert. Dieser Rückzug aus der äußeren Welt, diese Flucht auf eine umfriedete fromme Insel ist zugleich eine Zeit intensiver Selbstbesinnung, und es scheint, als sei dieses konzentrierte Sichsammeln der Anlauf für ihr größtes Werk.

Sie lernt weiter Latein, um die Bücher der Gelehrten über Insekten lesen zu können, beschäftigt sich mit den anatomischen Untersuchungen Antony van Leeuwenhoeks, Marcello Malpighis und Nehemiah Grews, die als erste Forscher das Benutzen des Mikroskops in die Naturwissenschaft einführen und zu wichtigen Entdeckungen im Feinbau der Lebewesen und in der Anatomie der Pflanzen gelangen. Die Merian durchstreift mit ihren Töchtern die nahe Umgebung, knüpft Kontakte mit holländischen Gelehrten und Sammlern und bekommt eines Tages eine herrliche Schmetterlingssammlung aus Niederländisch-Guayana zu Gesicht, die der Gouverneur von Surinam, Herr van Sommelsdijk, seinen drei Schwestern, den Besitzerinnen des Schlosses Waltha, überbringen ließ.

Mit dem Anblick dieser Sammlung steht Maria Sibylla Merian vor der Wende ihres Lebens. Sie hat nur noch den einen Wunsch: selbst nach Surinam zu fahren und die Welt dieser herrlichen Falter zu erforschen. Die wissenschaftliche Neugier, diese Urlust, die sie mit all denen teilt, die exakte Auskünfte über die Wirklichkeit einholen wollen und ihr Sein im Denken suchen, ergreift wieder ganz von ihr Besitz und läßt ihr keine Ruhe mehr. Sie trennt sich von der labadistischen Gemeinde und zieht mit ihren Töchtern nach Amsterdam, jener Stadt, die auf den Büchertiteln als Kosmopolis, Alethopolis und Irenopolis, als Weltstadt, Wahrheitsstadt und Friedensstadt, gepriesen wird. Sie hätte auch nach Deutschland zurückkehren können, aber nicht ohne Grund wählt sie ausgerechnet Holland zu ihrer zweiten Heimat.

Die Republik der Vereinigten Niederlande ist den europäischen Intellektuellen geistige Alternative und oft auch schützendes Asyl. Es ist ein Land, das seine Größe nicht nur durch stolze Handelsbilanzen, sondern auch durch geistige Freiheit offenbart. Es ist die Heimat von Rembrandt, Ruisdael, van Dyck und van Delft; Heimat von Christian Huygens, der die Lehre von der Wellenbewegung des Lichts begründet und die Ringe des Saturns entdeckt; Heimat der brillenmachenden Gebrüder Janssen, die das zusammengesetzte Mikroskop erfinden; Heimat von Hugo Grotius, dem Schöpfer des modernen Völkerrechts. Die niederländische Republik ist auch das herausfordernde Diesseits für Benedikt Baruch Spinoza, der das Denken und die Erkenntnis, die Allmacht der Vernunft und das Mühen um innere Vervollkommnung zur Substanz einer Philosophie macht, die er seinen Zeitgenossen selbst vorlebt.

In einer solchen geistigen Atmosphäre, die das Wagnis und nicht das Verbot zu ihrem Dogma erklärt, die in Theoriedebatten, Auseinandersetzungen und Meinungsstreit den Nährboden für neue Erkenntnisse schafft, fühlt sich Maria Sibylla Merian ermuntert, ihren Wunsch zu verwirklichen. 1699 macht die Zweiundfünfzigjährige ihr Testament und schifft sich mit ihrer Tochter Dorothea Henriette auf einem Dreimaster nach Surinam ein. Die hohen Amsterdamer Ratsherren, die sie am Kai verabschieden, wohnen einem historischen Augenblick bei: Zum erstenmal in der Welt wagt es eine Frau, eine Forschungsreise dieses Ausmaßes anzutreten.

Überhaupt hat man im Gegensatz zu den regen Handelsexpeditionen von Forschungsfahrten zu rein wissenschaftlichen Zwecken noch nicht viel vernommen. Der erste Gelehrte, der einen fremden Erdteil aufsucht, ist Jean Richer, der im Auftrage der Pariser Akademie nach Cayenne fährt, um dort physikalische und astronomische Beobachtungen vorzunehmen. Und nur neunundzwanzig Jahre später wagt es eine Frau, diese stille, aber besessene Merian, diese entschlossene, aber wahnwitzige Person, die noch dazu jedes Angebot für einen männlichen Begleitschutz ablehnt. Die versammelten Ratsherren, unter ihnen Bürgermeister Nicolaas Witsen und der Botaniker Fredericus Ruysch, befürchten, die Merianin werde ihr kühnes Unternehmen nicht glücklich zu Ende bringen. Was sie nicht wissen können, liegt in der Eigenart ihres Wesens begründet: Inmitten der Arbeit entfaltet sie einen unbeugsamen Willen, der sie immun zu machen scheint gegen die Widrigkeit der Umstände. Arbeit ist Selbstbewährung für sie und ein Sich-selbst-Überschreiten. Je größer die Arbeit ist und je mühsamer, um so mehr wachsen Ausdauer und Zuversicht - Eigenschaften, ohne die wissenschaftliches Forschen undenkbar ist und die natürlich schon gar nicht einer Frau, einem so unselbständigen, empfindsamen Wesen, zugetraut werden.

Die Tropen, das ganz andere, das Fremde, Unerforschte, werden für die Merian zur Passion und zur Bürde. Auf der einen Seite rings um sie narkotisierende Schönheit, exotisches Blühen, Schwirren, Summen, verschwenderischer Reichtum der Natur, süßlich-schwere Luft, tausenderlei Wohlgerüche, faszinierend, magisch, eine einzige üppige Wunderwelt - und die Natur ein Gestalt gewordner Mythos. Auf der anderen Seite dieser undurchdringliche Dschungel, diese feuchtheiße Luft, das ungesündeste Klima der Welt. Monatelang nur Regen, der aus wegloser Landschaft heimtückische Sümpfe macht, und immer wieder unkalkulierbare Gefahren, Moskitos oder Schlangen.

Die Tropen, dieses abenteuerliche Einerseits und Andrerseits, bedeuten für die Merianin ein einziges Suchen, ohne zu finden, und Finden, ohne zu suchen. Was jedem Mann nach einem Universitätstudium einigermaßen geläufig, wenn nicht gar vertraut ist - die wissenschaftliche Methode, die Art und Weise, wie man sich einem Forschungsgegenstand nähern kann -, muß die Merian ganz von allein finden. Sie muß sich stützen auf ihr Empfinden, muß ihrer Fähigkeit, Natur zu erleben, vertrauen, muß sich auf die Genauigkeit ihrer Beobachtungen und die Logik ihrer Schlußfolgerungen verlassen. Hätte sie als Frau, der keine wissenschaftliche Ausbildung an Universitäten gestattet ist, wenigstens die Möglichkeit gehabt, über Jahre in einem

Disput oder Gedankenaustausch ihre Erkenntnisse zu bestätigen oder zu klären, wäre ihr vieles leichtergefallen, selbstverständlicher gewesen. So aber ist sie auch hier auf den fortgesetzten Dialog mit sich selbst angewiesen, muß die Maßstäbe selbst setzen und mit ihren bescheidenen, aber verläßlichen Kenntnissen einen Weg durch tropische Überfülle und in wissenschaftliches Neuland bahnen. So schreitet sie vom Einzelnen zum Einzelnen mühsam fort, beobachtet, zergliedert und vergleicht das Nebeneinander des Andersartigen und versucht, für sich selbst eine Systematik zu finden, die ihr in dem unerforschten Gebiet als Wegweiser dienen soll.

Dafür aber genügt weder das im Selbststudium erworbene Wissen noch irgendeine angelesene Fachkenntnis. Dazu ist eben jener Hauch von Genialität nötig, den man Frauen nur allzu rasch abzusprechen geneigt ist und ohne den die Merian doch nie eine Sammlerin und Forscherin, eine große Biologin geworden wäre. Während manch hochgelehrte Herren in manch hochgelehrten Stätten über Kategorien die Welt in Erfahrung bringen wollen, während sie mit allerlei Geistesanstrengungen am Begriffsgebäude der Wissenschaft zimmern, um sich in einem warmen Stübchen mit einer selbstgebastelten Theorie von allem Sinnlich-Konkreten separieren zu können, bricht die Merian, diese nichtstudierte Person, entschlossen auf, um ein Gebiet zu entdecken, das die Wissenschaft nötig hat und ihrer bedarf. Folgerichtig setzt sie an den Beginn der neuen Forschungsrichtung, der Insektenkunde, die Anschauung. Sie sammelt nicht nur und ordnet, sondern bringt das Gesammelte und Geordnete ins Bild und schafft damit eine Ausgangsbasis, eine Forschungsgrundlage, auf der andere Wissenschaftler aufbauen können.

Anfangs stehen die Einheimischen der Merian skeptisch

gegenüber, weil sie nicht glauben wollen, daß diese Frau die weite Reise nach Surinam gewagt hat, nur um Schmetterlinge, Kröten, Käfer, Eidechsen und Pflanzen zu sammeln und nicht - wie man es von den Ausländern, den Kolonisten und Pflanzern, gewohnt ist - auf Zuckerrohr, Hölzer, Pfeffer, Gerberrinde oder Gold erpicht zu sein. Später werden die Einheimischen zu ihren treuesten Helfern.

Die Merian und ihre Tochter ziehen in den frühen Morgenstunden mit ihren Schmetterlingsnetzen auf Fang, wagen sich kilometerweit ins Land hinein, gehen in den Dschungel und unternehmen Flußfahrten, von denen die Indianer eindringlich abraten. Die Monate der Regenzeit nutzen sie, um Tiere zu präparieren und naturgetreu auf das Pergament zu zeichnen, was sie gesammelt haben - Falter, Schlangen, Eidechsen, Wespen, Zikaden, Früchte, Samen, Pflanzen. Auch hier verbringen sie viele Stunden vor den Raupenkästen, um die Stadien der Entwicklung genau zu beobachten, im Bilde und in wissenschaftlichen Aufzeichnungen festzuhalten. Die meisten Raupen sind monophag, streng kostgebunden, was die Arbeit der Merian zusätzlich erschwert, denn dort, wo sie die Raupen gefunden hat, muß sie auch ihr Futter holen. Manchmal, in der furchtbaren Hitze der Sommermonate, passiert es, daß schon auf dem Wege in ihre Behausung die Blätter vertrocknen und ihre kostbaren Forschungsobjekte, die Raupen, eingehen. Dann beginnt das mühselige Sammeln von neuem.

Ihre anstrengende pausenlose Arbeit, in der sie keine Nachsicht gegen sich selbst kennt, summiert sich schließlich in Hunderten von Studienskizzen und Pergamentmalereien. Die Merian sammelt wahllos, hebt auf, fängt ein, pflückt ab, nimmt mit, was ihr begegnet, denn fast jedes tropische Kleinlebewesen, fast jede tropische Pflanze, fast jede tropische Frucht ist in Europa so gut wie unbekannt. Die wenigen Bilder, die tropische Gewächse zeigen, sind meistens nach den Vorlagen in den botanischen Gärten oder Orangerien angefertigt. Ausnahmen bilden die Ölgemälde von Eckhout und die Radierungen von Franz Post aus Harlem, die als Maler den Prinzen Moritz von Nassau auf seiner Expedition begleiten und als erste an Ort und Stelle den »individuellen Charakter der heißen Zone« im Bild festhalten.

Doch die Merian geht über das naturgetreue Abbilden der tropischen Insekten hinaus, ist wieder den Zusammenhängen auf der Spur und versucht im einzelnen darzustellen, was sie als Ganzes erahnt. Nach zwei Jahren zwingt sie eine schwere Malaria, den Forschungsaufenthalt abzubrechen. Physisch geschwächt verpackt sie ihre reiche botanische, entomologische und zoologische Ausbeute und kehrt nach Holland zurück. Im Stadthaus von Amsterdam stellt sie ihre tropischen Schätze aus. Begeisterungsstürme brausen der Merianin entgegen. Gelehrte aus allen Teilen Europas eilen herbei, um mit eigenen Augen tropische Produkte zu sehen, mit den eigenen Sinnen Formen, Farben, Gerüche aus dieser fernen Welt zu ermitteln. Doch Maria Sibylla Merian entzieht sich still und unauffällig dem allgemeinen Jubel und lehnt Einladungen zu Vorträgen und Empfängen dankend ab.

Statt dessen beginnt sie, Berge von Material zu ordnen, und ist fest entschlossen, ihre Sammlung auszuwerten. Zeichnungen, die in Surinam nicht beendet werden konnten, malt sie aus der Erinnerung zu Hause fertig. Die großen Vorlagen läßt sie von befreundeten Stechern ins Kupfer übertragen, schreibt zu jeder der insgesamt sechzig Tafeln den Text und überläßt nur die botanisch genaue Bestimmung der Pflanzen dem Demonstrator am Botanischen Garten zu Amsterdam, Professor Caspar Commelin.

1705 erscheint in Amsterdam das große Werk der Merian: *Metamorphosis insectorum Surinamensium.* Die Verwandlung der Insekten Surinams.

Es ist eine Sensation, eine wissenschaftliche Pioniertat, denn »erstmalig werden Erscheinungen tierischer Anpassung an die Umwelt farbig wiedergegeben«, und es ist »die vollkommenste Darstellung von tropischen Gewächsen, Blüten und Früchten, die man bisher gesehen hatte.« Linné, der große Ordner der Natur, setzt die Merian für diese Tat »unter die Schar der Unsterblichen«, und Goethe bestätigt dies: Hundertdreizehn Jahre nach dem Erscheinen der *Metamorphosis insectorum Surinamensium* beschäftigt er sich mit dem Buch der Merian, die »in ihren Darstellungen sich zwischen Kunst und Wissenschaft, zwischen Naturbeschauung und malerischen Zwecken hin und her bewegte.«

Sie selbst schreibt in einem Wort an den Leser: »Dieses Werk besteht aus sechzig Kupferstichen, auf denen an die neunzig Beobachtungen von Raupen, Würmern und Maden gezeigt werden, wie sie sich beim Häuten in Farbe und Form verändern und sich schließlich in Tagfalter, Eulenschmetterlinge, Käfer, Bienen und Fliegen verwandeln. Alle diese Tiere wurden auf die Gewächse, Blumen und Früchte gesetzt, die sie für ihren Lebensunterhalt fraßen. Es wurden hier noch hinzugefügt das Geschlecht der westindischen Spinnen, Ameisen, Schlangen, Eidechsen, wundersame Kröten und Frösche, die alle von mir in Amerika nach dem Leben gezeichnet und beobachtet wurden bis auf einige wenige, die ich auf Aussagen der Indianer hinzugefügt habe.«

Sosehr das Buch von den Zeitgenossen bewundert wird, weil es bis dahin kaum Werke über tropische Vegetation und tropische Kleinlebewesen gibt, so wird es doch von späteren Gelehrtengenerationen mit kritischer Skepsis betrachtet. Einige Raupen sitzen nicht auf den richtigen Futterpflanzen, auch zeichnet sie nach der Aussage der Indianer ein Tier, das es gar nicht gibt, und verwendet Begriffe, die ungenau sind. Hautflüglerlarven, Fliegenmaden und Käferlarven nennt sie in summa »Würmer«. Raupen hängen »wie Indianer in ihren Hängematten«, gemeint sind die Raupensäcke. Spinnen »tragen ihre Eier in einem Ballen unter dem Leib«, gemeint sind die Eikokons der Spinnen. Dem Großen Laternenträger, Fulgoria laternaria, schreibt sie die Fähigkeit zu, nachts mit dem Kopffortsatz leuchten zu können.

Doch all die Ungenauigkeiten, Verwechslungen und Irrtümer widerspiegeln nur den allgemein dürftigen Erkenntnisstand auf diesem Gebiet und schmälern das Einmalige ihrer Leistung nicht. Auch wenn mancher Biologe der nachfolgenden Zeit die Mängel des surinamesischen Insektenwerkes einzig der Tatsache zuschreibt, daß eine Frau seine Verfasserin ist, so verblaßt die Kritik der Namenlosen, gemessen an der Tatsache, daß dieses Buch der Merian das erste naturwissenschaftliche Werk über Surinam überhaupt ist und daß sie damit weithin zum Verständnis und Kennenlernen der Tropen beiträgt.

Überdies erachtet sie selbst ihr Insektenwerk nicht als etwas Endgültiges oder Abgeschlossenes. Im Gegenteil. »Ich hätte den Text wohl ausführlicher gestalten können«, schreibt sie, »da aber die heutige Welt sehr feinfühlig ist und die Ansichten der Gelehrten unterschiedlich sind, bin ich nur einfach bei meinen Beobachtungen geblieben. Ich liefere dadurch Stoff, aus dem jeder nach eigenem Sinn und eigener Meinung Schlüsse ziehen und diese nach eigenem Gutdünken auswerten kann.« Sie versteht ihr Surinamwerk als das, was es dann auch trotz aller Mängel für Generationen von Forschern und Fachgelehrten, Liebhabern und Laien geworden ist: eine Anregung für naturwissenschaftliche Studien, eine Aufforderung, zu Ende zu denken, was sie begonnen hat, mit eigenem Nachdenken teilzunehmen an dem langen Weg der Naturerkenntnis.

Nicht irgendein akademisch ausgebildeter Meisterdenker hat dies gewagt, sondern eine Frau, die über einen klaren Verstand verfügt und diesen beherzt zu gebrauchen weiß. Auf dem Titelblatt der *Metamorphosis insectorum Surinamensium* ist kein Hinweis mehr auf den berühmten Vater zu finden. Ihr Name steht für sich selbst, braucht nicht mehr mit »Tochter des seligen Merian« ergänzt zu werden. Sie, die vom Empfinden über das Erleben zum Erkennen kam, die von der Kunst in die Wissenschaft hinüberglitt, ist längst zu einem eigenständigen Denken und neuen Selbstverständnis gelangt. Sanft, aber nachdrücklich, still, aber zielstrebig hat sie sich ihre Daseinsbedingungen als Frau erweitert. Durch sich selbst ist sie geworden, was sie ist.

Zu einer Zeit, da ihr wissenschaftliches Werk in Europa Aufsehen erregt, verhallt nahezu echolos die Forderung des englischen Politikers und Schriftstellers Daniel Defoe, der eine Akademie für Frauen errichten will, weil er es für ein »jämmerliches Zeichen von Verblendung« hält, daß »die Welt den Frauen den echten Glanz vorenthält, den die Vorteile einer Erziehung der natürlichen Schönheit ihrer Seele verleihen würden ... Der eigentlich große Unterschied, der in der Welt zwischen Männern und Frauen besteht«, sagt er, »beruht auf ihrer Erziehung.« Aber er macht sich keine Freunde damit. So wie jede kluge Frau alle dummen Männer zu ihren geborenen Feinden hat, so bringt auch der weitsichtige Defoe mit solchen Forderungen die Beschränkten und Einfältigen, die Schaumschläger und Nichtskönner gegen sich auf. Die Merian aber gibt ihm durch ihre Leistungen recht. Empfangen ist für sie nicht weiblich und Fortbilden nicht männlich. Geist, das zeigt sie mit ihren Forschungsergebnissen, hat kein Geschlecht.

Dieses Existenzbekenntnis, das sie nie ausspricht, nirgends niederschreibt, wohl aber vorlebt, vermittelt sie nicht nur ihren beiden Töchtern, die zu ihren engsten Vertrauten und eifrigsten Mitarbeiterinnen werden, sondern einer Vielzahl von Frauen, die nach ihr sich gleichfalls erkühnen, den Weg in die Wissenschaft einzuschlagen.

Dem herrschenden Bild von der Frau als einer geistig Minderbemittelten begegnet die Merian mit ihrer Art der Herausforderung: mit unablässigem, unaufgefordertem Nachdenken, das vom Empfinden über das Erleben zum Erkennen führt.

Dorothea Christiana Erxleben
1715 – 1762

Sie interessiert sich weniger für das Mögliche, mehr für das Machbare. Sie flüchtet sich nicht in Träume, tröstet sich nicht mit Illusionen, sondern handelt. Im Handeln entdeckt sie ihre Freiheit; aus dem Handeln erwächst ihr Selbstbewußtsein. Den Unmut ihrer gleichaltrigen Freundinnen, die meinen, die Enge und Provinzialität des Städtchens Quedlinburg seien schuld daran, daß ihr Leben ereignislos dahingehe, weder gute Partien noch andere erfolgreiche Entfaltungsmöglichkeiten biete, versteht sie nicht. Da, wo sie ist, lebt sie, und dort, wo sie lebt, baut sie ihre Welt. Aus dem, was sie vorfindet, versucht sie etwas Eigenes, Sinnvolles zu machen, wartet nicht auf Zufall oder Fügung, sondern sucht von Anfang an die Chancen dafür in sich selbst.

Christiana Leporin lernt. Sie lernt, indem sie ihrem Vater in der Arztpraxis hilft. Unaufgefordert und gegen den Willen der Mutter. Christian Polykarp Leporin hat Freude an Christianas Aufgeschlossenheit gegenüber allem, was sich in der Medizin tut. Sie darf an dem Unterricht teilnehmen, den er seinen Söhnen gibt, bildet sich in Religion, Latein und den Naturwissenschaften. Bald nimmt sie der Vater zu Krankenbesuchen mit und vermittelt ihr die praktischen Kenntnisse der »Artzney-Gelahrtheit«. Weil sie in allem ein außergewöhnliches Geschick zeigt, läßt er sich sogar hin und wieder von ihr in seiner Artzpraxis vertreten. Ihr

Einfühlungsvermögen, ihr sicheres Urteil beim Diagnostizieren von Krankheiten bleiben den Quedlinburgern nicht verborgen.

Der Rektor des Gymnasiums, Tobias Eckhard, der keinen geringen Einfluß auf das geistige Klima dieses Städtchens hat, rät der jungen Leporin zu promovieren. Daher schickt er ihr nicht nur die Lateinaufgaben, die er den männlichen Schülern seines Gymnasiums erteilt, sondern eines Tages auch die *Opuscula* der Anna Maria von Schürmann, jener holländischen Minerva, der die Herren Kuratoren der Universität zu Leyden einst in jedem Auditorium eine geheime Loge bauen ließen, damit sie allen öffentlichen Lektionen, Disputationen und Promotionen ungesehen beiwohnen konnte.

Der Vorschlag, den Doktor der Medizin zu erwerben, verwirrt Christiana Leporin nicht und macht sie nicht verlegen. Ohne Zögern stellt sie sich innerlich darauf ein, ganz in dem Bewußtsein, über ein verläßliches Wissen und praktische medizinische Erfahrungen zu verfügen. Doch dann, als ihr Bruder Christian an der Hallenser medizinischen Fakultät immatrikuliert wird und ihr ein gleiches Recht nicht gestattet ist, weil »Weibspersonen von allen bürgerlichen und öffentlichen Bedienungen ausgeschlossen seyn, und daher kein obrigkeitliches Amt führen sollen« und in den kaiserlichen Universitätsprivilegien nur von der Erteilung der akademischen Würden an Männer die Rede ist, da plötzlich steht Christina Leporin an den Grenzen weiblicher Möglichkeiten. Doch sie mag sich nicht damit abfinden. Schließlich hat sie den gleichen Unterricht genossen wie ihr Bruder; hat dieselben Bücher gelesen, gleiches Geschick im Umgang mit Patienten gezeigt.

In dieser Kluft zwischen Wunsch und Wirklichkeit sucht sie mit sicherem Gespür den für sie gebliebenen Freiraum des Machbaren, setzt sich an den Schreibtisch und untersucht auf zweihundertfünfzig Seiten die *Ursachen, die das weibliche Geschlecht vom Studiren abhalten.* Vier Jahre später entdeckt der Vater diese Schrift, fügt eine Vorrede hinzu und läßt das Buch 1742 bei Johann Andreas Rüdiger in Berlin erscheinen. Kühn setzt sich die Dreiundzwanzigjährige mit den Vorurteilen auseinander, die gegen das Studieren der Frauen gerichtet sind und die in bezopften Köpfen noch immer einen festen Platz haben: Gelehrsamkeit schickt sich nicht für das weibliche Geschlecht, weil dasselbe nicht fähig sei, etwas Tüchtiges darin zu leisten. Gelehrsamkeit schickt sich nicht für das weibliche Geschlecht, weil dasselbe keinen Nutzen davon zu erwarten hat. Das Studieren des weiblichen Geschlechts gibt zu vielerlei Übeln Anlaß, wie zu Hochmut, Eigenliebe, falscher Religionsauslegung, Vernachlässigung des Haushalts, unerlaubtem Umgang mit Männern, Schwächung der Gesundheit. Das weibliche Geschlecht tue besser daran, wenn es sich des Studierens enthalte, zumal dies ohnehin von den meisten Frauen als etwas Fremdes angesehen wird.

Mit offensivem Optimismus formuliert Christiana Leporin ihre Argumente gegen diese Vorurteile, ganz in der festen Überzeugung, daß »alles Gute einmal neu und ungewohnt« war. Sie findet nichts Außergewöhnliches, nichts Besonderes dabei, wenn Widersprüche und Ungerechtigkeiten, denen wissensdurstige Frauen ausgeliefert sind, zum Engagement führen. Nicht zögern, wo ein Tatbestand geschaffen werden muß, eingreifen in Lebensumstände, denen beim Fortschreiten die Fessel klirrt, nicht hinnehmen, wenn ein Gewinn als Verlust, wenn Vorwände als Einwände formuliert werden, nicht schicksalsergeben vor einer Ungerechtigkeit stillstehen, sondern sanft dagegen Sturm laufen - das ist ihre Auffassung vom Menschsein, von einem Leben, das nicht leer, nicht sinnlos, nicht vergeudet sein soll. Obwohl einige einer Dreiundzwanzigjährigen eine so engagierte Schrift nicht zutrauen und ihre Autorschaft anzweifeln, erfährt dieses Buch doch eine günstige Aufnahme, denn es gerät in eine Zeit, die den Wahlspruch der Aufklärung, das Sapere aude, wage zu wissen, zum Leitstern ihrer Anschauungen macht. Nicht mehr der Frau als einer Provinztugendwächterin gilt das allgemeine Interesse, sondern der Frau als einer aufbegehrenden Natur. Immanuel Kant, der von den geistigen Bedürfnissen des weiblichen Geschlechts nicht allzuviel hält, weil er meint, daß gelehrte Frauen »ihre Bücher etwa so wie ihre Uhr brauchen, bloß um sie zu tragen, damit sie gesehen werde, obschon sie meist stille steht oder doch nicht nach der Sonne richtig gestellt ist«, legt diese Ansicht allerdings nicht tönend auf die Waagschale der Öffentlichkeit, so daß die Haltung des Philosophen den Frauen nicht zum Hindernis wird. Christiana Leporin, die »gar zierliche Jungfer aus Quedlinburg«, zeigt in ihrem Buch, daß Ingenium, Memoria und Judicium – Talent, Gedächtnis und Urteilsvermögen –, die drei für ein Studium erforderlichen Dinge, nicht die ausschließlichen Eigenschaften von Männern sind. An sich selbst will sie dies beweisen.

Ihren Plan zu promovieren gibt sie nicht auf. Vielmehr schreitet sie inmitten widriger Umstände den kleinen Kreis der Möglichkeiten aus, sieht im schier Unvorstellbaren das Ziel, im Unlösbaren das Ergebnis. Dann, als Friedrich II. sein Regierungsamt antritt und den Regierungspräsidenten von Lüderitz sowie den Stiftshauptmann von Plotho zur Erbhuldigung nach Quedlinburg beordert, läßt sie sich über diese beiden Herren kurz entschlossen »Ihro königlichen Majestät recommendieren und Dero allerhöchsten Gnaden« ihre »Studia bestens empfehlen«. Und der König von Preußen, der sich selbst Philosoph von Sanssouci nennt, gerade erst Maupertuis, Wolff und Algarotti für die Berliner Akademie der Wissenschaften gewonnen hat und auf eine Anfrage des Generalfiskals, ob die römisch-katholischen Schulen bleiben dürften, die berühmte sinngemäße Randnotiz vermerkt, daß in seinem Staate jeder nach seiner Fasson selig werden könne, weist im April 1741 die Medizinische Fakultät der Universität Halle an, der Dorothea Christiana Leporin keine Schwierigkeiten in den Weg zu legen, sobald sie sich zur Promotion melden würde.

Damit hat sich das wichtigste Tor für sie geöffnet. Ein Freiraum innerhalb des dichten Geflechts von Rechtlosigkeit und Mißachtung, das wie eine dornige Hecke weibliche Wünsche begrenzt, ist geschaffen. Mit Mut und Entschlossenheit hat sich die Leporin ihren Weg dorthin gebahnt. Aber die Siebenundzwanzigjährige will auch das andere, will lieben, geliebt werden, dem Verstand genauso wie den Sinnen leben, will Kinder bekommen und Kinder erziehen. Sie heiratet und sieht darin kein Hindernis für ihre Pläne. Im Gegensatz zu den Auffassungen vieler Frauen, die in der Ehe einen gewissen Endpunkt ihres Lebens sehen, ein Preisgeben des eigenen Wollens, die ihr Selbst opfern oder sich innerlich auf die Dulderrolle einstellen, betrachtet die junge Frau Erxleben die Ehe erst als die geeignete Plattform für individuelles Entfalten. So ist sie fest davon überzeugt, »daß der Ehestand das Studiren des Frauenzimmers nicht aufheben, sondern daß es sich in Gesellschaft eines vernünftigen Ehegatten noch vergnügter studieren lasse«.

Ihr Mann, Johann Christian Erxleben, Diakon an der St.-Nikolai-Kirche in Quedlinburg, ein Witwer mit fünf Kindern, der ein bescheidenes Einkommen hat, ist wahrlich nicht die sogenannte gute Partie, mit der die meisten Frauen ihre Ehelaufbahn zu beginnen trachten. Doch Dorothea

Christiana sieht weiter. Sie weiß genau, was sie für ihr künftiges Leben braucht: nicht Reichtum, sondern Toleranz und Verständnis. Nicht äußeren Leerlauf, sondern inneres Erfülltsein.

So nimmt sie ohne Zögern hin, daß mit dieser Ehe eine vielfache Belastung, Arbeit und nochmals Arbeit auf sie zukommen. Auch hier entfaltet sie ihren phänomenalen Sinn für Wirklichkeit, dieses Geschick, Unzulängliches in Zulängliches, Beschwerliches in Befriedigendes zu verwandeln und aus einer belastenden Situation das Beste zu machen. Mit Freude und Fleiß versorgt sie ihre neue Familie, bekommt in den folgenden Jahren noch vier eigene Kinder – Christian, Albert, Anna-Dorothea und Johannes –, ist nunmehr von neun Kindern umgeben, hat für elf Personen zu kochen, zu waschen, zu bügeln, zu nähen und ist bei allem eine glückliche Frau. Nicht die Wonnen der Passivität, sondern die Lust, sich selbst zu beweisen, geben ihr jene innere Ausgeglichenheit, die eine Atmosphäre des gutgelaunten Miteinanders erzeugt. Das unhörbare feine Zusammenspiel verschiedener Interessen und Neigungen bildet den Gleichklang in der Erxlebenschen Familie, die auf diese Weise für Dorothea Christiana zum Beistand und nicht zur Belastung wird. In der häuslichen Harmonie findet sie den Nährboden, auf dem ihre wissenschaftlichen Pläne weiter gedeihen können. Johann Christian Erxleben unterstützt sie dabei, zumal er mit ihr darin übereinstimmt, daß Mann und Frau in ihrer gegensätzlichen Bestimmung erst ein wahrer, vollkommener Mensch sind, sich ergänzen, einander brauchen und im andern ihr Selbst finden. Siebzehn Jahre lang bis zum Tode ihres Mannes ist sie schattenlos glücklich verheiratet. Die Ehe bedeutet für beide nicht ewige Vormundschaft, sondern fortgesetztes Gespräch und konzentrierten Umgang. Mit einer solchen Haltung braucht Christiana nicht ein einziges Mal etwas gegen ihren Mann durchzusetzen. Sie entscheidet immer mit ihm, in großen wie in kleinen Dingen, und lebt damit in jener geistigen Gemeinschaft, die Selbständigkeit braucht und Selbständigkeit schafft.

Immer wieder wird sie von den Quedlinburgern zu Kranken gerufen. Viele von ihnen können bereits aus eigener Erfahrung sagen, die Erxlebin habe ein warmes Herz, eine linde Hand und einen klaren Verstand. Noch hat sie keinen Doktortitel. Noch ist sie nicht als Ärztin staatlich zugelassen. Um jedoch in ihren Kenntnissen auf der Höhe der modernen Medizin zu bleiben, befaßt sie sich mit den Arbeiten von Alberti, Juncker und Lorenz Heister, liest die Bücher von Georg Ernst Stahl und Herman Boerhaave, dem niederländischen Hippokrates, der die Erkenntnisse von Physik und Chemie in die Medizin hineinträgt und nach dem Grundsatz heilt, daß das Einfache das Siegel der Wahrheit ist. Auch die neusten Arbeitsergebnisse von Friedrich Hoffmann, der sich für die wissenschaftliche Nutzung der Heilquellen einsetzt und seine berühmten »Hoffmannstropfen« in die Therapie einführt, sind ihr vertraut. Ebenso verfolgt sie die großen Theoriedebatten, die sich in der Hochburg der Medizin, in Halle, die beiden Koryphäen Stahl und Hoffmann liefern, von denen der eine Leben und Krankheit von den seelischen Kräften abhängig macht und der andere alles auf Krampf oder Erschlaffung der Faser zurückführt. Sie mißt und überprüft ihre praktischen medizinischen Erfahrungen an den Kenntnissen der hohen Theorie, die zwar nicht unmittelbar die Kunst des Heilens befördert, wohl aber Zusammenhänge erhellt und Krankheitsursachen auf der Spur ist.

Trotz allem bleibt nicht aus, daß sie in den Verdacht der Pfuscherei gerät. So schreiben drei in Quedlinburg niedergelassene Ärzte an den Stiftshauptmann von Schellersheim, daß ihnen immer mehr Kurpfuscher in die Quere kommen, und beschweren sich, daß kein rechtschaffener Mediziner mehr ein Einkommen habe, weil nicht nur »die mehresten Feldscherrn, sondern auch Baders und Babirer, Hebammen, und andere, wie auch in specie des Hern.Diac. Erxlebens Ehelibste innerlich curiren, wie die letztere mit einer unverschämten Verwegenheit in der medizinischen Pfuscherey sich sonderlich signalisiret, da Sie die Patienten öffentlich besuchet, und Sich ohne Scheu Fr. Doctorin grüßen lässet . . .«.

Der Brief zeigt, wie es um die Medizin bestellt ist. Dilettierende Heilpersonen sind allerorts am Werke. Auf einen ausgebildeten Arzt kommen in Deutschland ein Dutzend Wundärzte und doppelt so viele Kurpfuscher aller Art. Urinbeseher, Heilmittelkrämer, Segenspender, Hexenbanner und Wunderheiler haben genausoviel Zulauf wie die Stein- und Bruchschneider, die Zahnbrecher, Barbiere, Bader und Okulisten. Überdies verkaufen unter der Hand noch immer die »Materialisten, Gewürtzkrämer, Alchymisten, Destillatores, Zuckerbecker, Parfumirer, Brantweinbrenner, und dergleichen« selbstgemachte Medikamente und mischen sich in das »Artzney-Wesen«, obgleich schon seit dem Erlaß des Medizinaledikts des Großen Kurfürsten, seit 1685, hohe Strafen darauf stehen. Doch die Unwissenheit und der Aberglaube, der durch die weitverbreiteten Volkskalender noch gefestigt wird, die Unaufgeklärtheit großer Teile der Bevölkerung geben Quacksalbern und Scharlatanen immer wieder Auftrieb und Existenz. Wanderärzte und Wanderchirurgen sowie der Verkauf von Heilmitteln auf Jahrmärkten sind zwar nicht gestattet, aber dennoch an der Tagesordnung. Selbst die Landesherren lassen sich von Nichtärzten behandeln oder ernennen gar Laien zu Leibärzten, wie Friedrich I. von Preußen, der den Scharfrichter Coblenz zum Hof- und Leibmedikus macht. Die wenigen an den Universitäten ausgebildeten Ärzte, die auf dem Lande oder in den großen Städten eine Praxis führen, haben einen schweren Stand. »Vom Publikum schlecht bezahlt und vom Staat nicht besoldet«, müssen sie um das Vertrauen ihrer Patienten mühsam werben. Können sie einmal nicht gleich spürbar helfen, siegt wieder die Gewohnheit, und der Patient besucht irgendeinen vermeintlich heilkundigen Laien. Approbierte Ärzte haben Not, sich eine halbwegs einträgliche Praxis zu sichern.

Sosehr dieser Brief der drei in Quedlinburg niedergelassenen Ärzte Dorothea Christiana Erxleben persönlich trifft, so wenig verhehlt er die wahren Schwierigkeiten, mit denen wissenschaftlich ausgebildete Ärzte zu kämpfen haben. Doch umgehend, beherzt und überzeugend verteidigt sie sich gegen die schwere Anschuldigung der Pfuscherei. Sie will nicht in eine Reihe gestellt werden mit denen, die statt Aufklärung Aberglauben, statt Wissenschaft Laientum befördern wollen. Nunmehr ist Dorothea Christiana »mit Gott fest entschlossen«, ihre medizinische Doktorwürde zu erlangen.

Sie steht kurz vor der Entbindung ihres vierten Kindes, als sie sich selbst das Thema ihrer Doktorarbeit wählt, die *Akademische Abhandlung von der gar zu geschwinden und angenehmen, aber deswegen öfters unsichern Heilung der Krankheiten.* Abend für Abend arbeitet sie ihre These aus, daß man eine Krankheit nicht nur schnell und angenehm, sondern sicher heilen müsse. Ihre praktischen medizinischen Erfahrungen bilden den Ausgangspunkt und den Fundus für ihre wissenschaftliche Abhandlung. Sie beschreibt die Anwendung und Wirkung von »Brech-, Purgir- und schweißtreibenden Mitteln«, von den »Mitteln, die den Urin, den Auswurf und die monatliche Reinigung« befördern, von den »anhaltenden Mitteln« sowie den »Opiatis oder schlafmachenden Mitteln« und formuliert ihre Ansicht, die Heilkraft der Natur zu unterstützen und nicht vorschnell oder künstlich in den Krankheitsverlauf einzugreifen, in Übereinstimmung mit der zeitgenössischen Medizinwissenschaft.

Auch in der Periode angespanntester wissenschaftlicher Arbeit reagiert sie auf die Fülle ihrer familiären und häuslichen Pflichten nicht hektisch oder gereizt, sondern gelassen und ausgeglichen. Von dem Augenblick an, da sie sich zur Promotion meldet, weiß sie, daß sie mit allem, was sie tun und sagen wird, unter dem Zwang des Erfolges steht, will sie nicht einem schadenfrohen Gelächter ausgeliefert sein. Doch Dorothea Christiana ist voller Zuversicht. Ihr Selbstvertrauen baut auf der guten Gewißheit auf, ihre Zeit nicht vertan, sondern genutzt zu haben.

Nachdem Stiftshauptmann Freiherr von Schellersheim ihr Gesuch um Erlaubnis zum Examen an den König weitergeleitet und Friedrich II. wie bereits vor neun Jahren nichts dagegen einzuwenden hat, daß sich eine Frau »ad gradum et Praxin medicam« legitimiere, besteigt die Neununddreißigjährige ohne Bange die Postkutsche, die sie an einem Maitag des Jahres 1754 von Quedlinburg nach Halle bringt. Sieben Kinder und ein Mann mit einem Säugling im Arm winken der Mutter nach, die zum Examen fährt.

Sie, »eine fürtreffliche Matrone, die von keiner jugendlichen Hitze hingerissen ward, sondern die bereits ein gesetztes Alter erlanget hatte«, bedient sich bei der mündlichen Prüfung eines »so schönen und zierlichen Lateins«, daß die Anwesenden glauben, eine alte Römerin in ihrer Muttersprache reden zu hören. Juncker, der Dekan der Medizinischen Fakultät und Schöpfer der Polikliniken in Deutschland, bestätigt ihr, daß sie das Examen aufs beste bestanden hat und daß alle Herren Mediziner ihre Dissertation »mit dem größten Vergnügen durchgelesen und des Drucks würdig geschätzt« haben.

Dem König wird dies gemeldet, und weil bis dahin noch keine Frau an einer deutschen Universität den Dr. med. erworben hat, weil alles eine so unerhörte Begebenheit und die einzige ihrer Art ist, weil man dem so unsicher, so hilflos-entschlossen gegenübersteht, wird erneut beim König nachgefragt, ob jenes gelahrte Frauenzimmer nun auch den Promotionseid schwören und das Doktordiplom erhalten dürfe. Als die eigenhändig unterzeichnete, zustimmende Antwort Friedrichs II. eintrifft, verläßt Dorothea Christiana ein zweites Mal in ihrem Leben Quedlinburg in Richtung Halle, um zum festgesetzten Promotionstermin zu erscheinen. Obwohl manch neidischer Berufskollege ihr heimlich wünscht, sie möge mit Weibermütze und nicht mit Doktorhut nach Hause kommen, und Professor Kästner, der dichtende Mathematiker, ein spottendes Distichon auf Frau Erxleben verfaßt, stehen doch die Ratsherren Quedlinburgs bei ihrer Rückkehr zum Empfang und Glückwunsch bereit.

Für Dorothea Christiana Erxleben ändert sich durch den Doktortitel nichts. Es ist eine Äußerlichkeit nur, eine Formalität, und nicht etwa die endliche Befriedigung eines akademischen Ehrgeizes, der so manchem anderen schwer zu schaffen macht. Genauso wie vorher wird sie von ihren Patienten auf der Straße angesprochen, um Rat gefragt oder nachts in dringenden Fällen aus dem Bett geläutet. Genauso sicher ist sie in der Kunst der Arzneigelehrtheit, wie sie es vorher schon war. Auch ihre Auffassung vom Menschen bleibt unverändert. Das Einmalige, das Unwiederholbare, das, was den ganzen Menschen ausmacht, was ihn prägt und profiliert, ergibt sich für sie aus dem Wirken seelischer Kräfte auf den körperlichen Zustand. Hier sieht sie das jeweils Individuelle, auf das sie sich in Diagnose, Therapie und Prophylaxe einstellt. Die instrumentalen Hilfsmittel sind gering. Der »Brustspäher«, das Stethoskop, ist noch nicht erfunden und das Abklopfen des Brustkorbes noch nicht bekannt. Dorothea Christiana Erxleben ist am Krankenbett ebenso wie ihre praktizierenden Kollegen auf ein scharfes Beobachten, auf ihre Erfahrung und das Kombinieren aller in Betracht kommenden Umstände angewiesen. Sie führt für sich selbst wieder ein, was in der altägyptischen Medizin bereits fester Bestandteil der Diagnose war: die Anamnese, das Erkunden der Vorgeschichte der Krankheit.

So verweilt sie oft Stunden am Bett eines Kranken. Hast, Eile oder Ungeduld kennt sie hier nicht. Für sie, die praktische Ärztin, die rationelle Empirikerin, ist das vertrauensvolle, einfühlsame Gespräch zwischen Arzt und Patient aus der Behandlungsmethode nicht mehr wegzudenken. Es fördert für sie nicht nur alles Wichtige und Wissenswerte über Krankheitsentstehung, Krankheitsverlauf, womöglich auch über die Krankheitsursache zutage, sondern hat auch eine eigene nachhaltige Wirkung auf den Patienten. Auf diese Weise ist keiner von ihnen dem trostlosen Gefühl ausgeliefert, für die Frau Doktorin ein medizinischer Fall unter anderen, ein Objekt des Interesses zu sein. So wie sie die Freude für die beste aller Arzneien hält, so sieht sie im Bewußtsein der Hilflosigkeit, Verlassenheit, der Schwäche und Gebrechlichkeit ein seelisches Gift, einen heilungshindernden Faktor. Der gesamten Einstellung zum Leben, dem Willen zum Gesundwerden schenkt sie bei jedem einzelnen Patienten die größte Beachtung. Oft jedoch steht sie machtlos vor dem Fortgang einer Krankheit; oft ist sie an den Grenzen medizinischer Heilkunst angelangt, spürbar den Unzulänglichkeiten menschlicher Erkenntnis ausgeliefert, und manches Mal ist es schon zu spät für eine Hilfe. Und doch trägt sie durch ihre Praxis mit dazu bei, daß aus der »Kunst der Artzney-Gelahrtheit« die Wissenschaft des Heilens wird, daß das Vertrauen in die wissenschaftliche Medizin in weiten Kreisen der Bevölkerung wächst und allmählich jene neue Einstellung zur Gesundheit aufkeimt, für die später dann Christoph Wilhelm Hufeland den programmatischen Namen »Erziehung zur Gesundheitspflicht« prägt. In einer Zeit, da in der Medizin das Glauben und Meinen, Ahnen und Spekulieren zugunsten meßbarer Ergebnisse und nüchterner Ursachenforschung immer mehr verdrängt werden, da man lernt, zwischen einzelnen Krankheiten genau zu unterscheiden, so den Scharlach schon von Masern oder die Lungen- von der Rippenfellentzündung trennt, da man auch die Scheu vor der klinischen Leichenöffnung endgültig überwindet, der Seuchenmedizin, Hebammenausbildung und der öffentlichen Gesundheitspflege wachsende Aufmerksamkeit schenkt, ist jeder Schritt zur Wissenschaft tätige Erkenntnis und - ein notwendiges Wagnis, das nicht nur denkende, sondern vor allem entschlossene, risikobereite Menschen braucht. Menschen, die nur eins nicht ertragen können: teilnahmslos zusehen, wenn um exakte Kenntnis gerungen wird.

Dorothea Christiana Erxleben hat einen großen Patientenkreis. Viele von ihnen können nicht bezahlen, und sie fordert kein Geld ein. An erster Stelle steht für sie die Verpflichtung, den Menschen zu helfen - eine Haltung, die auch ihrer tief religiösen Anschauung entspricht. Heilen heißt für sie, in jedem Falle Persönliches, Familiäres zurückzustellen und jene drei Gesichter des Arztes, die Grimmelshausen in seinem *Abenteuerlichen Simplicissimus* erwähnt, in das Reich literarischer Fiktionen zu verweisen: Sie erscheint nicht als Engel, wenn sie tröstend zum Kranken kommt, nicht als Gott, wenn sie heilt, und nicht als Satan, wenn sie die Rechnung präsentiert. Bis an ihr Lebensende bleiben Sparsamkeit und Verzicht auf Zusätzliches oberstes Gebot im Hause Erxleben. Gerade noch kann das Geld für das Studium der Söhne aufgebracht werden, von denen der eine, Christian Erxleben, Professor für Physik in Göttingen wird und zeitlebens als der bekannte Sohn der berühmten Mutter gilt.

Die deutsche Bassi wird sie genannt und stolz mit der großen italienischen Physikerin verglichen, die vor ihr in Bologna, der ältesten Universität Europas, zum Doktor der Philosophie und Medizin promovierte. Obwohl sich für Dorothea Christiana Erxleben durch die Approbation weder im Denken noch im Handeln etwas ändert, so bewirkt das Erlangen der akademischen Würde für sie doch eins: Es bestätigt ihre Auffassung vom Leben. Nicht fortgesetztes Beklagen der Umstände, nicht endloses Reflektieren darüber und nicht gescheite Betrachtungen helfen verändern, sondern kluges Handeln; die engen Räume des Machbaren ausfüllen mit einer Tat, einen Sachverhalt schaffen, der unumgänglich ist und Zukünftiges bereits gegenwärtig macht: das Abweichende zur Norm, das Unübliche zum Gesetz, die Ausnahme zum Standard erklärt. Das heißt Mensch sein, das heißt für sie Frau sein.

Caroline Herschel
1750 – 1848

Anfangs will sie ihrem Bruder, dem Astronomen, nur zuarbeiten, will ihm helfen, Kataloge und Tabellen aufzustellen, und bei den nächtlichen Durchmusterungen des Himmels als Schreibkraft zur Stelle sein. Doch je ernster sie diese Tätigkeiten nimmt, desto vertrauter wird ihr der Umgang mit den Gestirnen, desto mehr findet sie Gefallen an der Beschäftigung mit der Astronomie, so daß sie sich schließlich eigene Aufgaben stellt, später sich ein eigenes Forschungsfeld aufbaut und somit ungewollt eine Selbständigkeit erlangt, die sie, kaum daß sie ihrer gewahr wird, heftig verleugnet. Caroline Herschel ist erzogen worden in dem Glauben, daß Unterordnen, Verzichten, Entsagen, Dienen und nochmals Dienen der edle Sinn eines Frauenlebens sei, daß die besten Frauen jene sind, die im Schatten des Mannes stehen, hier das Glück des Gehorchendürfens erleben und die wahren weiblichen Tugenden, wie Hingabe, Aufopferung und Dienstwilligkeit, bis zur verheißungsvollen Selbstaufgabe entfalten.

Sie, die Hannoveranerin, die in eine Musikerfamilie hineingeboren wird, soll eigentlich nach dem Willen des Vaters Konzertsängerin werden. Daher müht sie sich, wenn immer ihre großen Brüder ausgegangen sind, »mit einem Knebel zwischen den Zähnen die Solopartien aus Konzerten mit Trillern und allen Kadenzen« nachzusingen, so wie sie sie vom Vater und von den Brüdern »auf der Violine hatte spielen hören«, und sich eine »ziemliche Kehlfertigkeit« zu erwerben, noch ehe sie »das Geringste vom Singen« versteht. Dies scheint ihr immer noch das kleinere Übel, gemessen an dem Plan der Mutter, Caroline als Weißnäherin und im Putz- und Kleidermachen auszubilden. Anna Ilse Herschel, geborene Moritzen, hat sich in den Kopf gesetzt, daß ihre Tochter »ein roher Klotz sein und bleiben sollte, allerdings aber ein nützlicher«.

So lernt Caroline, was sie nicht lernen will, und tut, was sie nicht gerne macht: muß sticken, stricken, Leib- und Hauswäsche nähen. Dennoch läßt sie es sich nicht nehmen, täglich ein paar Stunden mit ihren Brüdern die Garnisonschule zu besuchen, um auf diese Weise wenigstens lesen und schreiben zu lernen, was die Zwanzigjährige dann zu der Hoffnung berechtigt, irgendwo eine Stellung als Erzieherin zu bekommen. Denn der Gedanke, daß sie eine »Abigail oder Hausmagd« werden soll, ist ihr unerträglich, hieße, den geheimsten Wünschen ein Leben lang keinen einzigen Schritt näherzukommen und in das Asyl der Unwissenheit gedrängt zu werden.

Da erreicht die gestrenge Frau Mutter ein Brief, geschrieben von Carolines Lieblingsbruder Wilhelm, der als Militärmusiker mit der Hannoverschen Fußgarde nach England kam und sich hier für immer niederließ. Caroline soll »unter seiner Leitung zu einer nützlichen Sängerin für seine Winterkonzerte und Oratorien« ausgebildet werden. Bruder Wilhelm setzt der Mutter, der eine fleißige Haushaltshilfe verlorengeht, eine Jahresrente aus, und so ist Carolines Weg entschieden. Sie zieht 1772 nach England, in den hochnoblen Badeort Bath, wo ihr Bruder als Musiklehrer eine gute Stellung hat und außerdem »Motetten, Gesänge, ja ganze Kirchenmusiken für den Chor komponiert, welcher unter seiner Leitung« steht.

Wilhelm Herschel befaßt sich jedoch immer weniger mit der ausübenden Musik. Mehr fasziniert ihn die Harmonielehre, über die er zur Mathematik und schließlich zur Astronomie gelangt. Unzufrieden mit der Kenntnis dessen, was andere beobachtet haben, baut er sich selbst ein siebenfüßiges Spiegelteleskop, entdeckt damit in einer Märznacht des Jahres 1781 den Planeten Uranus und wird als Astronom weithin berühmt. Herschel nennt den Planeten dem König von England zu Ehren Georgsgestirn, Georgium sidus, bekommt fortan ein allerhöchstes Jahresgehalt und zieht mitsamt seinen astronomischen Instrumenten nach Slough in ein Haus mit einem Garten, von dem Biographen sagen, »daß an keinem Ort der Erde jemals so viele Entdeckungen gemacht worden sind wie in dem Garten und bescheidenen Hause in Slough«. Wilhelm Herschel findet viele Doppelsterne, Sternhaufen und Nebel, die Uranusmonde Titan und Oberon, die Saturnmonde Mimas und Enceladus, entdeckt die Eigenbewegung der Sonne, auch die Infrarotstrahlen. Er, der Begründer der Stellarastronomie und wissenschaftlichen Kosmologie, er, der Spiegelteleskope von einer bis dahin nicht gekannten Größe baut, den Napoleon empfängt und Gauß bewundert, den Laplace rühmt, James Watt verehrt und Alexander von Humboldt emphatisch feiert, er prägt in der Astronomie so wie Newton in der Physik ein ganzes Zeitalter – das Zeitalter Herschels.

Seine Schwester Caroline, die sich fleißig im Singen übt und ihm gewissenhaft den Haushalt führt, nimmt mit wachem Verstand auch das andere, die Astronomie, die meistens beim Frühstück oder Mittagstisch Hauptgesprächsgegenstand ist, in sich auf. Sie liest in ihren freien Stunden, was auch ihr Bruder liest: John Lockes *Versuch über den menschlichen Verstand,* Smith' *Harmonics* und *Optics,* Fergusons *Astronomie,* liest Leibniz und Euler und hilft ohne

Zögern dem Bruder, Teleskope nach einer Beschreibung von Huygens zu bauen, indem sie die Modelle in Rohform dafür anfertigt. Sie lernt das Schleifen und Polieren von Metallspiegeln, lernt mit dem Mikrometer, dem Mauer-Quadranten und den astronomischen Tabellen umzugehen, eignet sich die Kenntnisse der Algebra und die Formeln zu Berechnungen und Reduktionen an und lernt das Wichtigste: das Beobachten und Durchmustern des Himmels. Ihr Wunsch, sich »in irgendeinem Zweige der Wissenschaft so weit auszubilden, um dadurch eine ehrenhafte und achtbare Existenz zu gewinnen«, der ihr bis jetzt immer versagt geblieben ist, nimmt Gestalt an. Die neuerworbenen Kenntnisse geben ihr innerlich Auftrieb und ermutigen sie, endlich »ihr Brot durch eigene Arbeit zu verdienen«.

Daß Caroline Herschel sich ausgerechnet der Astronomie zuwendet, ist gewiß ein Zufall, daß sie jedoch überhaupt zur Wissenschaft gelangt, scheint dagegen fast notwendig zu sein, denn sie entdeckt Wissenschaft sehr bald als das, was zutiefst ihrem Wesen entspricht: Phantasie und Vorstellungsvermögen, Sorgfalt und Geduld, Präzision und Zuverlässigkeit sind die bestimmenden Eigenschaften dieser Frau. Nur gegen das andere, das unwillkürlich jede ernsthafte Arbeit mit sich bringt, wehrt sie sich beträchtlich: gegen das Selbständigwerden. Standhaft verleugnet sie ihre Subjektivität und macht ihr Dasein folgsam zu einem Sein für andere. Sie empfindet Glück, wenn nur einer ihrer Brüder recht glücklich ist. Sie tröstet sie, wenn einer von ihnen Kummer hat. Sie hilft ihnen aus Nöten und Niederlagen. Sie identifiziert sich mit ihren Erfolgen. Dabei betont sie immerzu, daß nichts auf der Welt unwichtiger sei als sie selbst. Ihr Name, der einmalig in der Welt der Astronomie dasteht, ist nichts. Der Name ihres großen Bruders ist alles. Jene, die sie als gelehrte Frau betrachten, verspottet sie. Die Bezeichnung »Wissenschaftlerin« mag sie, auf sich bezogen, nicht hören. Würdigt man mit anerkennenden Worten ihre Arbeit, so fragt sie verstört: »Womit habe ich das verdient?« Besucht sie Alexander von Humboldt, ist »selbstverständlich ihr Neffe Thema des Gesprächs«. Sorgsam achtet Caroline Herschel ihr Leben lang darauf, die ihr vorgegebene Rolle als Frau bis zur Selbstverleugnung zu spielen, ganz in dem ihr anerzogenen Bewußtsein, daß ein weibliches Wesen schon in dem Augenblick, da es zur Welt kommt, seine geistige Zukunft hinter sich gebracht hat.

Trotz solcherart entmutigenden Wissens beginnt die Zweiunddreißigjährige, alle bemerkenswerten Himmelserscheinungen aufzuzeichnen und zu beschreiben. In sternklaren Nächten steht sie auf einem »taugetränkten, oft mit Reif bedeckten Rasenplatz«, vor sich den Newtonschen Kometensucher, und hat zunächst das Bedürfnis, das Vorhandene für sich selbst zu ordnen und überschaubar zu machen. Sie beobachtet Nebelflecke und Sternhaufen und nimmt sich vor, einen Katalog über sie anzufertigen. Bei ihren Arbeiten bedient sie sich einer Methode, die ihrem anschaulichen Denken als fast selbstverständlich erscheint: die Wissenschaft nicht aus der Natur des Geistes, sondern aus der Natur der Dinge abzuleiten, wie es lange vor ihr Francis Bacon, der »Stammvater des englischen Materialismus«, formuliert hatte. Induktion, Analyse, Vergleich und Beobachtung sind die empirischen Stufen, die Caroline Herschel auf dem Weg zur Naturerkenntnis emporsteigt. Auch wenn sie es aus Bescheidenheit nicht wahrhaben will, auch wenn sie das Wagnis des Wissens, nur weil sie eine Frau ist, redlich zu verbergen sucht – von dem Augenblick an, da sie mit der systematischen Beobachtung des Himmels beginnt, ist sie schon inmitten hehrer Wissenschaft, wird ganz von ihr vereinnahmt und folgt dienend ihren Gesetzen.

Natürlich entgeht ihr nicht, welche Stürme am Rande oder im Zentrum gelehrter Höhen toben. Der Streit, ob man dem astronomischen Beobachten mit dem bloßen Auge oder dem Beobachten mit dem Fernrohr den Vorzug geben soll, hat sich längst gelegt. Mit Tycho de Brahe geht die Zeit des natürlichen Sehens in der Astronomie zu Ende. Galilei und Kepler stehen unmittelbar nach ihm an einer Wende der messenden Sternkunde, denn die Zeit des Beobachtens mit Hilfe des Fernrohrs, die Zeit des teleskopischen Sehens, bricht an. Jeder Astronom, der auf sich hält, baut ein Teleskop – ein Begriff, der im Umkreis von Galilei geprägt wird. Galilei, Kepler, Hevelius, Huygens, Halley und Newton benutzen das neue Instrument, von dem Kepler sagt, daß es kostbarer als jegliches Zepter sei, und machen damit eine Reihe folgenschwerer Entdeckungen. Aber erst Isaac Newton, der lebt, um zu rechnen, findet den Grund aller Bewegungen im Weltall, formuliert das Gravitationsgesetz und schafft damit die Himmelsmechanik. Seinen Nachfolgern sind die Tore zu einer neuen Weltsicht geöffnet. Wilhelm Herschel liefert unter anderem die Hilfsmittel, die astronomischen Instrumente dafür.

Caroline Lucrezia, seine »kleine Schwester«, »die liebe Lina«, sein unentbehrlichster Arbeitskollege, hat mit Theoriedebatten, wissenschaftlichem Meinungsstreit und öffentlichen Disputen nichts im Sinn. Sie will im Hintergrund bleiben, wie es ihr anerzogen wurde. Eine verläßliche, präzise Arbeit zu leisten ist für sie das eine, dabei aber um jeden Preis öffentliches Aufsehen vermeiden das andere. Daher scheut sie sich auch, in Gesprächen oder Briefen zu erwähnen, daß sie in England der erste weibliche astronomische Assistent und damit fast eine Sehenswürdigkeit ist. Jegliches Hervorheben ihrer Person, jegliches Mittelpunktsdenken, jedes Ich-Bezogene scheint ihr ungehörig und unweiblich zu sein. Daß Männer in der Welt zu erwerben und Frauen eben nur zu verzehren haben, ist ein Gebot, das sie verinnerlicht hat und über das sie sich nicht hinwegzusetzen vermag. In Keplers *Weltharmonik* findet sie dies obendrein bestätigt: Die Frau ist »hauptsächlich zum Erleiden geschaffen, der Mann zum Handeln«. Dem Sohn ihres Bruders, der ebenfalls Astronom wird, schreibt sie, was ein Assistent zu leisten hat, und erwähnt dabei nur einen bescheidenen Auszug dessen, was sie wirklich Tag um Tag bewältigt: »Ein Beobachter an Deinem Zwanzigfüßigen bedarf beim Durchforschen des Himmelsraumes nichts weiter als ein Wesen, das seine Befehle mit der Schnelligkeit des Blitzes ausführen kann und will, denn Du wirst bemerkt haben, daß bei manchen dieser Durchsuchungen sechs Objekte, ja doppelt so viele, im Zeitraum einer Minute bestimmt und notiert worden sind.«

Und doch ist Caroline Herschel in ihrer zurückhaltenden, übertrieben genügsamen Art stolz auf sich selbst, als sie mit achtunddreißig Jahren zum erstenmal in ihrem Leben ein eigenes Gehalt in Empfang nehmen kann: jährlich fünfzig Pfund, die ihr in Vierteljahresraten ausgezahlt werden. Dieses erste Gehalt, das sie sogleich an ihre Verwandten verschenkt, ist ein fundamentales existentielles Ereignis für sie. Es dokumentiert ihr nicht gewolltes und doch geglücktes Ringen um Selbständigkeit. Stillt ihre stets geleugnete, aber doch tiefe Sehnsucht danach. Verwirklicht ihre schüchtern aufgebaute und immer verwehrte Utopie, als weibliches Wesen irgendwann doch noch das eigene Sein bestimmen zu können. Obwohl die Arbeit an den astronomischen Instrumenten im Dunkel der Nacht nicht ungefährlich ist, weil die Beobachtungsplattformen nur über Leitern zu erreichen sind, obwohl sie von Guiseppe Piazzi gehört hat, daß er sich während einer astronomischen

Beobachtung beide Schienbeine gebrochen hat, obwohl sie selbst einen Unfall erleidet, indem sie zwischen die Maschinerien gerät und ihr »zwei Lot Fleisch aus dem Beine gerissen werden«, verliert die astronomische Assistentin Caroline Herschel weder den Mut noch die Lust, schon gar nicht die Geduld, nach dem Diktat ihres Bruders seine Beobachtungen niederzuschreiben. Nicht selten gefriert ihr die Tinte dabei. Vor drei Uhr morgens kommt sie fast nie zu Bett. Früh ist sie wieder eine der ersten, wertet die nächtlichen Aufzeichnungen aus, rechnet sie nach, während ihr Bruder sich um den großen Handwerkerstab kümmert, den er für den Teleskopbau beschäftigt hat.

In mühevoller Arbeit ergänzt sie den Sternkatalog von Flamsteed, die *Historia coelestis Britannica,* den ersten großen Sternkatalog der Neuzeit, durch Berichtigungen, Erklärungen und ein Inhaltsverzeichnis – eine Arbeit, die mehrere Foliobände umfaßt und für die ihr Kollegen wie Gauß und Encke höchste Bewunderung zollen, Lob spenden und Dank sagen. Zwischendurch berechnet sie Hunderte von Nebeln und ärgert sich, wenn sie des Nachts bei den Beobachtungen »durch die Ungeschicklichkeit des Mannes an der Kurbel einen Nebel aus dem Gesicht verloren« hat. Sie entdeckt mehrere Nebelflecke und Sternhaufen, die bis dahin nicht bekannt waren.

Ihre Arbeit unterbricht sie nur dann, wenn hohe und höchste Herrschaften einen Blick durch die astronomischen Instrumente zu werfen wünschen. Aus allen Teilen Europas reisen sie an. Da kommt Großfürst Michael aus Rußland mit Gefolge, »um Jupiter in Augenschein zu nehmen«, und es kommt auch einmal Joseph Haydn nach Slough. Caroline Herschel läßt ihn durch das vierzigfüßige Teleskop schauen, jenes Wunderinstrument, das wegen seiner bis dahin nicht erreichten Größe Aufsehen in der ganzen Welt erregt. Angesichts der unermeßlichen Tiefe des Weltalls ist Haydn so beeindruckt, daß in dieser Nacht, wie sein Biograph Sir Donald Tovey berichtet, der Gedanke zur »Schöpfung« entsteht.

Mit Büchern und Atlanten, Rechnen und Ordnen, Schleifen und Polieren verbringt Caroline Herschel Tag um Tag, Monat um Monat. Mitunter geschieht es, daß sie sich in fünf Jahren »keine zwei Meilen« aus dem Hause entfernt. Dieses Leben findet sie abwechslungsgsreich und aufregend, denn in der Unendlichkeit des Alls sieht sie ihre spezifische Welt. Hier folgt sie den abenteuerlichen Streifzügen des Erkennens, hier siedelt ihre Phantasie, hier findet sie die Lust zu entdecken. Deshalb wähnt sie sich ständig unterwegs, erfaßt vom Strudel eines bewegten Daseins, auch wenn sie jahrelang in einem kleinen staubigen Bibliothekszimmer sitzt, um die »Reduktion und Ordnung aller von Wilhelm Herschel beobachteten Sternhaufen und Nebelflecke in Form eines Katalogs und nach Zonen« vorzunehmen – eine Arbeit, die nicht veröffentlicht wird, mit der sie aber »die astronomische Arbeit eines halben Jahrhunderts zum Abschluß« bringt und für die sie mit achtundsiebzig Jahren die Goldene Medaille der Royal Astronomical Society in London erhält und zum Ehrenmitglied ernannt wird. Als man jedoch eine Laudatio auf ihre Verdienste hält, bereitet ihr das Ganze »nur Unbehagen«, denn: »Wer zuviel von ihr sagt, sagt zu wenig von ihrem Bruder.«

Bis an das Ende ihres Lebens versucht sie, jeglichen Hinweis auf eine eigene Leistung lediglich als das Verdienst ihres berühmten Bruders herauszustellen: »Ich war sein bloßes Werkzeug, das er, aus Mangel an einem besseren, mit Mühe schärfte und für seine Zwecke tauglich machte.« Sie wagt zu wissen, will aber dieses Wagnis nicht öffentlich eingestehen. Fortgesetzt betont sie, wie nichtsnutzig, wie unfähig, wie untauglich sie sei. Dies ist ihre lebenslängliche Demutsgeste und Entschuldigung dafür, daß sie sich erkühnt, leise, aber nachhaltig gegen die Gewalt von Gewohnheiten anzugehen und sich auf ihre Weise zu nehmen, was einem menschlichen Wesen zusteht: das Recht auf Erkenntnis. Dabei bleibt nach wie vor der Rat des Perikles, den er einst den Witwen der gefallenen Athener gab, ihre Lebensmaxime: »Groß ist schon der Ruhm der Frau, von der unter den Männern im guten oder im schlimmen Sinn möglichst wenig Gerede gemacht wird.«

Dennoch sucht sich die astronomische Assistentin Caroline Lucrezia Herschel in diesem mit Arbeit und Zuarbeit überbürdeten Leben ein von ihrem Bruder unabhängiges Forschungsfeld. Den Kometen oder Lichtbesen, wie die alten Chinesen sie genannt haben, den Schweif- oder Haarsternen, die Phantasie und Fama beflügeln, Deuter und Propheten auf den Plan rufen, sobald sie mit bloßem Auge gesehen werden, gilt von Jahr zu Jahr ihr wachsendes Interesse. Doch kaum zeigt sich ein erster Erfolg, kaum zeichnet sich eine mögliche Selbständigkeit ab, spielt sie beides ängstlich herunter. »Mein Bruder wünschte«, sagt sie rückblickend in einem Gespräch mit Mädler, »daß ich ihm die Sternörter bestimmen sollte, die er gebrauchte. Da es damit nicht recht gehen wollte, ließ er mich Kometen suchen. Nun, so einen Kometen findet man schon.«

Aber in Wirklichkeit weiß sie es besser, weiß um die wahren Dimensionen dieser Arbeit, weiß um die Mühen und Schwierigkeiten. Mit einem Newtonschen Kometensucher von siebenundzwanzig Zoll Brennweite und dreißigfacher Vergrößerung, mit diesem Inbegriff irdischen Reichtums, der bis an ihr Lebensende das Kostbarste bleibt, was sie besitzt, beobachtet sie Nacht für Nacht den Himmel und entdeckt 1786 ihren ersten Kometen, zwei Jahre später den zweiten, 1790 den dritten und vierten, 1791 den fünften Kometen. Sie teilt Maskelyne, de la Lande, Aubert und Banks brieflich ihre Entdeckungen mit. Antworten und Glückwunschschreiben, die sie erreichen, sind nicht selten an »Mlle. Caroline Herschel, berühmte Astronomin, in Slough« gerichtet. Ihr siebter Komet, den sie im November 1795 findet, wird später als die zweite beobachtete Erscheinung des Enckeschen Kometen festgestellt und unter diesem Namen bekannt, weil Johann Franz Encke seine Bahn und seine Umlaufzeit berechnet. Auch bei der sechsten und achten Kometenentdeckung bleibt ihr nicht die Priorität. Doch von den zweiundsechzig Kometen, die im 18. Jahrhundert gefunden werden, gebührt ihr das unbestrittene Verdienst, fünf davon entdeckt zu haben.

Ihre Leistung spricht sich in der Fachwelt rasch herum. Doch da ist wieder dieser manische Hang zur Bescheidenheit und dieses redliche Leugnen der eigenen Kenntnisse, mit dem sie sich davor schützen will, öffentlich auf jene umstrittene Höhe getragen zu werden, auf der Frauen eben nichts zu suchen haben: auf den Gipfel der Wissenschaft, den von alters her männliche Denker, Geisteskolosse und Verstandesriesen, Berufene und Auserwählte, Allverwalter der Vernunft, vereint mit den vielen durchschnittlich begabten Wichtigtuern, mit akademisch begradigten Einfaltspinseln, kategoriensüchtigen Begriffsjongleuren und mittelmäßigen Rechtfertigungsdenkern, mehr oder weniger erfolgreich besetzt halten. Andrerseits wächst mit jeder neuen Entdeckung, die Caroline Herschel in die Astronomie einbringt, auch der Stolz auf sich selbst, dieser stille Triumph, diese heimliche Genugtuung, ihr Leben nicht im Dämmerschein des Unwissens verbringen zu müssen, sondern das andere, den Geist als Quelle des Genusses entdeckt zu haben, mehr noch: mit diesem Geist sich eine unabhängige Existenz aufzubauen. Natürlich bleibt dieser köstliche Stolz der Caroline Herschel stets unausgesprochen, findet sich höchstens hin und wieder zwischen den Zeilen ihrer persönlichen Briefe oder später dann in der überaus sorgsamen Wahl ihres Bekanntenkreises. Nur mit gescheiten Menschen will sie in ihrer nächsten Umgebung Umgang haben, mit Leuten, die den inspirierenden Gedankenaustausch einem nichtssagenden Geschwätz vorziehen. Dieser Stolz zeigt sich auch darin, daß sie vor ihrem Tod, der sie zwei Jahre vor ihrem hundertsten Geburtstag ereilt und auf den sie in den letzten zwanzig Jahren ihres Lebens täglich gefaßt gewesen ist, ihre wichtigsten und wertvollsten Bücher verschenkt, aus Angst, sie könnten Dummköpfen in die Hände fallen, die sie »weder lesen noch verstehen würden«.

Obwohl sie jegliches Aufsehen um ihre Kometenentdeckungen sorgfältig vermeidet, melden sich dennoch einige mißgünstige Zeitgenossen zu Wort, die stets zur Stelle sind, wenn es um das Mitreden in der Wissenschaft geht. Sie, die selbst nichts Bleibendes geleistet haben und eine persönliche Aufwertung empfinden, wenn sie vor allem die Leistungen einer Frau nur recht lächerlich und klein machen können, nennen Caroline Herschel abwertend die »Kometenjägerin« und schreiben ihren Erfolg einzig dem Instrument zu, dessen sie sich dabei bedient hat. Man gebe uns einen Newtonschen Kometensucher, rufen sie spöttisch aus, und wir werden das ... zigfache an Kometen finden. Diese Jammerschatten der Wissenschaft, die kaum mehr zuwege bringen, als über die produktiven Leistungen anderer schäbige Reden zu führen, meinen, es wäre nichts leichter, als mit entsprechendem Instrument entsprechend viele Kometen aufzufinden, meinen, es wäre reine Fleißarbeit nur, eine Frage der Geduld und des Registrierenkönnens – genau die rechte Arbeit für eine Frau. Doch die wirklich namhaften Astronomen ihrer Zeit sehen es anders. Sie wissen, daß weder Zufall noch Glück bei einer Kometenentdeckung den Ausschlag geben, sondern einzig eine Präzision der Beobachtung und eine genaue stellarastronomische Kenntnis, die den Kometen, der manchmal nur kurze Zeit zu sehen ist, als solchen zu bestimmen und zu deuten versteht. Daraus ergibt sich jene vielgerühmte Ars inveniendi, jene Kunst des Findens, die allen großen Wissenschaftlern eigen ist und von der nur diejenigen nichts ahnen, die vom Geist des Suchens nicht die geringste Kenntnis haben. Denn Finden heißt Zufälliges einbeziehen und Zufälliges ausschließen können, heißt »das Verfahren der Bienen nachahmen, die den Saft aus den Blumen der Felder und Gärten saugen, aber ihn mit eigener Kraft behandeln und verdauen«. Finden heißt Phantasie freisetzen und dem eigenen Vorstellungsvermögen folgen. Dieser Ars inveniendi, dieser Grenzüberschreitung menschlichen Erkennens, liegt eine spezifische Art zu denken zugrunde, ein bewegliches, nach vielen Seiten hin ausschreitendes Denken, das auch das scheinbar Vernunftwidrige in sich einschließt: Unwirkliches als Wirkliches, Gegebenes als Fragwürdiges betrachten, nach Erklärungen auch dort suchen, wo alles schon klar scheint; rätseln, zweifeln, spekulieren, erträumen, ersinnen; auch das Unsinnige in Erwägung ziehen, um schließlich das befreiende Heureka! auszurufen, mit dem sich einst Archimedes aus Syrakus vor aller Welt als Finder auswies.

Kometen haben von alters her immer die besondere Aufmerksamkeit der Astronomen auf sich gezogen. Kepler sagt, es gäbe in den Weltenräumen mehr Kometen als Fische in den Tiefen des Ozeans. Borelli, Hevel, Dörfel, Newton und Halley versuchen eine Bahnberechnung der

Kometen, die dann später Bessel, Gauß und von Oppolzer wissenschaftlich lösen. Die Masse des Kerns, die Länge des Schweifs, die Umlaufzeit, die Größe des Kopfes – all das berechnen andere, nicht Caroline Herschel. Sie leistet den ersten, den allerwichtigsten Schritt – sie findet den Forschungsgegenstand, liefert damit die Voraussetzung, die Basis für theoretisches Durchdringen, für das Erforschen seiner Gesetzmäßigkeiten und Wechselbeziehungen. Das, was sie unternimmt – ein winziges Detail aus dem unendlichen Kosmos herauszulösen –, ist genauso wichtig wie das, was anderen gelingt: dieses Detail in den großen universellen Zusammenhang theoretisch einzufügen.

Der Ruhm, der über die »gelehrte Gevatterin« kommt, die sie zu keiner Zeit sein will, dringt wie ein Störenfried in ihr Leben ein. Nach dem Tod ihres Bruders, mit dem sie fast fünfzig Jahre zusammenarbeitet, zieht sie von England zurück nach Hannover, wo sie keinen Schritt auf der Straße tun kann, ohne »angestarrt« und »angegafft« zu werden. Entgegen ihrer früheren Scheu gibt sie nun in ihren alten Tagen unumwunden zu, daß sie sich daran gewöhnt hat, Ehren zu empfangen, die sie annimmt, ohne zu erröten.

Alexander von Humboldt überreicht ihr im Auftrag des Königs von Preußen die Goldene Medaille für Wissenschaft »in Anerkennung der bedeutenden Dienste, welche sie der Astronomie durch Entdeckungen, Beobachtungen und schwierige Berechnungen geleistet« hat; die Königliche Irische Akademie der Wissenschaften in Dublin ernennt sie zum Ehrenmitglied; ihr Name wird in eine französische Geschichte der Astronomie aufgenommen. Sie spricht mit Paganini und korrespondiert mit Gauß. An Anerkennung und Reputation fehlt es ihr nicht. Caroline Herschel könnte stolz darauf sein, durch Arbeit sich selbst verwirklicht und ein winziges Detail zur Erkennbarkeit des

Daseins beigetragen zu haben. Sie könnte ein faszinierendes mutmachendes Selbstbewußtsein ausstrahlen, denn immerhin hat sie sich im Gegensatz zu den meisten Frauen ihrer Zeit aus bedrängten Lebensumständen gelöst und nicht gezögert, entgegen herrschenden Normen den beschwerlichen Weg in die Wissenschaft zu gehen. Sie könnte erhobenen Hauptes vor jene gelehrten Gremien, die sie ehren, hintreten und das Recht der Frauen auf Teilnahme an den Wissenschaften einfordern. An sich selbst könnte sie zeigen, daß Frau sein nicht identisch sein muß mit geistiger Anmut, süßer Beschränktheit und seligem Nichtwissen. Sie könnte in das Bewußtsein der Kollegen rufen, daß das Denken der Frauen nicht länger auf ein Wunschdenken reduziert bleiben darf, oder aufmerksam machen auf die schreiende Ungerechtigkeit, die den Frauen einen Lebensweg bestimmt, der ihnen geistige Ansprüche höchstens im Privaten gewährt und ihnen das Ideal einer Magdseligkeit offeriert. Wenn sie sich - ihrer bescheidenen Art entsprechend - schon nicht selbst ins Spiel bringen möchte, könnte sie auf ihre schottische Kollegin Mary Somerville verweisen, die wegen ihrer astronomischen Arbeiten ebenfalls Ehrenmitglied der Royal Astronomical Society wird, oder auf ihre französische Kollegin Nicole Lepaute, der die Vorausberechnung der Wiedererscheinung des Halleyschen Kometen gelingt, oder auf ihre amerikanische Kollegin Maria Mitchell, die den sechsten Kometen des Jahres 1847 berechnet. Caroline Herschel wäre befugt dazu, aber sie schweigt.

Zu tief sitzt in ihr jenes Bild von einer Frau, das von Kind an in sie hineingemalt wurde und dessen Farben ihr als leuchtendes Symbol weiblicher Tugend gepriesen wurden: zu Hause erstrahlen, aber öffentlich glanzlos bleiben, den Sinn des Lebens darin zu sehen, dem anderen Geschlecht demütig zu dienen. Und so meint sie am Ende ihres Lebens, daß sie nichts anderes für ihren Bruder getan hat, als was »ein gut abgerichtetes Hündchen getan hätte, d. h. ich tat, was er mir befahl«.

Mit diesem Bekenntnis findet sie eine tiefe innere Genugtuung, eine Entschuldigung vor sich selbst, die ihr zugedachte Rolle als Frau nicht zeitgemäß genug gespielt zu haben.

Dorothea Schlözer
1770 – 1825

Mit vier Jahren liest sie in einer vom Vater verfaßten Fibel, mit fünf Jahren bekommt sie Mathematikunterricht, mit sieben Jahren wird sie in Geometrie geprüft, mit acht Jahren spielt sie öffentlich in einem Konzert Klavier, mit neun Jahren lernt sie Englisch, Französisch und Schwedisch, mit zehn Jahren erhält sie ein Privatissimum in Mineralogie und Markscheidekunst, mit elf Jahren fährt das gescheite Kind zum Entsetzen der Göttinger Professorenkreise mit dem Vater nach Italien, in das »Land der Dolche, der Inquisition und des Sumpffiebers«, lernt dort Italienisch, Lateinisch und Spanisch, wird vom Papst empfangen, von Alexander Trippel in Gips modelliert, wird herumgereicht, vorgezeigt, bestaunt, bewundert.

Mit siebzehn Jahren erfährt das begabte Fräulein, daß es zum bevorstehenden fünfzigjährigen Jubliäum der Göttinger Universität, der berühmten Georgia Augusta, ein Magister-Diplom erhalten soll. Dorothea weiß nicht, ob dies Scherz oder Ernst ist, berichtet ihrem Vater davon, und dieser erkundigt sich sogleich brieflich danach, wie der verehrte Herr Kollege Michaelis diese Bemerkung gemeint habe.

Doch die Göttinger Professoren sind sich längst einig: Das gelehrte Fräulein Schlözer soll einen Doktorhut bekommen. Und so steht Dorothea an einem sonnigen Augustabend des Jahres 1787 in einem weißen Kleid, mit Blumen im Haar, ganz im Aufzug einer Braut, jungfräulich und unschuldig, vor sieben Göttinger Professoren – knasterbärtigen Herren, wie Christoph Martin Wieland sagen würde –, um sich von ihnen examinieren zu lassen.

Sie wird befragt in Mathematik, Bergwerkswissenschaft, Baukunst und Geschichte. Sie muß unter anderem über Spiegel und Spiegelgesetze, über die Anwendung der Kettenlinie im Kuppelbau und über die Metallgewinnung aus Erz sprechen. Muß eine Silberlegierung auf Grund der Lotgehalte errechnen, einen Grubenkompaß, ein Gang- und ein Flözgebirge erklären, außerdem die siebenunddreißigste Ode des Horaz übersetzen und hat zu guter Letzt eine Aufgabe aus der Ähnlichkeitslehre zu lösen: Wie muß das Seitenverhältnis eines rechteckigen Blattes sein, damit beim Falten stets ähnliche Rechtecke entstehen? Dorothea beantwortet eingehend alle Fragen und löst die letzte Aufgabe zur Verblüffung der versammelten Kapazitäten mit spielerischer Leichtigkeit. Nach einer kurzen Beratung wird ihr feierlich und in deutsch mitgeteilt, daß sie die mündliche Magister-Prüfung bestanden habe. Kästner, der Mathematiker und Epigrammatiker, der Lessing zu seinen Schülern zählte, gesteht den Anwesenden, daß diese letzte Aufgabe aus der höheren Mathematik ein inzwischen namhafter Magister beim Examen nicht zu lösen vermochte. Feder, der andere Beisitzer, wird, wie er später zugibt, durch dieses Examen veranlaßt, selbst Mineralogie zu studieren.

Einen Tag nach der Prüfung erhält Dorothea die Urkunde des Magistereids der Philosophischen Fakultät Göttingen. Da sie nicht eidesfähig ist, kann sie das gewichtige Dokument nicht selbst unterschreiben und gelobt daher mit Handschlag, zu tun, was da in lateinischen Lettern empfohlen wird: beim Antritt eines Lehramtes stets »offen nach Wahrheit zu streben und über Gott und Religion nur ehrfurchtsvoll und bescheiden zu philosophieren«. Und dann, am 17. September 1787, als die Jubelfeier der Alma mater Göttingensis ihren Höhepunkt erreicht, findet die Proklamation zum Magister und Doktor der Philosophie statt. Doch Dorothea, der der Lorbeerkranz gewunden wird, kann ihrer eigenen Feier nicht beiwohnen. Auf der Damenempore dürfen nur verheiratete Frauen Platz nehmen, und sich unter die Männer im Kirchenchor zu mischen wäre höchst unschicklich, könnte halb Göttingen in Aufruhr versetzen und als Verstoß gegen die alles durchwaltenden Vorschriften von Sitte und Moral empfunden werden. So schaut sie denn durch ein winziges Fensterloch von der Bibliothek aus zu, verfolgt, wie nach strengem akademischem Protokoll hinter der theologischen, juristischen und medizinischen Fakultät schließlich die philosophische an die Reihe kommt und ihre Promotion in Latein ausgesprochen und begründet wird. Geschmückt mit »dem höchsten Ehrenrang der Philosophie« und ernannt »zu deren Doktoren und Magistern«, geht die junge Dame in ihrem Versteck in diesem feierlichen Augenblick in die Geschichte des akademischen Frauenstudiums ein. Dorothea Schlözer ist der erste weibliche Doktor der Philosophie in Deutschland.

Das Staunen ist groß, die Bewunderung gewaltig. Sie avanciert zur Sensation von Göttingen. Dies will schon allerhand heißen, zumal gerade Göttingen weder arm an Abwechslungen ist noch einen Mangel an Berühmtheiten hat. Hier wohnt der Physiker Johann Christoph Lichtenberg, der zum Schrecken aller an seinem Hause einen Blitzableiter anbringen und vor dem Stadttor Drachen steigen läßt, mit deren Hilfe er atmosphärische Elektrizität erforschen will. »De lüttje Professor«, der die »Lichtenbergschen Figuren« findet und sich nebenbei dem Aphorismus, Sarkasmus und Spott verschreibt, zieht wiederum berühmte Besucher in sein Haus – Lessing, Lavater, Volta, Gleim – und immer haben die neuigkeitshungrigen Göttinger ihren ausgiebigen Gesprächsstoff. Hier wohnt auch Johann Christoph Dieterich, der außer einer Buchhandlung auch noch einen Verlag eröffnet und allen, die denken und dichten, innig verbunden ist, vor allem seinem Freund Gottfried August Bürger, dem von der Liebe verzehrten und vom Leben gestutzten »Balladen-Adler«, der am selben Tage, da Dorothea die Promotionsurkunde erhält, zum Ehrendoktor der Universität Göttingen ernannt wird.

Hier in dieser Stadt, von der der exmatrikulierte Harzreisende Heine Jahre später sagt, daß sie ein graues, altkluges Aussehen hat und vollständig eingerichtet ist mit »Schnurren, Pudeln, Dissertationen, Thee dansants, Wäscherinnen, Kompendien, Taubenbraten, Guelfenorden, Promotionskutschen, Pfeifenköpfen, Hofräten, Justizräten, Relegationsräten, Profaxen und anderen Faxen«, hier hat sich überdies ein lokaler Parnaß in Gestalt des Göttinger Dichterbundes unter Klopstocks Schirmherrschaft etabliert, junge Poeten voll Sturm und Drang – Hölty, Hahn, Voß, Miller, Leisewitz, die gegen die »Sittenverderber« Wieland und Voltaire ihre Verse schmieden, recht vaterländisch, recht treu, recht tugendhaft. Und natürlich sorgen für den europaweiten Ruhm der Georgia Augusta, der führenden deutschen Universität der Aufklärungsepoche, Fachautoritäten wie Michaelis, der Orientalist, Heyne, der Altphilologe, und Schlözer, Dorotheas Vater, den Goethe einen »geistvollen Historiker« nennt und den Nikolai Gogol zu den »großen Baumeistern« zählt, die »das Gebäude der Weltgeschichtsschreibung schufen«. Sie alle und mit ihnen der ganze Göttinger Professorenkreis reden voll Bewunderung und Achtung von dem gelehrten Fräulein Doktor. Sie ist eben die große Ausnahme, wird gehegt, behütet und bestaunt wie ein wundersames Gewächs, das zur Abwechslung und zum Entzücken aller einmal am Baum der Gewohnheit emporranken darf.

Manche Göttinger, unter ihnen die poetisch veranlagten Professorentöchter Therese Heyne und Caroline Michaelis, von denen die eine Georg Forster heiratet und die andere erst Böhmer, dann Schlegel und schließlich Schelling ehelicht, fürchten, Dorothea könne eine zweite Gallitzin werden, gelehrt, aber belächelt. Vor allem jedoch meinen sie, daß Dorothea der Doktorhut nur verliehen wurde, um den Vater, den »Alten«, den »gefürchteten Zeus«, zu ehren. So nahe diese Folgerung auch zu sein scheint, so ist sie doch ein Trugschluß, denn selbst das eifrigst angelernte Wissen bleibt nicht im Gedächtnis, wenn es vorher nicht durchdrungen und begriffen worden ist. Keine noch so dauernde geistige Übung hat Erfolg, wenn sie nicht auf einen dafür geeigneten fruchtbaren Boden fällt. So bildet der Vater, ihr Erzieher, nur Vorhandenes aus und erlaubt sich privat, was offiziell noch nicht gestattet ist: ein weibliches Wesen am Vergnügen wissenschaftlicher Bildung teilhaben zu lassen.

August Ludwig Schlözer, Ritter des Wladimir-Ordens, Träger des russischen erblichen Adels, ist der rastlose Akteur, die große Vaterfigur, die graue Eminenz, die hinter ihr, neben ihr und vor ihr steht, alles beiseite räumt, was einer Ausbildung hinderlich sein könnte, und ihr sein strenges Erziehungsregime auferlegt. Dabei verfolgt er gewiß seinen eigenen pädagogischen Ehrgeiz, indem er im Gegensatz zu Johann Bernhard Basedow dem weiblichen Geschlecht die Befähigung zu wissenschaftlicher Bildung nicht abspricht und dies an seiner Herzenstochter, dem »Himmelsgeschenk Dortgen« beweisen will. Wenn Cicero die Wissenschaften den Trost des Alters nennt, meint Schlözer, müsse dieser Trost wohl auch einer Frau zugute kommen dürfen. Dorotheas Mutter freut sich, daß die Tochter vom Vater zur Selbständigkeit angehalten wird, zumal sie sich selbst im Laufe der Jahre ein eigenes Betätigungsfeld schafft: die Bildstickerei, in der sie solche Vollkommenheit erlangt, daß die Berliner Akademie der Künste sie zu ihrem Ehrenmitglied ernennt. Die Tochter des Anatomen Johann Georg Roederer, des ersten Professors für Geburtshilfe in Deutschland, willigt ein, daß Dorothea nicht als Priesterin des häuslichen Herdes, sondern als eine schicklich gewappnete Minerva Schlözers gutem Namen allerorts Ehre machen, somit nie Müßiggang oder Langeweile und vor allem bessere Chancen für eine gute Partie haben soll.

Friedrich Schiller, der das Ganze als eine »erbärmliche farce« ansieht, kann mit seiner Meinung nicht gegen die Flut der Bewunderung an, die auf Dorothea zukommt. Man sticht sie in Kupfer, fertigt von ihr Schattenrisse, verkauft ihr Bild öffentlich oder spielt es auf dem Göttinger Schützenhof aus. Auch im Ausland, im amerikanischen *Columbian Magazine* erscheinen lobende Artikel über sie. Es scheint, als hätte man endlich das andere, das Abweichende, das Auffallende, das Ungewöhnliche gefunden, das man zur Unterhaltung aller in den Mittelpunkt der Betrachtung rücken kann.

Die Universität Straßburg überreicht ihr kurz nach der Promotion die Ehrenmatrikel, und sie wird Mitglied der Herzoglichen Lateinischen Gesellschaft Jena. Selbst die Pariser Akademie der Wissenschaften ehrt Frau Dr. Schlözer in einer noch nicht dagewesenen Weise, indem sie im Ehrensessel zwischen Lacépède und Laplace an einer Sitzung teilnehmen darf. Die Kaiserin Josephine ist neugierig auf die Deutsche, von der man inzwischen weiß, daß sie nach der Promotion noch Arabisch und Hebräisch gelernt und ihrem Vater bei der Erarbeitung der Geschichte des russischen Münzwesens, der *Münz-, Geld- und Bergwerksgeschichte des Russischen Kaisertums vom Jahre 1700-1789*, maßgeblich geholfen hat, und empfängt sie zum Gespräch.

Während von den anderen gelehrten Magistern, die gleich ihr einen Doktorgrad erworben haben, niemand spricht und sie trotz fleißiger, meistens nützlicher, oft auch gewichtiger Arbeiten ins Meer der Namenlosen sinken, wird im Gegensatz dazu Dorothea auf einer unablässig schäumenden Woge der Bewunderung in die Öffentlichkeit gespült. Sie ist der Inbegriff des weiblichen Intellekts. Sie ist der gelehrte Exote, ist genau das, was man ihr gestattet hat zu sein. An ihr demonstriert die studierte Männerwelt ihren guten Willen, ihre fortschrittliche Gesinnung, ihre hochherzige Toleranz gegenüber weiblichen Begabungen und zeigt ihr anscheinend unvoreingenommenes Verhältnis zum Genie, das für sie wenigstens vom Begriff her weder männlich noch weiblich, sondern als keines von beiden, als Neutrum, grammatikalisch definiert ist. Dorothea avanciert zur Paradefrau, deren Leistung stellvertretend für das gesamte weibliche Geschlecht genannt wird. Man zitiert ihren Doktortitel und meint, damit das Bildungsbedürfnis der Frauen vorerst befriedigt zu haben. Man rühmt die Chancen, die ihnen gegeben sind, und nennt ihren Namen. Man zeigt, was Frauen leisten können, und verweist voller Genugtuung auf die junge Doktorin. An ihrem Beispiel preist man die Lern- und Denkfähigkeit des anderen Geschlechts und ist froh, daß die eigene Frau zu Hause keine akademischen Ambitionen hat. Man hebt eine einzige Frau bereitwillig ans Licht, um die anderen mit gutem Gewissen im Dunkeln halten zu können. So offenbart die Bewunderung, die ihr zuteil wird, in Wahrheit doch nur die Grenze, bis zu der Frauen auf ihrem Weg in die Wissenschaft gehen dürfen, ohne verlacht, verspottet oder befehdet zu werden: Ihr Denken und Tun muß im Rahmen der Erwartungen bleiben.

Dorothea erfüllt diese Vorgabe schon allein vom Charakter her. Sie ist bescheiden, brav, sittsam und tugendhaft. Sie sucht das Maßvolle, das Ausgewogene, die vernünftige Mitte und führt ihr Leben mit durchgreifender Rationalität. Sie schlägt nie über die Stränge, tut, was ihr geheißen wird, erlaubt sich keine Extravaganzen, stürzt sich in keine Abenteuer, scheint immer mit sich im reinen, immer mit sich im Gleichgewicht und fügt sich in alles, was um sie herum und mit ihr geschieht, als guterzogene Tochter artig ein. Selbst dann, als sie die Höhen und Tiefen ihrer Gefühle erlebt, geht sie noch immer den ihr vorgezeichneten Weg des vernünftigen Gleichmaßes korrekt, nüchtern, beherrscht und genügsam gegen sich selbst.

Auf die sie anstrahlende Öffentlichkeit reagiert sie daher auch voller Zurückhaltung. Dorothea mischt sich nirgends ungefragt ein, empfindet für gut und richtig, was die gelehrten Herren als gut und richtig festlegen, läßt ihnen immer den Vortritt, wagt keinen Widerspruch, ganz in dem Bewußtsein, daß sie die Überlegenen, die immer Kompetenten sind, und praktiziert ein Leben lang, was die meisten Männer so reizend, so fraulich, so anziehend finden: das Mulier taceat in ecclesia, das Schweigen des Weibes in der Gemeinde, das selbst den einfältigsten Männern noch die Möglichkeit gibt, sich als bedeutsame Vertreter ihres Geschlechts hervorzutun, wenn nicht gar als ausgeprägte Meisterköpfe ins rechte Licht zu setzen. Dorothea bleibt die Paradefrau, weil sie die Grenzen des Vorgegebenen schicklich zu respektieren weiß und auch von ihrem Vater stets angehalten wird, dies zu tun. So wird denn mit Wohlwollen aufgenommen, daß sie weder ein selbständiges Denken noch irgendeine selbständige Entscheidung wagt.

Von Einsicht in Zweckmäßigkeiten geleitet, wartet sie nicht auf die große Liebe, sondern heiratet die gute Partie, den reichen Lübecker Senator Matthäus Rodde, wird von der gelehrten auf die geliebte, von der halben auf die ganze Frau zurückgeführt und holt sich mit diesem Schritt nun auch die öffentliche Bescheinigung dafür, eine ganz normale, gesunde, schutzbedürftige, eben echte Frau zu sein. Nun erst, so meinen vor allem die Frauen ihres großen Freundeskreises, hätte sie den einzig richtigen Weg eingeschlagen, der dem weiblichen Geschlecht wahre Vollkommenheit verheißt: Sie erzieht nicht nur drei Kinder aus erster Ehe ihres Mannes, sondern bekommt auch noch drei eigene, führt den Haushalt, erfüllt ihre Ehepflichten, schart einen Kreis von Dichtern und Denkern, in- und ausländischem Adel und buntgemischter Prominenz um sich, lebt unbekümmert, großzügig und sorgenfrei – ein kurzer schöner Rausch nur –, dann bricht der Krieg in Gestalt napoleonischer Truppen auch über die Freie Reichsstadt Lübeck herein, die Kontinentalsperre wird verhängt, und das Haus Rodde macht Bankrott. Der Senator und Bürgermeister, der sich als gescheiterte Existenz ansieht, verfällt dem Trübsinn, und sie, Dorothea, ringt um die Sicherung einer dürftigen Existenz und schließlich nur noch um das von Krankheit bedrohte Leben ihrer drei Kinder, von denen Augusta mit sechsundzwanzig Jahren und ihr einziger Sohn Ludwig mit fünfundzwanzig Jahren sterben. Als auch ihr letztes Kind zwischen Leben und Tod schwebt, zieht Dorothea in einem wahnwitzigen Irrlauf gegen das Schicksal, versucht als Mittellose Mittel zu beschaffen, borgt, bangt, grämt, quält sich und erleidet viele Tode, bevor ihr eigener Elan zerbricht und ihr Wille erstarrt. Die Tochter gesundet, doch die

Mutter verlassen die letzten mühsam gespeicherten Kräfte. Ausgezehrt, verzweifelt und enttäuscht vom Leben, stirbt sie mit fünfundfünfzig Jahren in Avignon, unterwegs auf der Heimreise.

Freunde und Verwandte, die bestürzt von ihrem Tod erfahren, fragen sich im stillen, ob nicht alles umsonst gewesen ist. Wofür diese Ausbildung, wofür diese ganze immense Lernleistung, wenn sie nie einen Lehrstuhl bekleidet und ihr Wissen nicht an Studenten weitergegeben hat? Warum erst das Kreuz der Wissenschaft auf sich nehmen, wenn man letztendlich nur heiratet, einen Haushalt führt, Kinder bekommt, Kinder erzieht und den Glanz der Gedanken gegen ein stumpfes Dasein eintauschen muß? Unnütz. Sinnlos. Vergebens. Verfehlt. Doch sosehr manche Freunde in gutgemeintem Bedauern diese Prädikate mit Dorothea in Verbindung bringen, so wenig gelangen sie damit über ein dem Augenblick ergebenes Urteil hinaus. Denn Wert und Gewicht ihrer Leistung liegen im Symbolgehalt. Immerhin schaltet sie sich mit der Verleihung des Doktortitels, den sie nicht ehrenhalber, sondern auf Grund einer dafür notwendigen Prüfung bekommt, gleichberechtigt in den Universitätsbetrieb ein, dringt als erste Frau in die Domäne der Geisteswissenschaften vor und schafft sich über ihre Leistung die gleichen Möglichkeiten, die bis dahin nur den Männern offenstehen. Nichts würde sie ausgelöst haben, hätte sie sich in die stattliche Schar dilettierender Liebhaber- und Salonphilosophinnen eingereiht, die als modern gelten und daher akzeptiert werden.

Sie geht weiter, macht Ernst, nimmt ein Stück Zukunft vorweg, indem sie ihre Ausbildung mit einem rechtmäßigen akademischen Abschluß beendet. Nicht ihr Wissen, sondern ihr Diplom ist das Aufsehenerregende, das Neue, das Gravierende. Mit dieser privaten, ganz für sich selbst gewagten Heldentat, diesem akademischen Bravourstück, entsiegelt sie die Hoffnung vieler Frauen, denn dieses Doktordiplom hat eine tiefgreifende Wirkung nach außen, ist Botschaft, Signal und ein Symptom für das, was die geistig regen Frauen ihrer Zeit unausgesprochen bewegt, wonach sie trachten, womit sie sich allmählich immer stärker zu beschäftigen beginnen: mit dem von Gesetz und Gesellschaft verweigerten Anspruch auf Selbstfindung durch Denken, Wissen und Erkennen, eben auf den Prozeß der Menschwerdung, von dem das weibliche Geschlecht noch immer ausgeschlossen ist. So wird aus der Paradefrau Rodde-Schlözer eigentlich ein Präzedenzfall. Mit ihrem Titel, in dem sich das allerorts erwachende weibliche Selbstbewußtsein ausdrückt, setzt sie nicht nur Maßstäbe für das Morgen, sondern stellt auch eine Kontinuität zu jener spärlichen, aber splendiden Reihe von Frauen her, die bereits mit Erfolg ihren Fuß auf den Boden der Wissenschaft gesetzt haben. Sie stellt sich in eine Reihe mit Christiane Mariane von Ziegler, die auf Betreiben Gottscheds mit einer akademischen Würde bekleidet wird und von der Philosophischen Fakultät der Universität Wittenberg 1733 die Laurea poetica als Mitglied der Deutschen Sprachgesellschaft in Leipzig bekommt, und mit Dorothea Christiana Erxleben, die 1754 an der Hallenser Universität die medizinische Doktorwürde erwirbt.

Ähnlich ihren Vorgängerinnen ergeht es auch der Doktorin für Philosophie: Ohne daß sich Dorothea Schlözer dessen bewußt ist und ohne daß sie es will, wird sie doch über die Jahre zur Inkarnation einer weiblichen Utopie, verkörpert das Heimweh nach der Zukunft, das viele ihrer Zeitgenossinnen empfinden und zunächst noch als Sehnsucht, später dann als Forderung formulieren – das Recht auf eine Ausbildung; das Recht, genau wie jedes männliche Wesen eine Schule besuchen und an einer Universität studieren zu dürfen.

So gesehen hat ihr akademischer Grad eine einschneidende, weitreichende Wirkung und ein größeres Gewicht als jede vergleichbare männliche Leistung. So gesehen gebührt ihr ein Ehrenrang in der Geschichte des akademischen Frauenstudiums, und so gesehen war auch die Bewunderung der anderen berechtigt, hätte sie nicht nur ihrer Grenze, sondern auch ihrer Größe gegolten.

Betty Gleim
1781 - 1827

In die dürre Landschaft der Pädagogik sprudelt plötzlich ein Quell, der weithin neues Leben erweckt: Rousseaus *Émile oder Über die Erziehung.* Ein Buch, das freiheraus und ungestüm gegen alles Erstarrte und Engstirnige aufbegehrt, das hinreißend beredt, leidenschaftlich, laut und respektlos ungewohnte Gedanken in die bezopften Köpfe trägt. Wurden doch bis dahin die Kinder vornehmlich wie kleine Erwachsene behandelt, geformt nach dem Bilde der Großen, ausgerichtet nach den Vorstellungen der Eltern. Eine vernunftdressierte, gefühlsermattete Schar kindlicher Greise wuchs in den Schulen der Oberschicht und unter der Aufsicht von Hofmeistern heran. Abgeklärte, gesetzte, gesittete Knaben, vollgestopft mit Wortwissen und Verhaltensnormen, hingeschoben zur Leiter des Erfolgs, die sie frühzeitig und fügsam emporzuklettern hatten. Für alles waren diese kleinen Frackträger vorgesehen, nur für eins nicht - die Größe und Kraft ihrer kindlichen Individualität erleben zu dürfen. Émile zerschlägt mit empfindsamer Wucht das morsche Gerüst scholastischer Erziehung, flieht die Stubenluft trockener Gelehrsamkeit, richtet aufsässig zwei Blicke ins Leben und nur einen Blick ins Buch, tut das, was seiner Natur entspricht, und geht den Weg zu sich selbst.

Von Paris bis Petersburg sind Erzieher und Zöglinge, Lehrer und Schüler hell begeistert: Die Pädagogik »vom Kinde aus« ist entworfen. Kinder werden wieder als das betrachtet, was sie sind: fragende, neugierige Wesen, die selbst erkunden, erfahren und spielend die Welt in sich aufnehmen wollen. Alle Erziehungsmöglichkeit, so hallt es plötzlich als selbstverständlichste Wahrheit der Welt aus allen Winkeln des Kontinents wider, wurzelt im Entfaltungsdrang des heranwachsenden Menschen. Für Treibhauserziehung und Schulfuchserei ist kein Platz mehr. Rohrstock und Rute verschwinden. Mit Pauken und Eintrichtern hat es ein Ende. Lernen soll entwerfen und entdecken, soll fragen, immer wieder fragen heißen, soll nicht Fron sein, sondern Freiheit. Entfalten, was in einem selbst steckt, seine Natur ausleben, die eigene Kraft und Ursprünglichkeit in Erfahrung bringen - das ist der Anspruch von Émile, der Weckruf von Rousseau.

Allerorts erhitzen pädagogische Experimente und Reformen die Gemüter. In Deutschland stürmt heißherzig und mit »Feuerschritten« Johann Bernhard Basedow den neuen Gedanken entgegen. Er errichtet in Dessau sein »Philantropinum«, eine Schule, die bewundert und verspottet wird. Spielend lernen durch lebendige Anschauung gehört ebenso zum Unterricht wie Gartenbau und tägliche Leibesübungen. Die »Pensionisten« tragen zopffrei. Die Lehrer sind nicht mehr die gefürchteten, unnahbaren Autoritäten, sondern Partner, die mit Verständnis und Sachwissen überzeugen und mit denen die Schüler freundschaftlich verkehren. Fasziniert von Basedows Bemühen, errichtet Jahre später Salzmann in Schnepfenthal bei Gotha eine Erziehungsanstalt, über der gleichfalls das radikale Ideal von »drillfrei und konfessionslos« leuchtet. Daß der Begründer der klassischen, bürgerlichen Körpererziehung, Friedrich Guts Muths, Mitarbeiter an dieser Schule wird, ist Teil einer wohlüberlegten, pädagogischen Konzeption, aber auch politisches Bekenntnis. Im Besinnen auf die eigene Körperkraft liegt genauso wie im Zopfabschneiden ein Protest gegen eine abgelebte Epoche. Die turnenden zopflosen Knaben werden von den Biedermännern des Feudalstaates als künftige Brandstifter beargwöhnt und dort, wo sie sich zusammentun, ängstlich beäugt - auch in Schnepfenthal. Dennoch wachsen nach dem Modell der Salzmannschen Lehranstalt im Heiligen Römischen Reich Deutscher Nation private Schulen wie Pilze aus dem Boden. Das pädagogische Fieber greift weiter um sich und steckt Gegner und Gönner gleichermaßen an. Campes *Allgemeine Revision des gesamten Schul- und Erziehungswesens* trägt dazu bei, daß das Fundament der Pädagogik immer fugenloser gegossen wird.

Schließlich erscheint ein neuer Baumeister, ein »Mann der Sehnsucht« wie einst Comenius - Johann Heinrich Pestalozzi. Ein Lehrer, der mißverstanden, vertrieben und verzweifelt sich immer wieder aufrichtet an seinem großen Erziehungsziel: alle Kräfte des Schülers zu entfalten, ihn zur Selbständigkeit und Selbsttätigkeit anzuregen. Er will keine Kriecher, keine auswechselbaren Jasager, keine weltmüden Wanderer, sondern Bürger, die sich ihres Wertes und ihres Standes bewußt sind. In dem kleinen schweizerischen Städtchen Yverdon errichtet er seine »Erziehungsanstalt für Kinder aus allen Ständen«, aufsehenerregend, alternativ, ein Pilgerort für Pädagogen. Als geistiger Vater der neuzeitlichen Volksschule findet er allerorts enthusiastische Anhänger. Unter ihnen der aufsässige Philosoph Fichte, der in seinen *Reden an die deutsche Nation* fordert, daß Pestalozzis Methoden zur Grundlage einer einheitlichen Nationalerziehung werden müssen.

Selbst in dieser politisch bedrängten Zeit ist das Interesse an Pädagogik im öffentlichen Bewußtsein wacher denn je. Jean Paul, der Kenner der Kinderseele, meldet sich zu Wort. In einem »harmonischen Maximum aller individuellen Anlagen« sieht auch er den Sinn aller Erziehung. Seine *Levana oder Erziehlehre* wird als »Vorschule der Psychologie und allgemeinen Unterrichtslehre« begeistert aufgenommen. Spätestens seit Herbart verstummen kleinlaut all jene, die bis dahin behauptet haben, die Pädagogik sei nur ein »Steckenpferd von Eigenbrötlern«, eine Zeiterscheinung, eine vorübergehende Manie und keine Wissenschaft.

Und doch kranken alle pädagogischen Bücher, Zeitschriften, Abhandlungen und Aufsätze an stets der gleichen Schwäche. Die weibliche Erziehung wird gewöhnlich mit wenigen Worten abgetan. In diesem Punkte bleibt man ohne Kühnheit, ohne Neuerung. Hier gilt, was Johann Bernhard Basedow, Prophet und mitunter Posaune des Philantropismus, in fast wörtlicher Anlehnung an Rousseau popularisiert hat: »Die ganze Erziehung der Töchter muß ihre Absicht auf das männliche Geschlecht haben. Den Männern gefallen und nützen, sich ihre Liebe und Hochachtung erhalten, sie verpflegen, ihnen raten, sie trösten, ihnen das Leben annehmlich und süß machen, das sind zu allen Zeiten die Pflichten des weiblichen Geschlechts, diese muß man dasselbe von Jugend auf lehren.« Damit bleibt auch im vielgerühmten »pädagogischen Jahrhundert« den Frauen der gewohnte, vermeintlich natürliche Platz als harmoniespendendes Hauswesen reserviert. Die Frau ist nach wie vor nur Bürgerin im Reich der Liebe, ist sein Pathos der Alltäglichkeit, ist seine Ratgeberin in Nebensachen, seine schöne, schmiegsame Sünderin. Dem Lauf der Welt sieht sie sprachlos zu. Schweigen und staunen, nicht mitreden oder einmischen ist ihre Sache. Und wenn sie sich äußert, dann nur als das artig widerhallende Echo ihres Mannes. Das Glück der Frauen liegt noch immer da, wo es von jeher gelegen hat: in der Gunst des Mannes. Es ist ein quälendes, ein ungleiches Glück, das den anderen schont und sich zerstört, ihn zum Adler und sich zum Gänschen macht. Es ist die fragwürdige Verinnerlichung eines Unterdrückungsfrevels und mithin das unausgesprochene Einverständnis damit, daß die Beziehungen zwischen Mann und Frau nicht Liebes-, sondern Herrschaftsbeziehungen sind. So geht der Glücksanspruch der Frauen auf in Altruismus und erstirbt in Demut: ihn bewundern, ihn befriedigen, ihn anspornen, ihm helfen. Für ihn die paradiesische Insel inmitten eines höllischen Weltgetriebes verkörpern. Von seinem Brot essen und dafür sein Lied singen. Ein Glück, oft genug um den Preis von Selbstverzicht, Erniedrigung und Persönlichkeitsverlust erzwungen, erbettelt, erpreßt, erkauft. Hier setzt das Nachdenken von Betty Gleim ein. Sie fühlt, daß es so nicht bleiben darf. Glück kann keine Geschlechterfrage, aber auch keine Göttergabe sein. Glück ist, was man sich selber schafft. Sie sucht nach einer Form, dies auch für sich selbst zu verwirklichen, und erkennt, daß der Weg zu einem neuen Glücksanspruch der Frauen nur über die Brücke von Bildung, Wissen und Selbständigkeit führt.

Obwohl sie aus einer gutsituierten Bremer Kaufmannsfamilie stammt, unterscheidet sich ihre Ausbildung nicht von der, die für die sogenannten höheren Töchter vorgesehen ist: außer Buchstabieren, Lesen und Schreiben die »Kenntnis der ersten Wahrheiten der Religion, die Aneignung feiner Sitten, weibliche Handarbeiten der mannigfaltigsten Art (neben Nähen und Stricken Broderie-, Gold- und Silberstickerei, Blumenmachen, Filigranarbeit, Fransen- und Tapetenmachen, Filet- und Litzenarbeit, auch wohl Waschen des Seidenzeugs u. dergl. m.), Französischsprechen, Gesang, meistens auch Zeichnen, ja selbst Tanzen«. Als Lektüre: Bibel, Gesangbuch und diverse Erbauungsschriften.

Für besonders begabte Jungfrauen noch Gellerts Fabeln, Youngs *Nachtgedanken* und Richardsons Familienromane. Betty Gleim empfindet die Dürftigkeit einer solchen Schulbildung wie einen physischen Schmerz. Ihr wacher Verstand hungert nach Wissen, doch Nahrung gibt es nur in den läppischsten Portionen. Sie weiß, wenn sie nicht selbst etwas tut, wird nichts geschehen. Sich damit abzufinden, daß sie sich keine ernsthafte Bildung aneignen kann, bloß weil sie zufällig weiblichen Geschlechts ist, heißt für sie, im Zustand selbstverschuldeter Paralyse zu verharren. Sich begnügen mit Notlösungen, nachts wach liegen und sich mit unerfüllten Wünschen quälen, krank werden an der eigenen Unzulänglichkeit, sterben am Kompromiß – all das ist menschenunwürdig für sie. Die Lust auf das Leben, die tief in ihr brennt, ist die Lust, es selber zu gestalten. So ergänzt sie ihr dürres Schulwissen und stellt sich einen Leseplan auf, sitzt bis zur Tagesneige über Büchern, deren Kenntnis kein Lehrer von einem Mädchen verlangt: Klopstocks Oden, Schillers Jugenddramen, Goethes Gedichte, die anakreontischen Lieder Ludwig Gleims. Bücher, die von ihren männlichen Altersgenossen heftig diskutiert werden, wie Campes *Robinson* und Reisebeschreibungen, Bertuchs *Bilderbuch* und Salzmanns *Krebsbüchlein oder Anleitung zu einer unvernünftigen Kindererziehung* und *Ameisenbüchlein oder Anweisung zu einer vernünftigen Erziehung der Erzieher* verschlingt sie. Die Kritik an der eigenen Schulbildung, die tiefe Unzufriedenheit mit den Wissenslücken, die den Mädchen zugemutet werden, macht sie empfänglich für pädagogische Fragen. In den Vorlesungen des Bremer Pastors Ewald über den »Geist der Pestalozzischen Bildungsmethode nach Urkunden und eigener Ansicht« hört sie zum erstenmal von Schulen, in denen nicht stur der Geist gedrillt wird, in denen nicht »Verstandesesel« und »Vernunftbestien« erzogen werden, sondern in denen man lernt, sich selbst zu bestimmen und als Mensch zu vervollkommnen. Das ist genau das, was ihrer Vorstellung von Erziehung entspricht und was sie nun, da es so aufregend ausgesprochen ist, in Feuer und Flamme setzt. Der Gedanke, solche Schulen für das weibliche Geschlecht zu eröffnen, läßt sie nicht mehr los. Anderen das geben zu können, was in der eigenen Ausbildung gefehlt hat, hier nachzuholen und neu zu machen, beschäftigt sie mehr und mehr. Alles, was vom »edlen Pestalozzi« bis dahin erschienen und greifbar ist, liest sie und liest auch das, was er gelesen hat. Während ihre Altersgenossinnen im Hafen der Ehe ihr Glück suchen, nach »Kleiderpracht, Üppigkeit und Übermuth« trachten oder auch mit Trödeln und Trübsal ihren Tag verbringen, befaßt sie sich mit dem zeitgenössischen Gedankengut Kants, Schleiermachers und Herbarts, vollzieht nach, was sie erdacht haben, taucht in die Probleme der Pädagogik ein, eignet sich die modernen Kenntnisse dieser Wissenschaft an und geht aus ihrem disziplinierten Selbststudium als eine entschiedene, leidenschaftliche Pestalozzianerin hervor.

Im Kreise ihrer Bremer Freundinnen, gebildeter Bürgerstöchter aus gutem Hause, diskutiert sie die Möglichkeiten einer verbesserten Schulbildung für Frauen. Es bleiben verbale Aktivitäten. Das Problem wird zwar von den meisten als ein solches erkannt, eifrig erörtert, doch wegen seiner vermeintlichen Unausführbarkeit schließlich »wegräsoniert«. Betty Gleim aber fühlt sich stark genug, sich ihm zu stellen. Sie will es anpacken. Nicht eine organisatorische Frage ist es für sie, sondern eine ethische: Frauen ihren Glücksanspruch bewußt zu machen. Ihnen aus den Niederungen von Leere und Langeweile, von »unthätigem Hinbrüthen« den Weg zu Bildung und Wissen zu ebnen. Ihnen zeigen, daß nicht im Dulden, Leiden, Meiden, Schweigen und Ertragen das sinnerfüllte Leben liegt, sondern im Erkennen, Erkunden, Lernen, Begreifen, Tun und Selbständigwerden.

Mehrmals besucht sie in Halberstadt den Onkel ihres Vaters, den Dichter Johann Ludwig Gleim, von dem man allerorts weiß, daß er jungen talentvollen Menschen hilft, wo er nur helfen kann. Die Begegnungen mit ihm sind wichtig, sind mutmachend. Schließlich lebt sie ein Jahr lang im Hause seines Neffen und Biographen, des Literaturhistorikers Wilhelm Körte, mit dem sie gleichfalls ihr Vorhaben ernsthaft und unbelächelt erörtern kann. Bald darauf unternimmt sie ihre erste pädagogische Reise, um in verschiedenen deutschen Städten Erfahrungen über die Einrichtung von Mädchenschulen zu sammeln und ihren Plan, der bereits entworfen ist, an den Gepflogenheiten der Praxis zu überprüfen.

Der Tod des Vaters im Jahre 1806 zwingt sie, ihre Sehnsucht nach Selbständigkeit radikal zu verwirklichen. Das Vermögen, das er hinterläßt, reicht weder für den Lebensunterhalt der beiden Schwestern noch für den eigenen aus. Ihrem Bruder, einem Kaufmann, will sie nicht zumuten, für sie sorgen zu müssen. Vom Almosen der Nächstenliebe mag sie nicht leben. Auch heiraten, um finanziell gesichert zu sein, kommt für sie nicht in Frage. Zum Entsetzen der Verwandten hat »Jungfrau Ilsabetha Gleim« ihre Verlobung mit einem Prediger aus dem Braunschweigischen gelöst, weil sie noch rechtzeitig erkannte, daß sie ihm »innerlich nicht angehörte«. Es gibt für sie nur den Ausweg nach vorn: Sie ist fünfundzwanzig Jahre alt, als sie entschlossen zu Papier bringt, was sie vorhat: »Ankündigung und Plan einer in Bremen im Jahre 1806 zu errichtenden Lehranstalt für Mädchen.«

Damit ist nicht nur ein »Lehrplan« ausgearbeitet, sondern bis ins einzelne der theoretische Grundriß für ein praktisches Projekt vorgezeichnet: Noch im selben Jahr eröffnet sie in Bremen in einem Hause am Spitzenkiel eine »Schule für die Töchter der höheren Stände«. Nach einem genau festgelegten Lehrplan für die Ober-, Mittel- und Elementarklasse wird von weiblichem und männlichem Lehrpersonal unterrichtet. Sie selbst leitet die Schule und gibt die Fächer Religion, Geschichte, Geographie, Mythologie, mündlicher und schriftlicher Ausdruck. Trotz des hohen Schulgeldes – im Jahre 1812 vierundzwanzig bis achtundzwanzig Taler Gold – erfreut sich die Schule »des größten Beifalls und eines ungemein starken Besuches« – vier Klassen mit achtzig Schülerinnen. In der *Zeitung für die elegante Welt* ist 1809 zu lesen, daß Betty Gleim »mit den neueren Vorschlägen, Ideen und Hilfsmitteln vertraut, und von ihrem eigenen Geiste und ihrer Bildung unterstützt, nach Pestalozzis Methode mit Leichtigkeit, Gründlichkeit und dem glücklichsten Erfolge« lehrt. Mit den Naturforschern Olbers und Treviranus, beide wohnhaft in Bremen und berühmt in Deutschland, wird sie in eine Reihe gestellt. In Fachkreisen spricht es sich rasch herum, daß hier keine Lehrfrau, keine Gouvernante, keine Erzieherin im üblichen Sinne am Werke ist. Vielmehr tritt eine Pädagogin auf den Plan, der es um eine ernsthafte, systematische Schulbildung für Mädchen geht, nicht à la mode aufpoliert, nicht als Beiwerk behandelt, sondern als unverlierbares menschliches Gut postuliert. Die junge Gleim, die weder Rebellin noch Romantikerin ist, bloß eine Frau, die um einen sinnerfüllten Platz im Leben kämpft, zieht von nun an stetig ihre Bahn.

Um in Theorie und Praxis auf dem laufenden zu bleiben, unternimmt sie erneut eine pädagogische Reise nach Göttingen, Frankfurt und Heidelberg. Diesmal sucht sie vor allem die persönlichen Gespräche mit kompetenten Fachgelehrten. Von Johann Friedrich Blumenbach erfährt sie das Neuste über Zoologie, von Karl Ritter die jüngsten Forschungsergebnisse in vergleichender Erdkunde. In Heidelberg trifft sie mit Karoline Rudolphi zusammen, die in Romanform ein vielbeachtetes *Gemälde weiblicher Erziehung* entworfen hat. Doch im Gegensatz zu ihrer Kollegin, die sich als Poetin mit Pädagogik befaßt, und »Idyllen vorführt«, wie Diesterweg später bemerkt, betrachtet Betty Gleim die Pädagogik als eine Wissenschaft und nähert sich dieser mit strenger Methodik und strenger Didaktik. Für Eigenmächtiges, Zufälliges, für Deuteln und Meinen sieht sie hier keinen Raum. Ihr geht es um eine bewußte, planvolle Erziehung, die absichtsvoll geschieht und allen zusteht, die eine Norm und ein Ziel hat.

1810 erscheint ihr wissenschaftliches Hauptwerk, das sie Bremens Frauen widmet: *Erziehung und Unterricht des weiblichen Geschlechts.* Betty Gleims Buch kommt in eine Zeit voller Angst und Unsicherheit. Noch steht Napoleon im Lande. Ruhe ist zwar zur ersten Bürgerpflicht erklärt, doch die Stimmen des Widerstandes lassen sich selbst unter der Decke des Wohlverhaltens nicht ersticken. Fichte, Schleiermacher, Arndt, Luden, Scharnhorst, Gneisenau und Stein tragen Hoffnung ins Land. Sie werden gerügt, entlassen, gejagt, aber getragen von einer Welle der Sympathie, die aus allen Kreisen der Bevölkerung hochschlägt. Die Stille ist bewegt. Keiner weiß, was die Zukunft bringen wird, doch jeder fühlt, daß es so, wie es ist, nicht bleiben kann. Die Hoffnung auf ein Anderswerden hält aufrecht, schafft Gleichgesinnte. Hinter verschlossenen Türen, unter verläßlichen Freunden, in den eigenen vier Wänden wird allerorts über deutsche Einheit und nationale Erneuerung diskutiert. Hier wird geflüstert, geraunt, gemunkelt, geplant. Haus und Häuslichkeit sind die friedlichen Inseln in friedloser Zeit und kommen zu neuer Bedeutung. Zu Hause wähnt man sich sicher, geschützt, geborgen; hier bewahrt man sich tugendselig und gottgefällig einen letzten Rest von heiler Welt, zieht sich von einer Politik zurück, mit der man nicht mehr übereinstimmt, kann unverfolgt ein Patriot sein und ungestraft seinen Willen zur Freiheit bekunden. Wohnungen werden zu Welten. Die Frau als Herrin des Hauses ist die Heldin des Tages. Was die Zeit niemandem zu geben vermag, kann sie vermitteln: ein Gefühl individueller Geborgenheit. Inmitten niederschmetternder politischer Ereignisse ist sie diejenige, die aufrichtet. Zukunftsangst und Hoffnungslosigkeit sind in ihrer Nähe vergessen. Die Frau sorgt für Harmonie, für Freude und Geselligkeit, hält die familiären Fäden in der Hand, nimmt Anteil, wird oft genug Mitwisser der politischen Nöte des Mannes und der Söhne, wird Verbündete. Und doch ändert sich an ihrer Grundsituation nichts: Das Glück der Frau ist nach wie vor das häusliche Glück. Die Harmonie der Familie. Der Erfolg der Söhne. Die gute Heirat der Töchter. Sie selbst opfert sich den Bedürfnissen ihrer Nächsten, lebt für andere. Ihr Dasein gehört zur Behaglichkeit, ihre Anwesenheit zur vertrauten Gewohnheit; als Käthchen von Heilbronn sitzt sie mit züchtigem Spitzenhäubchen am morgendlichen Frühstückstisch und harrt der Dinge, die da kommen werden. In *Erziehung und Unterricht des weiblichen Geschlechts,* dessen zweiter Teil, *Über die Bildung der Frauen und die Behauptung ihrer Würde in den wichtigsten Verhältnissen ihres Lebens,* vier Jahre später erscheint, formuliert Betty Gleim den neuen Glücksanspruch der Frauen: sich den Verhältnissen nicht klagend ergeben, sondern durch Bildung und Wissen Macht über sie zu erlangen. Das eigene Sein als eigenes Produkt begreifen lernen. Als gebildete Frau den Genuß in sich selbst finden, den man bis dahin vergebens außerhalb gesucht hat.

Fichtes Idealismus, Kants Ethik, Pestalozzis Methoden und ihr eigener christlicher Glaube bilden den Hintergrund, vor dem sie das Ziel, den Inhalt und die Form von Erziehung und Unterricht des weiblichen Geschlechts bestimmt. Ihre Gedanken sind klar und die Wiedergabe ist einfach. Mittendrin glitzern fordernde, furchtlose Formulierungen. Nirgendwo der fade Geschmack akademischer Wortspaltereien. Nirgendwo der öde Jammer geschraubten Theoretisierens, keine selbstgedrechselte Metaphysik, kein philisterhaftes »Merke auf!« Eine Sprache jenseits aller Hilflosigkeiten, aller dürren, ausgemergelten Gelehrtenprosa. Betty Gleim behandelt einen wissenschaftlichen Gegenstand und schreibt ihr Existenzbekenntnis. Sie bleibt im Rahmen sachlicher Darlegungen und signiert mit Aufsässigkeiten. Sie übergibt eine Bestandsaufnahme und ruft nach Veränderung. So ist ihre Sprache wie ihr Anliegen dringlich. Ist voller Bewegung, voller Polemik. Heißherzig und zupackend. Hinreißend jung.

Daß »Bildung nicht das Privilegium einiger besonders Begünstigter, sondern Gemeingut der Menschheit ist«, bedarf für sie keiner besonderen Begründung, sondern ist selbstverständliche Prämisse. Alle sollen zur »Erkenntnis der Wahrheit, zum Gefühl und zur Anschauung des Schönen, zur Sittlichkeit und Religion gelangen. Wer dies leugnet, wer dies zu verhindern sucht, spricht der Menschheit Hohn und schändet sich selbst.« Damit tritt sie mutig der immer noch weit verbreiteten Meinung entgegen, daß eine Bildung für Leute, die »Land bebauen und Schuhe flicken« überflüssig und unnütz sei. Um eine eigentlich gelehrte Bildung, wie sie der junge Gottsched für Frauen forderte, geht es ihr nicht, sondern um »Bildung als Veredelung der Persönlichkeit, um intellectuelle, ästhetische und moralisch-religiöse Cultur«, um Bildung als Teil des Menschseins überhaupt. Die von zopfigen Zeitgenossen immer wieder geltend gemachten Einwände, daß die intellektuelle Bildung der »Weiblichkeit des Weibes« schade, daß eine ästhetische Bildung die »treue Pflichterfüllung des Weibes verhindere« und die moralische Bildung sie davon abhält, ihren »Pflichten als Gattin, Mutter und Hausfrau« nachzukommen, widerlegt sie brillant und zeigt das abgrundtief Humanitätsfeindliche an ihnen. In Übereinstimmung mit den pädagogischen Erkenntnissen ihrer Zeit spricht Betty Gleim zwar vom »Beruf der Gattin, Mutter und Hausfrau«, meint aber im Gegensatz zu Rousseau, der den Frauen eine Erzieherrolle abspricht, daß die »gebildete Frau Bedeutendes als Mutter leisten kann« und die »Stelle der Vernunft an dem Kinde, so lange es Kind ist, vertreten soll«. Mit dem Hinweis auf die großen Männer, die fast alle »ausgezeichnete Mütter« gehabt haben, fordert sie von den Frauen, gerade im Interesse der Erziehung der eigenen Kinder sich eine umfassende Bildung anzueignen. Nur so kommen sie zu Phantasie, innerer Kraft und Selbständigkeit. »Sind denn die Weiber etwa nur des Magens wegen da? Zur Abfütterung des Thiers im Menschen?« Oder sind sie »gar nur des Mannes wegen da«? Haben nicht auch sie das Recht, »sich von den wechselnden Launen des Geschicks unabhängig zu machen, sich in jedem Verhältnisse ihres Lebens freier bestimmen zu können«? Und dann wagt sie den kühnen Vorgriff in die Zeit, überschreitet alle gewohnten Denkansätze und verlangt das Ungeheuerliche – eine Berufsausbildung für Frauen. Mehr noch, sie fordert vom Staat die Einrichtungen dafür. Nicht aus einem selbstpostulierten Ideal, aus einem zum Himmel schreienden ökonomischen Dilemma leitet sie folgerichtig ihre Forderung ab. Es ist das Dilemma, in das all diejenigen Mädchen und Frauen geraten, die keinen männlichen Ernährer zur Seite haben – dem

Schicksal ausgelieferte Wesen, die Schutz suchen und Bedrohung finden; vom Leben beerdigte Menschen, die hilflos sich selbst im Wege stehen.

»Was wird unter diesen Umständen aus dem Mädchen und Weibe?« fragt Betty Gleim, »das kein Vermögen besitzt, und auch nichts kann noch versteht, womit es sich durch die Welt helfen könnte? Dreierlei: Entweder es heirathet gegen seine Neigung oder ohne seine Neigung, bloß aus dem schlechten Grunde, um versorgt zu sein; begeht also eine Schändlichkeit an seiner eigenen Person; oder es fällt der Gnade seiner Verwandten, seiner Freunde, oder gar fremder Leute zur Last, und setzt sich also ununterbrochen Kränkungen aus; oder es kommt in Elend und Mangel um.« Deshalb ihre Schlußfolgerung: Wenn man den Frauen zur »allgemeinen Humanitätsbildung« noch eine »Erwerbs- und Berufsbildung« gibt, »wird der jämmerliche Wahn verschwinden, als sei kein anderes Heil für das Mädchen zu finden, und kein anderes Glück denkbar, als das einer Verheirathung, und als sei dies alleiniger Zielpunkt, letzter Endzweck und höchste Bestimmung des Daseins; und was bisher bloß ein Werk jämmerlichen Vorliebnehmens, traurigen Verzichtens und einer falsch bescheidenen Beschränkung der edelsten Ansprüche war, wird nun ein Werk freier Entschließung und innigster Überzeugung werden.«

Obwohl sie dabei nicht an »öffentliche Berufe wie Arzt, Jurist oder Prediger« denkt, sondern an sogenannte »weibliche Berufe wie Erzieherin, Lehrerin, Kinderwärterin, Haushälterin und Krankenwärterin«, ist mit ihrer Forderung nach Berufsausbildung für Frauen einer Auffassung die Bahn gebrochen, hinter die in pädagogischen Schriften nicht mehr zurückgegangen werden kann. Im Gegenteil: Von nun an erfährt sie über viele Jahre hinweg einen stetigen Ausbau, unter anderem von engagierten Pädagoginnen wie Luise Otto-Peters, Luise Büchner, Henriette Goldschmidt, Henriette Schrader, Auguste Schmidt, Helene Lange und Gertrud Bäumer. Sie greifen die Gleimschen Vorschläge zur Gründung von Lehrerinnenseminaren, Anstalten zur Ausbildung von Kinderwärterinnen, guten Elementarschulen, zweckmäßig eingerichteten Mädchenschulen und Industrieschulen in verschiedener Weise auf und verwirklichen, was ihre Vorgängerin theoretisch vorweggenommen hat.

Auch in den Ausführungen zur Unterrichtsgestaltung geht Betty Gleim über die pädagogischen Schriften ihrer Zeit hinaus. Sie verwirft den Privatunterricht, erteilt von Hofmeistern und Gouvernanten, und tritt für öffentliche, allen zugängliche Schulen ein, »wo der Unterricht ernst, gründlich, in systematischem und organischem Zusammenhange erteilt werden kann«. Unterricht nennt sie in zeitgemäßer, wie Jean Paul sagt, modischer Formulierung »die kunst- und gesetzmäßige Erregung der geistigen Selbsttätigkeit zu einer solchen Richtung des Geistes, durch die es möglich wird, in demselben ein Wissen und Können hervorzubringen«. Sein Zweck ist die Bildung oder Vollendung des inneren Seins, sein Ziel die selbständige Beherrschung des Stoffs, seine Methode der Weg von der Anschauung zur Abstraktion. Die Unterrichtsobjekte sollen gelehrt werden, »wie ein Objekt das andere vorbereitet, wie eins sich aus dem anderen entwickelt«. Folgerichtig, chronologisch, organisch zusammenhängend. Mit der Auswahl der Gegenstände und der Art ihrer Vermittlung will sie dem verhängnisvollen Trend der Zeit zu »Halbbildung und Vielwisserei« entgegenarbeiten. »Lieber Weniges ganz und gut, als Vieles halb und zerstückelt.« Nur eins nicht: keine »naseweisen Klüglinge«, keine »vorlauten Schwätzer«, keine »Wortnarren, Wortwisser und Zungenhelden, die mit dreister Geläufigkeit von Dingen reden, von denen sie nichts fühlen, nichts verstehen, nichts erfahren haben«. Deshalb »muß bei jedem Punkte des Unterrichts so lange verweilt werden, bis dieser ganz gefaßt, von allen Seiten erkannt und so der Eindruck desselben unauslöschlich gemacht worden ist«. Alle Unterrichtsdidaktik hat dem obersten pädagogischen Grundsatz zu dienen: die Lust am Lernen zu entfachen oder im Sinne Pestalozzis das »Lernen des Lernens lehren und die Fertigkeit, Fertigkeiten zu erlangen« anzuregen. Auch die strengste Unterrichtseinteilung darf die Entfaltungsspielräume der Schülerinnen nicht zuschütten; unter der Fülle von Fakten muß Zeit zum Fragen bleiben. Jegliche Trägheit des Nachahmens verwischt das Erziehungsziel.

So legt Betty Gleim in ihrer anspruchsvollen Auswahl von Unterrichtsgegenständen, wie »Sprachkunde, Ton- und Wortlehre, Sprachzeichenlehre, Empirische Wortverbindungslehre, Grammatik, Stilistik und Poetik, Kalligraphie, Arithmetik, Naturkunde, Geographie, Allgemeine Menschengeschichte, Zeichenkunst, Gesangkunst, Klassische Literatur, Weibliche Handarbeiten, Kochkunst und Buchhalten«, ein ganz besonderes Gewicht auf die Sprache. In einer Zeit, wo geistige Gewandtheit sich fremdsprachig gibt, wo Latein die Gelehrten und Französisch die Vornehmen sprechen, besinnt sie sich kühn der klassischen Comeniusschen Forderung nach Einführung der Muttersprache in die Schulen sowie der eindringlichen Leibnizschen »Ermahnung an die Teutsche, ihren Verstand und Sprache besser zu üben«, und räumt gegen alle bisherigen Gepflogenheiten der deutschen Sprache im Unterricht den ihr gebührenden Platz ein. Dies ist für sie nicht »Pöbelschmeichlerei« und nicht der von anderen orakelte Weg »zur breiten Heerstraße der Gemeinheit«, sondern das Gegenteil: in der eigenen

Sprache seine nationale Identität finden, seine Herkunft, seine Wurzeln und Traditionen erfahren, im Reichtum der Sprache den Reichtum der Indivudialität entdecken, in der Poesie der Sprache zur Poesie der Gefühle finden, hier seine Innerlichkeit ausleben können, in der Sprache mündig und Mensch werden – darum geht es ihr. Darum ist Sprache für sie mehr als nur Grammatik, Orthographie, Syntax und Semantik, mehr als nur ein Mittel der Information und Kommunikation – es ist ein lebendiger Organismus, ein unteilbares Ganzes, ein Kunstwerk. Als solches und fernab von jeglichem »bureaukratischem Schulmeisterdeutsch« will sie es den Schülerinnen nahebringen, denn wo Sprache verödet, verarmt das Denken, verkümmert der Mensch.

Betty Gleim ist »diejenige, die zum ersten Mal den Versuch unternimmt, die deutsche Sprache und Literatur ihrer hohen Bedeutung entsprechend in die Schulen einzuführen«, und die in diesem Buch die theoretische Begründung dafür liefert. Auf dem langen Weg von der Gründung der ersten eigentlichen höheren Mädchenschule 1698 durch August Hermann Francke bis hin zu den von Helene Lange 1893 eingeführten Gymnasialkursen für Mädchen, die ihnen den schulischen Weg zur Hochschulreife eröffnen, ist Betty Gleims *Erziehung und Unterricht des weiblichen Geschlechts* eine wichtige Station. Es ist der großartige Versuch, ein einheitliches Bildungskonzept für ein Gebiet zu entwikkeln, das in Ermangelung staatlicher Richtlinien allerlei privaten Provisorien, Versuchen, Irrtümern und pseudopädagogischen Initiativen Tür und Tor öffnet. Betty Gleim trägt Rebellion in die weiblichen Köpfe hinein, geht geradewegs gegen das den Frauen vorgezeichnete Schicksal an, will »laue Theilnahme zu glühender Liebe« steigern, will, daß Frauen endlich »in eigener Gestalt und nicht in erborgter Fülle« umherschreiten, und legt ein Buch vor, das mahnt, fordert, entwirft, bewegt. Ein wissenschaftliches Werk, aber auch ein Aufschrei nach einem neuen Glück. Nach jenem Glück, das Rousseau und seine Jünger nicht sehen wollten, weil Selbständigkeit und Selbsttätigkeit für sie Eigenschaften des Mannes waren, weil in dem allerorts erwachenden bürgerlichen Selbstbewußtsein, in der Sehnsucht nach Macht und Mündigkeit die Frauen von vornherein ausgeklammert waren. Gegen diese Ignoranz begehrt Betty Gleim auf und holt hier nach, was Rousseau nicht gewollt hat. »Die Frauen regieren die Welt; mögen die Männer dies hören wollen oder nicht. Von ihrer Beschaffenheit hängt das Wohl und Weh, die Veredlung oder das Verderben des Ganzen ab; wie sie sind, wird das Menschengeschlecht sein. Ist dies wahr, o so ist es nothwendig, zu sorgen, daß nicht länger die eine große Hälfte des Menschengeschlechts, und mit ihr die andere, geistig zu Grunde gehe; so ist es ja dringend, sie besser zu machen, damit die Nachkommen besser werden; sie zu erlösen von der moralischen Starrsucht der Eitelkeit, der Flachheit, der Geistesarmseligkeit, und in ihr zu schaffen Selbsterkenntniß statt der Eitelkeit und Tiefe statt der Unbedeutendheit, und Gemüthsfülle statt der Leerheit.«

In der Wissenschaft der Pädagogik sind fortan die Proportionen neu verteilt. Die Forderung nach einer gleichberechtigten Schul- und Berufsausbildung für Frauen kann nicht mehr theoretisch umgangen, die Bedeutung der Sprache für den Unterricht nicht mehr verkleinert werden. Heinrich Christian Schwarz' *Grundriß einer Theorie der Mädchenerziehung,* Daniel Hensels *System der weiblichen Erziehung* und Betty Gleims *Erziehung und Unterricht des weiblichen Geschlechts* werden zu den theoretischen Grundlagen für die weitere Entwicklung des höheren Mädchenschulwesens in Deutschland. Betty Gleim, die Neunundzwanzigjährige, rückt in die Reihe der »systematischen Pädagogen« auf.

Noch begegnet man ihr in wissenschaftlichen Kreisen mit Wohlwollen, doch dies ändert sich, je enger sie ihre praktische Schultätigkeit mit der pädagogischen Theorie verbindet. Ein schnöder, profaner »Schulwerker«, ein »Tatmensch«, hat sich nicht in das Höhere, Überbegriffliche, Ursächliche und Grundlegende, in das geweihte Allheiligtum der Theorie einzumischen. Ausführen, nicht ersinnen, praktizieren, nicht postulieren ist seine Sache. Sie aber führt bisher sorgsam Getrenntes zusammen und verknüpft Theorie und Praxis in einem Maße, wie es noch keiner Pädagogin vor ihr gelungen ist. Aus den Erfahrungen des Unterrichts schöpft sie immer wieder neue theoretisch-methodische Erkenntnisse, die sie in ihren Büchern ausführt und gleichzeitig im Unterricht erprobt. Dieses Wechselverhältnis legitimiert ihre Erkenntnisse, gibt ihnen Überzeugung, Beweis und Nachhaltigkeit. Ob sie damit »diesem oder jenem Laffen behagt«, diesem oder jenem »Narren gerecht wird«, interessiert sie nicht. Betty Gleim nimmt sich ungefragt und unaufgefordert das bescheidene Menschenrecht heraus, sich mit wachem Verstand ihrer Zeit zu stellen und das »Phlegma des endlichen Daseins mit Geist zu durchdringen«. Sie frönt ungeniert der Lust, ihr Leben selbst zu gestalten. Tauscht dumpfes Schlummern gegen waches Nachdenken ein. Sitzt pünktlich nach dem Unterricht zu Hause – Bremen, Ansgariithorstraße 4 – und schreibt ihre Bücher. Jahr um Jahr in rascher Reihenfolge, schier ohne aufzuschaun, schier ohne Atem zu holen.

Streit gibt es, als sie sich mit ihrer *Fundamentallehre oder Terminologie der Grammatik mit besonderer Hinsicht und Anwendung auf die Grammatik der deutschen Sprache. Nach den Grundsätzen der Pestalozzischen Methode bearbeitet* (Bremen 1810 bei Johann Georg Heyse) um eine wissenschaftliche Gestaltung des Sprachunterrichts bemüht. Nicht die Grammatik

will sie mit diesem Buch fördern, wie sie schreibt, wohl aber die Methodik weiterbringen – eine Methodik, die »nicht etwa nur am Schreibtisch ausgesonnen ist«, sondern die sich ihr »durch eine vierjährige Anwendung und Erfahrung als zweckmäßig bewährt hat«. So legt sie eine Fachmethodik vor, die sie aus der Sprachanalyse gewinnt. Analysis »soll am Anfang des Unterrichts stehen«, soll zur Einsicht ins Einzelne und damit zur Übersicht über das Ganze führen; soll die »innige Anschauung des ganzen Sprachgebäudes möglich machen«, soll die Lust »zu urtheilen und zu classifizieren« und die »Kraft der Abstraktion« üben.
Es ist ein Lehrbuch, das dem Schüler einen Weg zeigt, wie er in das Innere der Sprache hineinfinden kann, ohne das Gefühl zu haben, bei den Ohren gezogen zu werden, und das dem Lehrer einen Leitfaden liefert, der ihn durch die Stoffülle führt. Ihm empfiehlt sie, auf eine »gehörige Entwicklung und Verdeutlichung der Begriffe«, auf eine »feste und bestimmte Auffassung derselben im Gedächtnis« und auf eine »richtige und vielseitige Anwendung in verschiedenartigen Fällen« zu achten. Im Aufbau des Buches hält sie sich getreu an den Pestalozzischen Grundsatz, daß »ein Lehrbuch nur in so weit gut ist, als es ein ununterrichteter Lehrer eben so gut, als ein unterrichteter, wohl gebrauchen kann«. Sie beginnt bei den Buchstaben, kommt zu den Silben, schließlich zum Wort, dann zu den Wortfamilien, erklärt grammatikalische Grundbegriffe, geht über zu den Sätzen und endet bei der Sprache überhaupt. Die neun Hauptkapitel sind einfach und logisch gegliedert. Alles in diesem Buch ist definiert, alles begründet. Um eventuelle Unsicherheiten auszuschließen, fügt sie dem Ganzen noch einen praktischen Anwendungs- und Übungsteil, ein »Analysirbuch« hinzu. Schon kurz nach Erscheinen zählt die *Fundamentallehre* für Schulmänner und Erzieher zu einem

wichtigen Lehrmaterial, wird zur Grundlage für die Gestaltung des Sprachunterrichts und dient auch zur Vorbereitung auf den Fremdsprachenunterricht. Mit dieser Fachmethodik ist eine Lücke geschlossen.

Und doch hat das Buch einen anscheinend unverzeihlichen Makel: Betty Gleim ist in das gehütete Fachterrain der Philologen eingedrungen. Noch dazu als ein nicht studierter, nicht graduierter Mensch, noch dazu als Frau, die sich überdies in einer Fußnote des Buches nicht schämt zu bemerken, daß sie kein Griechisch und kein Latein kann. Mit diesem Buch, heißt es, läge »eine Profanation der Wissenschaft« vor. Es sei »aus verschiedenen anderen Sprachlehren zusammengehäuft«, habe »keinen richtigen Begriff vom Pestalozzianismus«, behandle »Nebensachen wie Hauptsachen« und sei »in der Terminologie von Adelung abgeschrieben«.

Weil die »Anfeindungen fort und fort dauern« sieht sich Betty Gleim genötigt, mit einer Broschüre zu antworten: *Rechtfertigung einiger Begriffe in der Fundamentallehre.* Ganz im Bewußtsein solider Sachkenntnis, die sie aus den besten Grammatiken ihrer Zeit gewonnen hat, weist sie die Angriffe als »matte Stiche einiger literarischer Mücken und Fliegen« zurück und versichert den Lesern, daß sie »unbekümmert um ungeschlachtes Geschwätz hinfort ruhig und fest« ihren Weg gehen wird. Doch erst als der in Fachkreisen weithin respektierte Grammatiker Johann Heinrich Seidenstücker öffentlich Betty Gleims *Fundamentallehre* zu den »nützlichsten Schulbüchern« zählt, die in den Elementarklassen »als Grundlage des gesamten Sprachstudiums dient«, erst da ziehen sich die Angreifer zurück, und ihre Kritik schlägt in Bewunderung um. Gesinnungswandlungen dieser Art setzen Betty Gleim längst nicht mehr in Erstaunen und lassen sie nicht grundsätzlich zweifeln am herrlichen großen Menschen, dem Heros des Geistes und Helden des Universums. Daß die Meute der Nichtswisser, Besserwisser und Alleswisser heute für diesen und morgen für jenen kläfft, überrascht sie nicht. Daß das Meinen über Meinungen das Brot des Unkreativen, Einfallslosen ist, hat sie inzwischen erfahren. Jene erbarmungswürdigen Gestalten von sich gelehrt gebenden Kritikern, die immer alles ganz anders machen würden und es doch nie können, die sich stets am geistigen Gerüst anderer hochziehen müssen, um somit auch noch ihre Beachtung zu finden, bringen sie nicht aus dem Gleichgewicht. Wie auch immer ihre Arbeit begutachtet wird, mit Wohlwollen oder Gehässigkeit, aus freien Stücken oder im Auftrag, sie sieht nüchtern auf die Dinge. So manche Meinung raschelt für sie bloß halbseiden irdisch. Vieles ist nur augenblicksgerecht zweckgebunden, klein und knechtselig. Von dieser Erkenntnis bestärkt, geht Betty Gleim an jämmerlichen Zeitlingen und zweizüngigen Zwergen vorbei gelassen ihren Weg.

So fest sie an die Botschaft des Christentums glaubt, so fest glaubt sie an ihr pädagogisches Ziel. Dieser Glaube gibt ihr, die niemand stützt, immer wieder Selbsthalt, legt sich als eine schützende Haut um sie, wenn äußere widrige Umstände sie zu verwunden drohen. Geborgen, bestätigt fühlt sie sich einzig im Gehorsam gegenüber dem Gesetz, das sie sich selbst vorschreibt. Was sie anderen zuruft – »Verachtet eitlen Prunk und Schimmer, ergreift das Wesen!« –, lebt sie vor. Betty Gleim arbeitet diszipliniert, schreibt Buch um Buch, ohne auf den zeitgemäßen Beifall der Öffentlichkeit rechnen zu können, ohne ihn zu erwarten oder nach ihm zu haschen. Sie teilt mit, was ihr auszusprechen ein Bedürfnis ist und wozu es ihr allerhöchste Zeit erscheint: den geistigen Notstand der Frauen zu lindern, ihnen Mut zu machen, sich die gleichen Bildungschancen einzuräumen, nicht länger im Rang und Reichtum des Mannes, sondern im eigenen Wissen und Können ihr Glück zu suchen. Ein Ruf, der langsam in die Zeit hineinsickert und sich schwertut mit dem Echo, ein Ansinnen, das nach Anstrengung klingt, nach Selbstüberwindung, nach Mühsal. Der Blick der Öffentlichkeit, ihr Glanz, ihre Gunst wendet sich zu den anderen, den schillernden, abenteuerlichen Frauen, den Salondamen, Geselligkeitsgenies, den Bohemiens. Eine Herz, eine Levin, eine von Reventlow machen raunen und flüstern, munkeln und staunen und haben zahlreiche Nacheiferinnen. Von zeitgenössischen Dichterfürsten besungen, geliebt, begehrt zu werden, im Kreise prominenter Namen wirbeln zu können, über ihre Bewunderung zu eigener Bedeutung zu gelangen, scheint vielen Frauen immer noch leichter, angenehmer, erstrebenswerter zu sein als die Forderung einer Gleim nach einem Glück, das man sich selber schafft.

Frauen, die zwischen Liebe und Libertinage lustwandeln, verzückte Bacchantinnen, die sich über ihren Innen-Status mitteilen, kommen der Vorstellung der Zeitgenossen näher als Frauen, die eine Idee inthronisieren. Weshalb die irdische Susette Gontard zur Hölderlinschen Diotima wird, wie Caroline Michaelis zur Göttin zweier Philosophen avanciert, ist weit mehr Gegenstand der Gespräche als die Absicht einer Gleim, den Frauen den Weg zu materieller und ideeller Unabhängigkeit zu zeigen. Wenn über Betty Gleim öffentlich gesprochen wird, dann immer nur im Zusammenhang mit ihrer Arbeit, was gewöhnlich ernüchtert statt erhebt und keinen Anlaß bietet, sie mit einer glitzernden Aura zu umgeben oder mit dem geheimnisvollen Schmuck legendärer Weiblichkeit zu behängen. Doch dies verschafft ihr wenigstens den Vorteil, sich ihr privates Leben jenseits einer klatschsüchtigen Öffentlichkeit ganz nach ihren Vorstellungen einrichten zu können. Nachdem sie eine Zeitlang mit einer Freundin zusammengelebt hat, von der man nur weiß, daß es die »gewisse A.«, die Schwester eines bekannten Malers, ist, und hier die harmonische menschliche Beziehung, die sie erhofft hatte, nicht finden konnte, fühlt sie sich erneut zu einer Frau hingezogen, zu Sophie Lasius, einer Lehrerin aus Oldenburg. Die beiden Frauen leben aufopfernd füreinander, haben die gleiche innige Religiosität, die gleichen hohen Ideale und bilden bis zum Tode eine unzertrennliche Gemeinschaft. So ist Betty Gleim in der glücklichen Lage, Freude in ihrem privaten Leben zu haben, hier keine zermürbenden Konflikte ausstehen, keine Irrgänge antreten, keine tötende Gleichgültigkeit erfahren zu müssen, sondern einen Menschen neben sich zu wissen, der ermuntert statt erstickt, anfeuert statt auslöscht. Solch permanente private Bestätigung gibt ihr immer wieder den Auftrieb, die Kraft, die sie braucht, um ihrem Plan näher zu kommen: für die Erziehung und den Unterricht des weiblichen Geschlechts eine pädagogische Konzeption durchzusetzen.

Daß sie mit ihrer Forderung nach Einführung der deutschen Sprache und Literatur in den Unterricht Neuland betritt und daß neue Formen zugleich den Widerstand mit sich bringen, weiß sie nur zu gut. Deshalb verstärkt sie ihr Bemühen in dieser Richtung. Sprache allein als Verstandesübung und analytisch im Unterricht zu behandeln genügt ihr nicht. Sprache soll als ein Genuß den Schülerinnen nahegebracht und zum Erlebnis werden. So gibt sie ein aus zwei gesonderten Bänden bestehendes *Lesebuch zur Übung in der Declamation* heraus, wobei sie unter »Declamation« den »richtigen Lesevortrag« versteht und nicht stolperndes Buchstabieren, Hinstottern von Wort zu Wort, sondern beim Lesen gleichzeitig die Sinnzusammenhänge zu erfassen. Erneut steht Ungewohntes zur Diskussion.

Bis dahin wurden in Lesebüchern vornehmlich Gebiete des Realunterrichts, der Geschichte, Geographie und Naturkunde behandelt. Oft genug spärliche, trockene Sachbuchtexte, die im Schüler außer einem Gähnen keine weitere Bewegung auslösten. »Ein Gemenge von Bemerkungen« nennt es Betty Gleim im Vorwort und bezweifelt, ob es »für den vorgesetzten Zweck passend gewählt sei und ob nicht auf der anderen Seite den Wissenschaften, denen man einen Dienst zu erweisen glaubt, geradezu geschadet werde, dadurch, daß man sie so abgerissen, so nebenbei, so ohne alle Anschauung vorträgt«. Sie bricht mit dieser Tradition und nimmt statt dessen Beispiele bester Poesie und Prosa in das Lesebuch auf.

Im ersten Band, 1809 für Schüler von sechs bis zehn Jahren herausgegeben, erscheinen Auszüge von Arbeiten beliebter Jugendschriftsteller, wie Campe, Jacobs, Löhr, Salzmann, Overbeck, auch Parabeln von Krummacher, Idyllen von Geßner, Dichtungen von Gleim, Pfeffel, Herder, Hölty, schließlich noch Goethes »Veilchen« und »Erlkönig«. Im zweiten Band, 1810, für mittlere Klassen, die Zehn- bis Vierzehnjährigen, dann das Neue innerhalb des Neuen: Dichtungen nicht nur von Hippel, Musäus, Karoline Rudolphi, Voß, Arndt, Jean Paul und Pestalozzi, sondern auch von Lessing, Herder, Schiller und Goethe. Um »möglichst viele stilistische Formen verschiedenartiger Schriftner« ist es Betty Gleim zu tun und »diese so aufeinander folgen zu lassen, wie eine die andere vorbereitet, und bei der Auswahl besonders auf Classicität Rücksicht zu nehmen, damit beim Lesen zugleich der Geschmack sich bilden könne«.

Damit ist nicht nur der Weg zu einer Literaturdidaktik eröffnet, damit haben nicht nur die schwierigen Fragen – wie

Literatur aufbereiten, wie sie den Schülern nahebringen und wo dabei anfangen? – eine Antwort bekommen, sondern damit ist zum erstenmal in einem deutschen Lesebuch den Werken späterer Klassiker so viel Platz eingeräumt. Betty Gleim ist es, die ihnen den Weg in die Schulen ebnet, ihre Arbeiten in den »Lehrplan« aufnimmt und ihre Gedanken, Haltungen und Sichtweisen, ihre Sprache und Poesie zu einem unverlierbaren geistigen Bestandteil des Schulstoffs macht.

An diese pädagogische Pioniertat, die mit der Stille des Selbstverständlichen und nicht mit dem Gedröhn eines Paukenschlags erfolgt, knüpft dreiunddreißig Jahre später unter dem Einfluß der Gebrüder Grimm der Literaturhistoriker Philipp Wackernagel in seinem *Deutschen Lesebuch* an. Seit diesem Zeitpunkt wird es üblich, in das Lesebuch eine »geeignete Auswahl des Besten aus der gesamten nationalen Literatur aufzunehmen«. Allein die Tatsache, daß Betty Gleim mit einem tiefen Empfinden für humanistisches Gedankengut unter den zeitgenössischen Autoren gerade diejenigen auswählt, die ihrer Meinung nach der jungen Generation geistigen Reichtum mit auf den Weg geben können, wäre Grund genug, von nämlichen Dichtern gefeiert, vielleicht auch nur erwähnt zu werden. Doch Gleim besingt seine Gleminde, die liebliche Nichte, die ihm den Haushalt führt; Goethe bewundert die Anmut der Frauen, die in seine Nähe treten; Schiller preist ihre Würde in einem hymnischen Gedicht, läßt sie »flechten und weben himmlische Rosen ins irdische Leben, flechten der Liebe beglückendes Band und in der Grazie züchtigem Schleier wachsam das ewige Feuer schöner Gefühle mit heiliger Hand« nähren.

Betty Gleim weiß, wie unpopulär, aber eben wie notwendig ihr Anliegen ist, weiß um die Grenz- und Gratwanderung zwischen Utopie und Wirklichkeit, und gerade das wird für sie zu einer Herausforderung, immer entschiedener auf eine systematische Schulausbildung der Mädchen zu dringen, immer mehr auf eine verbesserte Unterrichtsgestaltung hinzuarbeiten. In rascher Reihenfolge erscheinen von ihr *Einige Gedanken über Stilübungen; oder Beantwortung der Frage: ist es zweckmäßig, die Jugend praktische Versuche im Versbau anstellen zu lassen?* (1813), eine *Anleitung zur Kunst des Versbaues* (1814) und eine *Ausführlichere Darstellung der Grammatik der deutschen Sprache* (1815).

Daß sie sich gerade dem Sprachunterricht so intensiv zuwendet, ist für sie zunehmend auch ein politisches Bekenntnis. Denn Angst herrscht wieder in den deutschen Landen. Erneut stöhnt der Jammer des Zeitgeistes aus allen Fugen. Der Freiheitswille der Deutschen ist zwar mutig allerorts aufgestanden, doch hat er sich ebenso rasch wieder schlafen gelegt. Die Befreiungskriege sind gerade in einem dramatischen Furioso verklungen, haben die französische Fremdherrschaft endgültig abgeschüttelt und das »korsische Ungeheuer« in die Flucht geschlagen, aber die eigentliche, tausendfach gehegte Hoffnung der Deutschen auf eine nationale Erneuerung, auf die gemeinsame Zukunft, hat sich nicht erfüllt. Sie stieg bloß auf wie ein funkelnder Meteor und glitt verglühend ins Dunkel. Zerstückelt, zerrissen, zerteilt liegt Deutschland noch immer vor seinen Denkern, Dienern und Despoten. Betty Gleim muß erleben, wie sich auflodberndes Leben in geistige Lethargie, Geschichtssinn in Geschäftssinn verwandelt und der deutsche Bürgersmann kampfesmüde auf den goldenen Boden des Handwerks niedersinkt. Enttäuschung ist in den Menschen, Polizei auf den Straßen, Zensur in den Büchern. Was jetzt noch nach Freiheit klingt, wird gestrichen, korrigiert, zurechtgerückt. Gefällige Meinungen sind gefragt, gefährliche werden geahndet. Die Wahrheit ist durch Vorgaben ersetzt, ihre Deutung obliegt einzelnen. Nur noch im Dämmerschein gespenstert das Element der Demokratie. Es ist geworden, wie es unter Napoleon schon war: Unmut und Unzufriedenheit sind wieder da. Die Menschen haben zwar äußerlich den lang ersehnten Frieden bekommen, sind innerlich aber tief verwundet, ziehen sich in ihren Mißmut zurück und zeigen wieder das altgewohnte Bild: Er sitzt im Lehnstuhl und sie am Klavier. Helden der Resignation, Schatten ihrer Zeit. Verstummen heißt ihre Sprache.

Die Höflinge allerdings plaudern nach wie vor französisch. Selbst die Kongreßlinge in Wien teilen dans langue française Europa auf. Die Gelehrten glänzen ehern in Latein. Betty Gleim aber will die Rückkehr zur »unvergleichlichen wunderköstlichen Muttersprache«. Sie haßt diese »schamlose Vergötterung des Fremden, dieses kindische Affenwesen, dem Alles gefällt und das Jedes nachahmt, was nur nicht deutsch ist ... Mögen Andere es in der fremden Sprache durch einen überschwänglichen Aufwand von Zeit und Mühe höchstens zu einer regelrechten Mittelmäßigkeit bringen, während sie die Muttersprache weder rein und wollautend aussprechen, noch richtig und wollautend reden, noch schriftlich in derselben einen nur halbgesunden, ergreifenden und schönen, ja nicht einmal einen von Sprachfehlern unentstellten Satz bilden können« – sie, Betty Gleim, will alles daransetzen, daß die Jungen nicht wie die Alten zwitschern und daß sie »die jede Volksthümlichkeit untergrabende Sprache fremder Unterdrücker« scheuen werden.

In der Sprache, »diesem treuen Spiegel des Geistes und der Gemüthsbeschaffenheit eines Volkes, so wie der Art und des Grades seiner Kultur« zur Nation zu finden, in ihr das einigende Band erleben, den letzten lebendigen Rest einer Zukunft bewahren, die noch immer nicht angebrochen ist, die Muttersprache in ihrer ganzen Ursprünglichkeit, Klarheit, Derbheit, Fülle und Vielfalt der heranwachsenden Generation als eine Kraft vorführen, die aus dem Volke wächst, die unzerstörbar und unteilbar ist – darum geht es ihr. Darum ist die Sprache immer wieder Gegenstand ihrer Lehrbücher.

Zeitgenossen wie Ernst Moritz Arndt, die Gebrüder Grimm, viele Grammatiker und Mitglieder von Sprachvereinen teilen ihr Engagement. Arndts Appell, daß endlich wieder »geschrieben und gedichtet werden muß, wie gefühlt und gelebt wird«, dröhnt in die magere, dürftige Gegenwart, die an Zollgesetzen und Kriegsordnungen reicher als an Ideen und Entwürfen ist. Nicht ästhetisch, politisch ist seine Klage gemeint, daß noch immer die »eigenen Worte, wenn sie was bedeuten sollen, auf französisch gestutzt und geschwänzt werden müssen« und »unsere schöne, reiche und volltönende Sprache bei so vielen Gelegenheiten und Gegenständen immer noch fast wie die verlegene und blöde arme Sünderin dastehen und sich gebärden muß, als wenn sie weder lauten noch sprechen könnte«. So wie Arndt ist auch Betty Gleim »vaterländisch entflammt«. Sie nutzt jede Möglichkeit, um in ihren Schülerinnen den Glauben an ein einiges deutsches Reich zu wecken. Mit dem kleingeistigen und krämerseligen Dahinkriseln der Zeit hält sie sich im Unterricht nicht auf; hier darf die Unfreiheit nicht gerechtfertigt, der Friedhofsfrieden nicht hingenommen, hier muß der Paralyse der Gedanken mit dem Gelächter der Freiheit begegnet werden. Ihre Liebe zu Deutschland, das da so zerrissen und zerstückelt, so verängstigt und gedrückt vor ihr liegt, ist so groß, macht sie so ruhelos und rebellisch, daß sie das Feld der Pädagogik verläßt und sich 1814 mit zwei Büchern an eine breite Öffentlichkeit wendet: *Was hat das wiedergeborene Deutschland von seinen Frauen zu fordern? Beantwortet durch eine Deutsche. Zum Besten der unglücklichen, aus ihrer Vaterstadt vertriebenen Hamburger* und *Randzeichnungen zu dem Werke der Frau von Staël über Deutschland.*

In Prosa bezieht Betty Gleim politisch Position, ruft mit brausendem Temperament gegen alle Gleichgültigkeit auf, gegen »Heuchelschein« und »schlaffe Charakterlosigkeit«, gegen »gefesselten Geist« und geborgte Gedanken. Von der Pflicht und der Macht der Frauen ist die Rede, von dem, was sie leisten können in solcher Zeit und was sie von ihnen erwartet. Sie spart nicht mit kräftigen Gefühlen und kraftvollen Worten, lebt sich Satz für Satz aus, um »Leben zu entzünden«, ist ganz die selbstsichere, forsche, furchtlose Gleim, von der die Bremer ohnehin wissen, daß sie noch vor einem Jahr ihr Leben riskierte, weil sie ein Flugblatt gegen Napoleon verfaßte und in Umlauf brachte. Ohne dieses Engagement ist ihr der Beruf einer Pädagogin undenkbar, ist das eigene anfeuernde Beispiel, die persönliche Glaubwürdigkeit in Frage gestellt. Und doch – das andere, die »tausendfältigen Kleinigkeiten« des täglichen Schulbetriebes, das zeitraubende, zermürbende Verwalten von scheinbaren Nebensächlichkeiten beginnt sie mehr und mehr zu beanspruchen. Die Leitung ihrer Bremer Lehranstalt, die sie noch immer innehat, gleitet ihr aus den Händen. Vertrauensbrüche, Intrigen, Mißverständnisse, kläglicher Nervenkrieg unter den Kollegen, kleinlicher Ärger zwischen Eltern und Lehrpersonal, schließlich Geldschwierigkeiten. Nach neunjährigem Bestehen muß die Schule schließen. Ein zweiter praktischer Schulversuch, in Elberfeld eine »Bildungsanstalt für Töchter höherer Stände« ins Leben zu rufen, scheitert.

Aber sie wäre keine echte Pestalozzianerin, würde sie wegen äußeren Mißlingens von ihrem Erziehungsziel ablassen. Gleich ihm, ihrem großen Vorbild, das sie sogar einmal in Yverdon besucht, erlebt auch sie diese schneidende Spanne zwischen Niederlage und Erfolg, geht aber immer wieder mit sich selbst an die Grenzen des Möglichen; arbeitet eifrig wütend sich »zur rechten Selbsterkenntnis und Selbstachtung« vor und lebt so, wie sie es den Mädchen und Frauen empfiehlt – jenseits »vom Tande der Eitelkeit, von der Lüge gleißendem Prunk, großthuendem Schimmer, von aller Üppigkeit und allem Übermuth abgekehrt«. Im Herbst 1818 greift sie noch einmal ins pädagogische Leben ein und gibt jenem Anspruch an das Glück, das man sich selber schafft, ein Chance. Sie unternimmt den couragierten Versuch, ihre theoretische Forderung nach Berufsausbildung der Mädchen in die Praxis umzusetzen oder, wie sie sagt, dem »weiblichen Berufsgeschäft eine vorbereitende Berufsausbildung« zu geben.

Begeistert und besonnen geht sie zu Werke, fährt nach München, um von Aloys Senefelder, dem Erfinder des Steindrucks, diese neue »vervielfältigende Kunst« zu erlernen. Vier Monate ist sie »Senefelders geschickte und ausdauernde Schülerin« und kehrt, um die drucktechnischen Kenntnisse der Lithographie bereichert, mit zwei Mitarbeitern Senefelders nach Bremen zurück. Hier bewirbt sie sich beim Senat sofort um die Konzession für die Einrichtung eines lithographischen Instituts, und bereits einen Monat später, im Mai 1819, kann sie ihre »Lithographische Anstalt für Frauen« eröffnen. Damit ist die Möglichkeit gegeben, ein Kunsthandwerk, einen Beruf zu erlernen und somit eine Basis zu haben, um sich aus den Zwängen ökonomischer Abhängigkeit vom Manne zu befreien, um »dereinst, wenn es sein muß, dadurch eine Existenz zu begründen«.

Es scheint, als vergegenständlichten sich in dieser Anstalt noch einmal all ihre Ideale, ihre große pädagogische Passion, das weibliche Geschlecht zu bilden, zu bessern, damit die Menschheit gebildet und besser werde. Endlich herauszutreten aus dem für Frauen vorherbestimmten »Schein- und Schattendasein«, nicht länger die Trägheit, sondern den Tatendrang zur Tugend erwählen, über den Beruf zu »Selbstkraft und Selbstsein«, zu innerer und äußerer Selbständigkeit gelangen, die Zukunft nicht düster über sich hereinsinken lassen, sondern in Angriff nehmen, auch als Frau bauen und bilden, erfinden und wagen, das »bißchen Leben einer Sterblichen« mit Sinn erfüllen – das nennt sie das »Menschliche im Menschen ausbilden« oder einfach »Humanität individualisieren«.

Die »Lithographische Anstalt« ist der erste gewichtige Schritt, gewerbliche Fachschulen für Frauen in Deutschland einzurichten. Im Jahre 1819 eine kühne pädagogische Tat. Vereinzelt, verwegen, verblüffend genug. Ein winziger Pfad in eine Zukunftslandschaft, die erst nach und nach gegen viele Widerstände erschlossen wird. Als sich zeigt, daß ihrer »Druckanstalt« Erfolg beschieden sein wird, übergibt sie die Leitung den Herren Dreyer und Comolli und eröffnet auf Bitten und Drängen vieler Bremer erneut eine öffentliche höhere Mädchenschule, von denen es in Deutschland bis dahin nur insgesamt spärliche zweiundzwanzig gibt. Gemeinsam mit Sophie Lasius leitet sie die Schule, die bei ihrer Gründung 1819 die stattliche Zahl von »fünfzig Bewerberinnen« zählt und über die Jahre an Zustrom keinen Mangel hat. Betty Gleim unterrichtet täglich. Im Sinne Pestalozzis. Im Sinne ihres Anspruchs. Läßt ihre praktischen pädagogischen Erfahrungen und ihre theoretischen Erkenntnisse in den Unterrichtsstoff einfließen, weckt mit dieser Verbindung immer wieder unauffällig, unverkrampft die Lernbereitschaft der Schülerinnen, fordert ihre Phantasie, formt ihre Individualität.

Doch mit vierzig Jahren ist Betty Gleim am Ende ihrer Kräfte. Sie fühlt ein langsames Absterben all dessen, was sie aufgerichtet und motiviert hat. Die Lust zu lesen, die Lust zu schreiben schlägt in Anstrengung, oft in Qual um. Zum Unterrichten ist sie nicht mehr in der Lage. Sobald sich auch nur eine geringfügige Besserung einstellt, hospitiert sie zwar, zwei, drei Stunden nur, dann droht schon ein Zusammenbruch. Umsorgt von ihrer Freundin, die keinen Augenblick von ihrer Seite weicht, kämpft Betty Gleim gegen eine Krankheit an, die die Ärzte ratlos mit »nervösem Leiden« umschreiben. Sie hofft von Tag zu Tag auf Linderung der Schmerzen. An Freunden, die ihr Mut machen und sie besuchen, wie Friedrich Adolf Krummacher, der Parabeln dichtet und »narkotisch predigt«, wie Goethe schreibt, fehlt es ihr nicht. Doch die körperliche Gebrechlichkeit schreitet fort; die Anfälle werden von Mal zu Mal heftiger. Sechs lange Jahre stirbt Betty Gleim dahin. Geräuschlos, gefaßt. Eine lebenssüchtige, moribunde Heldin, die sich ein letztes Mal stellt, die verzweifelt aufbegehrt und sich doch dieses eine Mal abfinden muß. Ein tapferes, aber aussichtsloses Ringen, dem sie am 27. März 1827 erliegt. Zurück bleibt die Gewißheit, sie hat nicht vergeblich, sie hat gebührend gelebt. Hat den neuen Glücksanspruch der Frauen in ihren pädagogischen Schriften ausgesprochen und am Beispiel ihres Lebens demonstriert.

Das Glück der Frauen liegt nicht im Wohlwollen des Mannes, nicht im ängstlichen Abwarten, nicht im demütigen Hinnehmen. Glück ist keine ferne Fata Morgana, kein Himmelsgeschenk, sondern Selbstherausforderung, Tätigwerden, Zugehen auf Aufgaben, die man sich selber stellt. Glück ist Überwinden von Schwierigkeiten, ist Auf und Ab, bloß eins kann es nicht sein: stehenbleiben, zurückstecken, zögern, dem Leben ausweichen, weil man nicht gelernt hat, ihm zu begegnen. Diesen neuen Anspruch holt Betty Gleim in die Pädagogik hinein, verankert ihn Buch um Buch im Bewußtsein der heranwachsenden Generation, erwartet keine unmittelbare Wirkung, aber glaubt fest daran, daß ihre »Arbeit Saat ist«, daß Frauen eines Tages werden, wie sie niemals waren.

Helene Lange, die mehr als ein halbes Jahrhundert nach Betty Gleims Tod den Hauptanteil an der Mädchenschulreform in Preußen trägt und mit der Gründung des »Allgemeinen Deutschen Lehrerinnenvereins« die »deutsche Lehrerin mündig spricht«, beruft sich immer wieder auf ihre Vorgängerin. »Was männliche Pädagogen, insbesondere Mädchenlehrer, über die Erfordernisse der Mädchenerziehung geschrieben haben, von Rousseau an bis auf den heutigen Tag, ist alles schief und tendenziös«, schreibt sie an Emmy Beckmann, »die Schriften von Betty Gleim, Rosette Niederer und Luise Büchner wiegen in jeder Beziehung schwerer.«

Von einer kompetenten Frau, einer großen Pädagogin hundert Jahre nach dem Tod so geehrt zu werden ist mehr als denkwürdig, ist bezeichnend für die Situation der Frauen in der Wissenschaft: vielfach übergangen, vielfach vergessen, und fast immer aus dem gleichen Grunde: Im Anspruch dieser Frauen haben die meisten Zeitgenossen einen Angriff auf Bestehendes befürchtet. Auch Betty Gleim wurde munkelnd eine »Gefährtin der Zukunft« genannt.

Amalie Dietrich
1821 – 1891

Sie, Concordia Amalie Nelle, Tochter des Beutlers Gottlieb Nelle aus Siebenlehn in Sachsen, wohnhaft in der Niederstadt, wird geheiratet von ihm, dem Herrn Apotheker Wilhelm August Salomon Dietrich, wohnhaft in der Oberstadt. Er, der ein paar Semester Medizin studiert hat und sich im Selbststudium der Botanik zuwendet, sieht im Gegensatz zu seinen Verwandten darüber hinweg, daß Amalie nicht den sogenannten besseren Kreisen der Gesellschaft entstammt, denn er hat längst etwas viel Wichtigeres entdeckt – das gemeinsame Interesse. Stundenlange Gespräche über Pflanzen, endlose Wanderungen durch Wiesen und Wälder. Er macht sie mit den Grundbegriffen der Botanik vertraut, weiht sie in die neusten Erkenntnisse dieser Wissenschaft ein, lehrt sie die Kunst des Pflanzensammelns, das Bestimmen und Präparieren, lehrt sie das Anlegen von Herbarien. Amalie Dietrich ist begeistert von allem, sieht im Umgang mit den Pflanzen das ihr gemäße Betätigungsfeld und tut mehr, als der Mann, der Lehrer, von ihr erwartet: Sie vertieft sich in die Gestaltungsverhältnisse der Pflanzen, beschäftigt sich mit ihrem inneren und äußeren Bau und beherrscht sehr bald das Einmaleins der Botanik – die Klassifikation. Sie klassifiziert sowohl nach dem Linnéschen als auch nach natürlichen Systemen. Mit ihrem wachsenden Pflanzenwissen baut sie zielstrebig ihr botanisches Interesse aus und weiß, daß sie ohne Rücksicht gegen sich selbst und ohne Nachsicht gegen alles andere diesem Interesse folgen muß, will sie nicht auf halbem Wege stehenbleiben.

Wilhelm Dietrich gibt gleich nach der Hochzeit seine sichere Apothekerstellung auf, um sich als naturforschender Privatgelehrter betätigen zu können. Mit dem Verkauf von Pflanzen will er den Lebensunterhalt bestreiten. So werden die dreihundert Taler, die Amalie mit in die Ehe bringt, nicht für Möbel und Hausrat, sondern für Pflanzenpressen, Glashäfen, Spiritus, Quecksilberkästen, Lösch- und Schreibpapier und für Regale ausgegeben, in denen das Gesammlte – Pflanzen, Samen und Mineralien – übersichtlich deponiert werden kann. Ihre Wohnung, der Siebenlehner Forsthof, gleicht bald einer großen botanischen Werkstatt. Amalie Dietrich ist glücklich in dieser Umgebung. Im Sommer sammelt sie, im Winter präpariert sie ihre »Schätze« – als Heilmittel anerkannte Pflanzen für die Apotheker, Gräser und Futterkräuter für die Landwirte, Giftpflanzen für die Lehranstalten, Moose, Farne und Flechten für Liebhaber und Gelehrte.

Hin und wieder gehen Bestellungen bei ihnen ein. Die Herbarien werden pünktlich geliefert, aber die Bezahlung läßt meist lange auf sich warten. Die Armut zwingt Amalie zu doppelter Arbeit. Täglich geht sie mit ihrem großen Tragekorb in den Zellaer Wald. Sie muß ihr Pflanzenlager, ihr Sortiment auffüllen mit immer neuen Arten, immer prächtigeren Exemplaren, damit sie den Käufern und Interessenten immer bessere Herbarien anbieten kann. Nicht selten borgt sie Geld von einer Nachbarin, um Lebensmittel kaufen zu können. Die Siebenlehner beklagen das Schicksal der jungen Frau. Schließlich hatte ein reicher Mehlhändler um ihre Hand angehalten. Doch Amalie nimmt gern die Armut in Kauf, sofern sie nicht von ihrem botanischen Interesse ablassen muß. Hier hat sie eine Arbeit gefunden, die ihr Freude bereitet, Spaß macht, in der sie Erfüllung und Lebenssinn findet. Für diese Arbeit ist ihr keine Entbehrung zu groß, hier fällt ihr kein Verzicht zu schwer. Ihr Mann bestärkt sie darin, indem er immer wieder sein vergöttertes Vorbild Linné zitiert: »Wenn irgendeine Wissenschaft, die ihren Vertreter auszeichnen soll, den Mut des Enthusiasmus und das Ertragen von Mühe und Beschwerlichkeiten erfordert, so ist es die Botanik.« 1848, als Amalie Dietrich zum Verdruß ihres Mannes eine Tochter statt einen Sohn zur Welt bringt, ändert sich ihr Leben grundlegend.

Ihre Mutter, die häusliche Seele des Forsthofes, die ihr bis dahin die alltäglichen Arbeiten abgenommen hat, stirbt. Amalie Dietrich steht hilflos vor sich selbst. Vom Kochen, Backen, Nähen und von der Hauswirtschaft versteht sie nicht viel. Notgedrungen, fast widerwillig erfüllt sie ihre neuen Pflichten, erledigt lustlos das Allernötigste und achtet lediglich darauf, der Familie täglich wenigstens eine warme Mahlzeit auf den Tisch zu bringen. Daß zu Hause allmählich alles in ein großes Durcheinander gerät, kümmert sie nicht weiter – Hauptsache, sie kann ihre Pflanzen sammeln, sichten und ordnen. Ihr beruflicher Ehrgeiz geht zusehends in einen Arbeitsegoismus über, der sie unweigerlich in einen inneren Konflikt stürzt: immer quält sie der Vorwurf, in ihrem Kind die Bürde, aber in ihrer Arbeit das Glück zu sehen. Dieses Schuldgefühl gegenüber ihrer Familie, die sich von ihr vernachlässigt und verlassen glaubt, liegt über ihrem beruflichen Weg wie ein lästiger dunkler Schatten, begleitet und verfolgt sie.

Tagsüber bei Wind und Wetter geht sie in die Natur hinaus. Abends, wenn das Kind schläft, zieht sie die Pflanzen auf, beschriftet die Herbarbogen mit allen zu einem Pflanzenindividuum gehörenden Daten. Ihr Mann vermag diesem Arbeitseifer nicht zu folgen. Er akzeptiert nicht, daß für eine Frau die berufliche Tätigkeit die Hauptsache, aber Kindererziehung und Familie nur Nebensache sind. Überdies empfindet Wilhelm Dietrich ihren Fleiß wie einen Vorwurf, fühlt sich an ihrer Seite ständig zum Mithalten aufgefordert und leidet unter dem Ansporn, der von ihr ausgeht. Dieses unbequeme Angefeuertwerden und dieser unausgesprochene Zwang, ihre rigorose Arbeitseinstellung teilen zu müssen, ist ihm so anstrengend, so lästig, daß er sich von ihr trennt. Den Privatgelehrten zieht es zu einer anderen Frau. Über Nacht und für immer ändert sich Amalies Wesen: aus Herbheit wird Härte, aus der wortkargen eine verschlossene Frau.

Von einem lang erwarteten Honorar, das bei ihr eintrifft, finanziert sie eine Reise nach Bukarest, wo ihr Bruder Karl als Handschuhmacher ein gutes Einkommen hat, arbeitet auch eine Weile bei einer siebenbürgischen Familie als Haushälterin, hat äußerlich keine Geldnot mehr, könnte für immer dort bleiben und ihrer Tochter ein feines, sorgloses Zuhause geben. Doch Amalie Dietrich ist voller Unbehagen und Mißmut, die kostbare Zeit abseits ihrer wissenschaftlichen Tätigkeit verbringen zu müssen. Diese Besessenheit, dieser Egoismus, mit dem sie ihr botanisches Interesse verfolgt, ohne Rücksicht auf die Bedürfnisse anderer, schmal ausgerichtet auf ein Ziel, das nur sie und kein anderer sieht, das nur ihr und keinem anderen Erfüllung bringt, quält sie, macht sie ruhelos und schließlich entschlossen: Sie kehrt zurück nach Siebenlehn in die bittere Armut, aber in die tröstliche Gewißheit, endlich wieder inmitten ihrer Pflanzen arbeiten zu können. Wilhelm Dietrich, den dieser unerbittliche Arbeitswille seiner Frau abstößt, aber auch fasziniert, gesellt sich wieder zu ihr. Sie nimmt es gleichgültig hin. Die innere Trennung ist vollzogen. Nicht mehr als Ehemann, nur noch als Kollegen betrachtet sie ihn.

Die ersten großen Sammel- und Verkaufsreisen durch Deutschland unternehmen sie gemeinsam. Das Geld für eine Eisenbahnfahrt kann nicht aufgebracht werden, und so geht es zu Fuß vom sächsischen Siebenlehn nach Thüringen, Hessen, Westfalen, an den Rhein bis nach Köln. Siebzehn Wochen ist sie mit Wilhelm Dietrich unterwegs. In den Städten bieten sie ihre Sammlungen den Apotheken, Schulen, höheren Lehranstalten, Universitäten oder botanischen Gärten an und haben hin und wieder Erfolg dabei.

Kaum sind sie zu Hause angekommen, wird die Tochter abermals zu fremden Leuten in Pflege gegeben, und erneut brechen Amalie und Wilhelm Dietrich zu einer Sammelreise auf. Diesmal zu Fuß von der Lausitz nach Böhmen und Schlesien und von dort nach Krakau. So schwer der Tragekorb auch wiegt, so groß die Mühen dieser Fußwanderungen für Amalie Dietrich auch sind, so erwächst doch aus dem ständigen Aufenthalt in der Natur jener Fundus einer sinnlichen Anschauung, der für eine wissenschaftliche Betrachtung unabdingbar ist. Hier, fernab der aus Denkkategorien gedrechselten Elfenbeintürme, in denen so manch ein Gelehrter seine behagliche Herberge gefunden hat, beschreitet sie den gleichen Weg in der Wissenschaft der Botanik, den Jahre vor ihr Wolfgang von Goethe, der von vielen verkannte Naturforscher, gegangen ist. Er, der mit der *Metamorphose der Pflanzen* einer ganzen Generation von Botanikern einen neuen Denkanstoß gibt und bereits, wie Haeckel sagt, den »Grundgedanken der Entwicklungstheorie deutlich erkennen läßt«, geht von der sinnlichen Wahrnehmung, von der lebendigen Anschauung aus und ist stolz darauf, nicht erst

»einen zwirnsfädigen Sonnenstrahl in die finsterste Kammer lassen zu müssen, um zu erfahren, daß Hell und Dunkel Farben erzeuge«.

Auch für Amalie Dietrich ist die freie Natur Gegenstand der Anschauung, erregt Aufmerksamkeit, Nachdenken und Urteil; auch für sie ist die Pflanze ein lebendiges Ganzes, eingebettet in den Zusammenhang der Natur, ausgesetzt dem Licht und dem Dunkel, dem Regen und dem Sonnenschein, der Hitze und den Frösten. Sie erlebt ihre wechselnde Gestalt, ihre Farbe, ihren Geruch und hat dies all denen voraus, für die die Pflanze nicht mehr als ein getrockneter präparierter Gegenstand ist, ein lebloses Objekt. So geht sie sammelnd, sichtend und ordnend vom Konkreten zum Konkreten geduldig fort. Darin sieht sie die einzig mögliche Voraussetzung, um im Zeitalter der vergleichenden Biologie, in der Wissenschaft der beschreibenden Botanik, zu verläßlichen Aussagen zu kommen.

Wilhelm Dietrich werden die Fußmärsche zu anstrengend, und so unternimmt Amalie fortan allein die »Sammeltouren«. Um nicht den schweren Korb Hunderte von Kilometern auf dem Rücken tragen zu müssen, um nicht immer wieder wunde Schultern zu bekommen, kauft sie sich einen Handwagen, spannt einen Hund davor und zieht in die Natur hinaus. Die sechsunddreißigjährige Frau wandert allein in die Salzburger Alpen. Elf Wochen ist sie unterwegs. Wenn sie kein Rasthaus mehr erreicht oder kein Geld für eine Übernachtung hat, schläft sie im Freien. Angst oder Unsicherheit kennt sie nicht. In der Natur fühlt sie sich geborgen, hier ist ihr alles vertraut, hier weiß sie sich zu helfen, zu orientieren, hier führt sie ein Leben nach ihrer Fasson – jenseits aller familiären Pflichten, jenseits aller bürgerlichen Gewohnheiten und Erwartungen. Hier kommt sie zu sich selbst, denn das Rauhe, Harte, Bizarre und Beschwerliche ist ihre Welt.

Weil Wilhelm Dietrich sich weigert, während ihrer Abwesenheit sich um die Tochter zu kümmern, weil Kinderaufsicht und Kindererziehung für ihn eben keine Männersache sind und er sich schämen würde, »Weibsarbeit« zu tun, wird die Tochter von Mal zu Mal irgendwo in Pflege gegeben. So spielen sich bei Amalies Ankunft zu Hause jedesmal die herzzerreißendsten Wiedersehensszenen mit der kleinen Tochter ab. Charitas fleht die Mutter an, sie nicht mehr bei fremden Leuten zurückzulassen, sondern auf ihren Reisen mitzunehmen, doch so hart Amalie Dietrich gegen sich selbst ist, so hart ist sie gegen das Kind, liebt keine Sentimentalitäten, keine Gefühlsausbrüche, keine Tränen, sondern verlangt Selbstbeherrschung, Disziplin, Einsicht. Und doch ist der Gedanke an die zurückgelassene Tochter, die sich in immer neue Verhältnisse einleben muß, eine solch große Schuldenlast, daß Amalie auf ihren langen, einsamen Fußmärschen immer wieder Augenblicke der Mutlosigkeit und Verzweiflung empfindet. Obwohl das Gewicht der Selbstvorwürfe sie niederdrückt und ihr den Weg oft schwermacht, ist sie nicht bereit, ihre Sammeltouren aufzugeben, nach Hause zu eilen, um ausschließlich für ihr Kind dazusein. Die Mutter- und Hausfrauenrolle kann sie nicht vereinbaren mit dem anderen, dem Arbeitsegoismus, mit dem sie ihr botanisches Interesse verfolgt. Hier, in dieser Arbeit, liegen ihre Lust und Leidenschaft, und so bleibt ihr nichts weiter übrig, als diese große Schuldenlast gegenüber dem Kind und der Familie schweigend mit sich selbst auszutragen.

Gnadenlos wandert sie. Diesmal von Sachsen nach Bremen, von dort nach Brüssel und weiter in Richtung Holland bis Haarlem, wo sie Meerespflanzen sammeln will. Daß sie zu Fuß geht, ist nichts Außergewöhnliches. Genauso hat es lange vor ihr Jean Jacques Rousseau gehalten, der von Paris nach Savoyen lief, oder Linné, der quer durch Lappland streifte, oder Gottfried Seume, der als Poet von Grimma nach Syrakus spazierte, oder Adelbert von Chamisso, der mit Barometerkasten und Botanisiertrommel von Berlin bis hinauf zum Rügenstuhl wanderte. Ungewöhnlich an diesen Fußmärschen der Amalie Dietrich ist nur, daß eine Frau dieses kühne Unternehmen, diese Strapaze und Tortur auf sich nimmt. Eine Frau – und noch dazu allein. Furchtlos, zäh, entschlossen. Eine pflanzensammelnde Egozentrikerin. Eine Wissenschaftsfanatikerin.

Lichtblicke und Höhepunkte auf diesen einsamen Überlandtouren sind die Gespräche mit den Fachgelehrten, den Direktoren der botanischen Gärten, den Professoren der Universitäten und Lehranstalten. In diesen Kreisen ist sie längst bekannt. »Frau Naturforscherin« wird sie genannt und damit die Leistung des Sammelns gewürdigt. Denn Sammeln, wie sie es betreibt, ist ja nicht ein wahlloses Zusammentragen und keine der Mode verfallene »Artenjägerei«, sondern ein zielgerichtetes, methodisches Suchen; ist Voraussetzung für eine wissenschaftliche Pflanzenkunde, ist Wissenschaft selbst. Dem Leitspruch Linnés, daß ein Botaniker desto vorzüglicher ist, je mehr Spezies er kennt, folgen nicht nur seine Schüler, sondern eine ganze Generation von Botanikern, die sich begeistert dem Pflanzensammeln widmen und Herbarien erstellen – zwei Tätigkeiten, die bis zur Mitte des 19. Jahrhunderts als Hauptaufgabe eines jeden Botanikers gelten und die sich für die Wissenschaft von der Botanik nicht zufällig ergeben.

Der Mangel an Anschauungs- und Übersichtsmaterial reproduzierte und festigte immer wieder falsche Vorstellungen. Lange Zeit betrachtete man Algen, Pilze und Flechten als eine »chaotische Masse unverstandener Formen« oder hielt Pilze zum Teil für krankhafte Auswüchse anderer Organismen. Erst ein mühsam gesammelter, sorgfältig zusammengestellter Pflanzenfundus ermöglichte ein Sichten, Ordnen, Beschreiben und Vergleichen der Pflanzen, ermöglichte eine qualitativ neue Stufe der Erkenntnis – die Analyse des Pflanzenaufbaus, das Erforschen der Morphologie, Anatomie und Embryologie der Pflanzen. So bilden Pflanzensammlungen den Ausgangspunkt für wichtige einzelwissenschaftliche Erkenntnisse, die auch in der Botanik den Boden für eine neue, revolutionierende Denkweise bereiten: Nicht mehr nach äußeren Merkmalen, nach innerer Verwandtschaft wird bestimmt, nicht mehr von der Konstanz der Arten, sondern von ihrer Veränderung ist die Rede, nicht mehr Beharrung, sondern Entwicklung, nicht mehr Linné, sondern Darwin prägen das Denken.

Amalie Dietrich ist sich des wissenschaftlichen Wertes ihrer Pflanzensammlungen sicher. Sie weiß, daß die Kräuterbücher des 17. Jahrhunderts die empirische Basis für die Phanerogamenkunde schufen, und betrachtet daher ihre Algen-, Pilz-, Moos- und Flechtensammlungen als einen Beitrag zur Forschungsbasis der Kryptogamenkunde, der Wissenschaft von den Sporenpflanzen. Trotz allem gibt es aber immer wieder Gelehrte, die meinen, Sammeln sei bloß eine niedere Hilfsarbeit für die Wissenschaft, eine schnöde, praktische Bückarbeit. Matthias Schleiden, der als erster den Aufbau der Pflanzen aus Zellen erkennt, wehrt sich engagiert gegen eine solche Auffassung, die »den Botaniker als einen Händler mit barbarischen lateinischen Namen« ansieht, als einen, der »Blumen pflückt, sie benennt, sie trocknet und in Papier schlägt, und dessen ganze Wissenschaft darin besteht, das mit so großer Mühe gesammelte Heu zu bestimmen und zu klassifizieren«. Schleiden weiß nur zu gut, daß dort, wo ein Pflanzenfundus erstellt wird, nicht nur die Pflanzenforschung möglich wird, sondern eigentlich schon beginnt.

Auf ihrer großen Tour nach Holland bricht Amalie Dietrich zusammen. Sie wird in ein Haarlemer Krankenhaus eingewiesen, muß ihr mühsam verdientes Geld für Aufenthalt und Pflege opfern, kommt mittellos und geschwächt mit Handwagen und Hund nach Hause und steht vor verschlossener Tür. Wilhelm Dietrich ist nunmehr für immer fortgezogen, um sich bei einem Grafen in Herzogswalde als Hauslehrer ein festes Einkommen zu sichern. Die Tochter Charitas hat er »irgendwo bei fremden Leuten in der Nachbarstadt untergebracht«. Amalie Dietrich macht ihrem Mann keinen Vorwurf. Nur das Schuldgefühl gegenüber dem Kind wird noch größer und legt sich wie eine schwere Last auf ihre Seele. Sie wird noch herber, noch härter, noch wortkarger, noch verschlossener. Und doch kristallisiert sich aus dieser persönlichen Niederlage, aus diesem familiären Dilemma ihr fanatischer Arbeitswille als Maßstab und Orientierungspunkt heraus und bestärkt sie in ihrem unerbittlichen Vorsatz, zu tun, was sie für sich selbst für gut und richtig hält, was ihr sinnvoll erscheint und Erfüllung verspricht.

Sie holt ihre Tochter zu sich, kommt mit ihr bei einer Nachbarin in einem stallartigen Gebäude unter, macht dem Kind klar, daß es auf den Beruf der Mutter Rücksicht nehmen muß, daß es ohne Einschränkung keinen Gewinn, ohne Verzicht keinen Erfolg, ohne Mühen keine Höhen geben kann, und geht wieder Pflanzen sammeln. Diesmal wird Amalie Dietrich ihre Herbarien in Sachsen reißend los und finanziert von diesem Geld die erste Bahnfahrt ihres Lebens, die sie nach Hamburg führt, wo etliche Bestellungen für sie vorliegen. Sie ist auch hier auf Entbehrungen und Schwierigkeiten gefaßt, doch in Hamburg sind einige Botaniker so angetan von der hohen Qualität ihrer Moos-Herbarien, daß sie Amalie Dietrich weiterempfehlen – an Heinrich Adolf Meyer, einen Kryptogamenspezialisten, der überdies in Barmbeck eine Fabrik für Elfenbeinverarbeitung besitzt. Er empfängt Frau Dietrich und erkennt auf den ersten Blick, daß ihre Pflanzensammlungen mit einmaliger wissenschaftlicher Präzision zusammengestellt sind, weiß um den Wert solcher Herbarien für die botanische Forschung und kauft ihr mit einem Schlage alle ab. Noch ehe Amalie Dietrich begreift, daß sie an der Wende ihres Lebens steht, wird Adolf Meyer für sie aktiv. Er, dessen Schwester den legendären Carl Schurz, den Mitstreiter Abraham Lincolns und Innenminister der USA, geheiratet hat, verfügt über Einfluß und Beziehungen genug, um die Frau mit der beeindruckenden Pflanzenkenntnis wiederum weiterzuempfehlen, an einen anderen reichen Mann, den Hamburger Reeder und Großkaufmann Cesar Godeffroy. Dieser betreibt einen ausgedehnten Überseehandel, widmet sich gleichzeitig der wissenschaftlichen Erforschung der Südsee und ist dabei, in Hamburg ein Museum für die Natur- und Völkerkunde der Südsee einzurichten.

Amalie Dietrich erfährt, daß man im Auftrage seiner Firma als Forscher in fremde Länder reisen kann, ist so fasziniert allein schon von einer solchen Möglichkeit, daß sie Meyers Empfehlung gar nicht erst abwartet, sondern spontan das Verwegene, das unglaublich Herausfordernde wagt: Sie bewirbt sich um eine Anstellung bei Cesar Godeffroy, doch der lehnt kurzweg ab. Eine Frau, die sich so unbekümmert an ein solches Unternehmen heranwagt, ist für ihn entweder von Übermut oder von Ahnungslosigkeit gezeichnet. Außerdem teilt der Firmenchef das Urteil der öffentlichen Meinung, daß Frauen ihre Vorzüge in ihren Schwächen zu suchen haben, zum Verschönern des

Daseins und nicht etwa zu seiner Erkennbarkeit beitragen sollen. Obwohl Frauen immer massiver den Weg zur Wissenschaft einschlagen, obwohl sie inzwischen in Amerika zum Studium an den Universitäten zugelassen sind und sich auch in der Schweiz die Hörsäle erobert haben, zählt noch immer die Alternative, die die Tradition ihnen vorschreibt: Frauen sind jene sanften Wesen, die zu Lebzeiten ihres Mannes freiwillig unselbständig bleiben und nach seinem Tode unfreiwillig selbständig werden. Doch dies gilt für Amalie Dietrich so wenig wie für alle jene, die das Maß des Durchschnittlichen überschreiten. Sie ist fest entschlossen, jedes neue Hemmnis aus dem Wege zu räumen, sich noch erbarmungsloser auf ihre Arbeit zu konzentrieren, wenn sie ihre Sammeltätigkeit nunmehr auch auf die Pflanzenwelt eines fremden Kontinents ausdehnen kann. Heinrich Adolf Meyer rät ihr, zusätzlich zu seiner Empfehlung weitere Reverenzen einzuholen. So schreibt sie an einige ihr bekannte Botaniker mit der Bitte um ein Zeugnis für sie. Die Fachkollegen lassen sie nicht im Stich. Unverzüglich antworten die Professoren Moritz Willkomm und Friedrich Nobbe von der Forstakademie Tharandt, die durch ihren Begründer Heinrich Cotta Weltgeltung erlangt hat. Es anwortet Gottlieb Ludwig Reichenbach, der Gründer des Dresdner Botanischen Gartens, und gemeinsam mit anderen bringen sie ein einhelliges Urteil ein: Amalie Dietrich ist eine »tüchtige Botanikerin«, stellt »sorgfältig präparierte Sammlungen« her, hat »eine ungewöhnliche Begabung für ihren Beruf« und »außergewöhnliche Sicherheit im Bestimmen des gesammelten Materials«.

Amalie bewirbt sich erneut. Cesar Godeffroy verblüffen die anerkennenden Urteile namhafter Wissenschaftler genauso wie die heftige Entschlossenheit dieser einundvierzigjährigen Frau, sich nicht abweisen zu lassen und in

Australien zu forschen. In dem Zähen, Zielstrebigen, Besessenen der Amalie Dietrich erkennt er schließlich die Voraussetzung für ein so gewaltiges Forschungsvorhaben: ungewöhnliche, das heißt für ihn männliche Energie. Obwohl es in Deutschland bisher nur eine Tropenforscherin gegeben hat, diese wahnwitzige Maria Sibylla Merian, die die surinamesischen Insekten an Ort und Stelle erforschte, zu einer Zeit, wo nur zählbare Gelehrte zu wissenschaftlichen Forschungsfahrten unterwegs waren, obwohl es ein Geschäftsrisiko für die Firma bedeutet, eine Frau als Südseeforscherin unter Vertrag zu nehmen, obwohl es als anstößig, komisch und unpassend empfunden werden kann, stellt Godeffroy sie dennoch ein. Die Gutachten der Herren Fachgelehrten überzeugen ihn.

Amalie Dietrich allerdings ist so von ihrer wissenschaftlichen Arbeit erfüllt, daß ihr nicht einen Augenblick lang der Gedanke kommt, dieses kühne Forschungsunternehmen könne allein an der Tatsache scheitern, daß sie eine Frau ist. So wenig sie sich auf Rosen gebettet fühlt, so wenig wähnt sie sich unterdrückt oder benachteiligt vom anderen Geschlecht. Frau sein ist für sie nichts Vollkommenes und nichts Verfehltes, nichts Bedeutungsvolles und nichts Bedauernswertes, nur Gegebenes. Ein Stück Natur, auf das man sich einstellen muß, das man ausleben, bilden und prägen kann. Sie selbst verabscheut jegliche Verzärtelung, alles Verwöhnte und Verweichlichte, alles Matte und Schwache. Sie empfindet sich nicht ein einziges Mal als ein schutzloses, hilfsbedürftiges Wesen, das dem rauhen Leben ohnmächtig ausgeliefert ist. Sie liebt das Beschwerliche, das Mühsame, denn es ist immer eine Herausforderung an sie selbst, offenbart ihr die eigenen Fähigkeiten, Kräfte und Grenzen. In der abstinenten Einstellung gegenüber dem äußeren Leben sieht sie daher nicht fraulichen Verlust, sondern menschlichen Gewinn. Auch die schwere körperliche Arbeit ist über Jahre selbstverständlich für sie, zumal sie auf eine robuste Gesundheit bauen kann. Sie will dieses und kein anderes Leben, das ihrer Natur, ihrem Interesse entspricht und ihrem produktiven Arbeitsegoismus keine Grenzen setzt. Fast wäre es ganz und gar ein Leben nach ihrer Fasson, würde sie nicht ständig damit das familiäre Dilemma heraufbeschwören. Der Mann, der sich von ihr zurückgezogen hat, weil er diesen Rigorismus, diese Rücksichtslosigkeit, diese Arbeitsbesessenheit nicht teilen kann, und das Kind, das sich von der Mutter verlassen fühlt, vereinsamt hin und her gestoßen bei Fremden kein Zuhause findet, bringen in das Dasein der Dietrich immer wieder die dunklen Schatten, die Selbstvorwürfe, die Augenblicke der Mutlosigkeit und Verzweiflung.

Einerseits ist sie glücklich, als sie die Chance ihres Lebens bekommt, triumphiert und freut sich, andrerseits ist sie voller Gewissensnot, als sie der fünfzehnjährigen Tochter erklärt, daß sie sich für lange Zeit von ihr trennen muß. Amalie Dietrich bittet ihr Kind um Nachsicht, um Verständnis und Vergebung: Sie wird zehn Jahre lang in Australien forschen.

Vorher läßt sie sich aber noch von einem Konservator ausbilden, erlernt das Abbalgen von Vögeln, das Ausnehmen und Einpökeln der Säugetiere und Fische, lernt den Umgang mit der Waffe, lernt Englisch, übergibt die Tochter der Obhut von Frau Meyer und packt ihre Koffer. Obenauf liegen nicht Kleider und Schuhe, sondern Karl Ludwig Willdenows *Grundriß einer Kräuterkunde,* Karl Müllers *Der Pflanzenstaat. Entwurf einer Entwicklungsgeschichte des Pflanzenreichs,* Johannes Leunis *Synopsis der drei Naturreiche,* David Dietrichs *Flora universalis.* Und natürlich kistenweise Arbeitsmaterial: »3 Fässer Salz, 100 Stöpselgläser, 1 Lupe, 1 Mikroskop, 6 Insektenkästen, 20 Pfund Gips, 6 Blechdosen mit Spiritus, 3 Buch Seidenpapier, 2 Kisten Gift, 1 Schachtel Zündhütchen, 10 Pfund Pulver, 4 Beutel Hagel, 10 Ries Papier, 1 Schachtel Insektennadeln, 25 Stück Blasen, 20 Pfund Hede« und anderes mehr.

Dann endlich ist es soweit: Am 15. Mai 1863 besteigt die Zweiundvierzigjährige das Seglschiff »La Rochelle«, das sie in einundachtzig Tagen von Hamburg nach Brisbane an die ostaustralische Küste bringt. Kaum ist sie angekommen, kaum hat sie sich ein Häuschen gemietet, das Arbeitsmaterial ausgepackt, befestigt sie an ihrem Strohhut den Moskitoschleier, schnallt die Botanisierkapsel über und unternimmt die erste Sammeltour. Verwegen durchstreift sie die fremde exotische Welt und fühlt sich wohl dabei. Am besten kommt sie ohnehin mit sich selbst zurecht; eine Begleitung würde sie nur stören, würde ablenken vom Sehen und Hören in der Natur. So aber kann sie sich ganz auf die Vielfalt des Artenreichtums konzentrieren, kann anschauen und nachdenken und zielgerichtet ihr Augenmerk auf neue, in Europa unbekannte Pflanzenarten richten.

Auf den weiten Touren kennzeichnet sie hin und wieder einen Baum, um sich in den tropischen Regenwäldern Ostaustraliens nicht zu verirren. Mittags bereitet sie sich meist eine Mahlzeit im Freien, indem sie eine Baumrinde reinigt, darin Mehl mit Wasser anrührt, kleine Kuchen daraus formt und in heißer Asche bäckt. Furchtlos begegnet sie allen Gefahren – und übersteht sie. Einmal nimmt sie ein Stück Zucker in den Mund, sieht nicht, daß daran eine Riesenameise sitzt, schluckt es hinunter, und das Tier beißt sich im Halse fest. Sie kann es »weder loshusten noch hinunterschlucken«, ein Arzt ist nicht in der Nähe, sie greift zur Selbsthilfe und trinkt unter qualvollen Schmerzen so heißen Tee, der das Tier verbrüht. Ein andermal entdeckt sie eine Pflanze, die sie »notwendig haben muß«, gerät in ein gefährliches Sumpfgelände und kann nicht mehr umkehren. Das erstemal in ihrem Leben glaubt sie sich des Todes gewiß. Obwohl sie überzeugt ist, daß sich in dieser Einöde weit und breit kein Mensch aufhält, schreit sie doch verzweifelt und wie von Sinnen um Hilfe. Einheimische hören sie und retten ihr das Leben. Wochenlang liegt sie mit einem schweren Wechselfieber darnieder. Kaum hat sie sich erholt, brennt ihr das Bambushäuschen mit all den bereits präparierten Sammlungen und dem gesamten Arbeitsmaterial ab. Aber weder überstandene Gefahren noch unerwartete Rückschläge lähmen ihren Arbeitseifer.

Sie bezieht ein neue Unterkunft, erhält von einer Niederlassung der Firma Godeffroy neues Arbeitsmaterial und richtet nun auf Wunsch der Hamburger Museumsleitung ihr Augenmerk auch auf die Tierwelt sowie auf anthropologische und ethnographische Objekte. Sie sammelt, sammelt und sammelt, tut mehr als verlangt wird, weil sie möchte, daß die Museumsleitung mit ihr zufrieden ist und Godeffroy nicht bereuen soll, eine Frau als Forschungsreisende angestellt zu haben. Bereits im dritten Jahr ihres Australienaufenthalts, 1866, kann das Museum einen Katalog herausgeben, in dem die von Amalie Dietrich gesammelten und von Professor Heinrich Christian Reichenbach bestimmten Pflanzen des Brisbane River verzeichnet sind – siebenundzwanzig Arten Gefäßkryptogamen und zweihundertfünfunddreißig Arten Phanerogamen. Jahr um Jahr schickt sie Kisten über Kisten mit Spirituspräparaten, Herbarien, Vogelbälgen, trockenen Seekonchylien, Eiern, Seesternen, Muscheln, Krebsen, Korallen und Insekten nach Deutschland. Unter den Insekten allein etwa einhundert Arten von Rüssel- und Blattkäfern. Über die Arachniden, die Spinnentiere, die sie nach Deutschland sendet, verfassen Koch und Keyserling ein mehrbändiges Werk. Ihre Schmetterlingssammlungen zeichen sich durch einen so hohen Individuenreichtum der einzelnen Arten aus, daß sie zur Grundlage für die Erforschung der Rhopalocerenfauna Australiens werden. Der *Catalog IV* des Museums Godeffroy von 1869 verzeichnet stolz, »244 von Frau Dietrich während deren Reisen gesammelten Species von Vögeln«. In Ostaustralien findet sie erstmalig den Gerontiensaethipicus, den ägyptischen Ibus, den Ameisenigel – für das deutsche Museum eine Sensation.

Die Dietrichschen Sammlungen werden zu einem Anziehungspunkt für die wissenschaftliche Welt. Jeder, der über die Flora, Fauna oder Pflanzengeographie Australiens wissenschaftlich arbeitet, kann an diesen Sammlungen nicht mehr vorbei. Kustos Johannes Dietrich Eduard Schmeltz betreut die in Hamburg eintreffenden Sammlungen und leitet sie an europäische Fachexperten weiter, denn für die exakte Bestimmung findet Amalie Dietrich im australischen Urwald nicht die Zeit, nicht die Ruhe, und dies ist auch nicht ihre Aufgabe. Sie muß sammeln, konservieren und versenden, was sie mit ihrem immensen Pflanzenwissen, ihrer reichen Erfahrung in der lebendigen Natur aufspürt und als etwas Neues erkennt. Theoretische Details, Analysen und Schlußfolgerungen bleiben den Kollegen: die Fische bestimmt Albert Günther, Direktor der Zoologischen Abteilung des Britischen Museums in London, die Amphibien Wilhelm Karl Hartwig Peters, Professor der Zoologie in Berlin; die Pflanzen Dr. Luerssen aus Leipzig, die Seeigel und Schlangensterne Dr. Lütken in Kopenhagen, die Moose Karl Müller aus Halle, ein weltbekannter Bryologe. Kustos Schmeltz teilt Amalie Dietrich mit, daß inzwischen viele Arten nach ihrer Entdeckerin benannt sind, unter anderem eine bisher unbekannte Moosart Endotrichella

Dietrichiae, zwei neue Algenarten Amansia Dietrichiana und Sargassum Amaliae, zwei Wespenarten Nortonia Amaliae und Odynerus Dietrichianus. In den sechs Bänden und siebzehn Heften des *Journals des Museum Godeffroy,* das in Hamburg von 1873 bis 1910 erscheint, sind ihre Arbeiten ausgewertet.

Während Amalie Dietrich von Brisbane nach Gladstone, Rockhampton, den Fitzroy entlang durch Queensland fährt und zuletzt noch die Tonga-Inseln besucht, während sie praktische wissenschaftliche Arbeit leistet, wird sie zu Hause in Abwesenheit vom Entomologischen Verein Stettin zum ordentlichen Mitglied ernannt. Rudolf Virchow will das von ihr zusammengetragene anthropologische Material auswerten. Ernst Haeckel steht staunend vor ihren Sammlungen. Schließlich wird Max Thenau, der ehemalige Sekretär von Alfred Brehm, dem kurzzeitigen Direktor des Hamburger Zoologischen Gartens und legendären Verfasser von *Brehms Tierleben,* als Gehilfe für Amalie Dietrich nach Australien gesandt. Er soll ihr das mühevolle langwierige Verpacken der Sammlungen abnehmen, damit sie sich ganz auf das methodische Suchen und Sammeln konzentrieren kann. In europäischen Fachkreisen wird Amalie Dietrich zum Begriff. Man bewundert ihren Mut so sehr wie ihre Fachkenntnis. Sie hat sich eine eigene geistige und materielle Existenz geschaffen und ist überaus stolz darauf, ihrer Tochter in Deutschland eine Ausbildung als Lehrerin finanzieren zu können. Natürlich gibt es auch manch neidischen Fachkollegen, der in Übereinstimmung mit dem Urteil der Zeit das weibliche Geschlecht wie die Pflanzen in Phanerogamen und Kryptogamen unterteilt, in Lichtpflanzen, die in der Sonne männlicher Gunst gedeihen, und in lichtarme, mannlose Existenzen, die kein Recht auf einen Platz in der Sonne haben, weil sie männlichen Augen nicht begehrenswert erscheinen. Amalie Dietrich jedoch hat sich durch ihre Arbeit längst unabhängig gemacht von männlicher Gunst oder Ungunst.

Wilhelm Dietrich, der Mann, der sie einst geheiratet, ausgebildet und verlassen hat, bekennt kurz vor seinem Tod, daß er zu schwach war, dieser Frau zu folgen, daß er die Rigorosität und Ausschließlichkeit, mit der sie ihrem wissenschaftlichen Interesse gefolgt ist, nicht zu teilen vermochte. So war die Flucht vor seiner Frau die Flucht vor einer Art zu leben, die ihm nicht entsprochen, die er als mühsam und anstrengend empfunden hat. Obwohl er ihre Besessenheit, diesen alles zertrümmernden Arbeitsegoismus, weder akzeptieren wollte noch mit ihr zu teilen vermochte, ist er doch stolz auf ihre wissenschaftliche Leistung und bewundert sie.

Am 4. März 1873 landet die »Susanne Godeffroy« im Hamburger Hafen. Die Forschungsreisende Amalie Dietrich kommt von ihrer Arbeit: »Ein pergamentartiges, verwittertes Gesicht, von tausend Falten und Fältchen durchfurcht, von dünnen weißen Scheiteln umrahmt. Ein dürftiges Röckchen und eine Kattunjacke umschließen die alternde Gestalt. An den Füßen alte graue Segeltuchschuhe, die vielfach Löcher zeigen.« Mit zwei selbstgezähmten Tieren, einem Keilschwanzadler und einem australischen Seeadler, auf den Schultern geht sie an Land.

Nach zehnjähriger Trennung stehen sich Mutter und Tochter scheu, fast fremd gegenüber. Amalie Dietrichs lang gehegter Wunsch, nun endlich für immer mit der Tochter zusammensein zu können, nachzuholen, was ein Leben lang versäumt worden war, zerschlägt sich. Die fünfundzwanzigjährige Charitas hat sich verlobt und ist im Begriff, unerbittlich wie einst die Mutter, eigene Weg zu gehen, die sie später zum Erfolg auf schriftstellerischem Gebiet führen und aus Charitas Bischoff eine Autorin vielgelesener Romane machen.

Amalie Dietrich bekommt im Hause Godeffroy eine Wohnung und bleibt in Hamburg, in der Nähe ihrer Sammlungen. 1879, als die Firma Godeffroy Konkurs anmeldet und die Sammlungen in den Besitz der Stadt übergehen, wird sie Kustodin am Hamburger Botanischen Museum. Daß eine Frau von der Stadt eine solche Anstellung mit einer »Besoldung auf Lebenszeit« erhält, erregt kein geringes Aufsehen. Nach der Archäologin Johanna Mestorf, die seit 1874 Kustodin am Schleswig-Holsteinischen Museum für vaterländische Altertümer in Kiel ist, später Direktorin dieses Museums wird, gibt es nun in Deutschland erneut einen weiblichen Kustos, diese Amalie Dietrich, die von Jugend an alles ganz anders als andere gemacht hat und deshalb kurzum ein Sonderling, ein Außenseiter genannt wird. Einige Kollegen betrachten sie auch nicht als Wissenschaftlerin, bloß als »Kundige«. Sie halten ihr damit insgeheim vor, daß sie eben nur eine Autodidaktin ist, ohne Schulabschluß, Universitätsstudium und Doktorhut. Doch dies bleibt lediglich der Vorwurf jener, die gleiche Leistungen nicht vorzuweisen haben, dafür aber die der anderen mit Akribie herabwürdigen, um somit auch einmal in der Wissenschaft das Wort zu ergreifen. 1875 wird Amalie Dietrich ordentliches Mitglied des Vereins für naturwissenschaftliche Unterhaltung zu Hamburg, bekommt sogar einen Ehrenplatz auf der 49. Versammlung deutscher Naturforscher und Ärzte, zu der sonst den Frauen die Teilnahme streng untersagt ist. Sie nutzt die Kustodenzeit, um ihre immense Sammelausbeute zu ordnen, die einzelnen Objekte sorgfältig zu numerieren und ihr Werk als Sammlerin zu vollenden. Wissenschaftliche Publikationen und gelehrte Abhandlungen, die so gern als Produktivitätsnachweis gegenseitig dediziert werden, hinterläßt sie nicht. Sie bringt Praktisches, Gegenständliches in die Wissenschaft ein: ein reiches Material, das anderen zur Voraussetzung für Forschung und Lehre dient. Sammlungen, anhand deren bestimmte theoretische Fragen demonstriert, überprüft oder beantwortet werden können. Obwohl sie ihre Sammeltätigkeit weidlich auf andere Gebiete ausgedehnt hat, gehört doch ihre Vorliebe zeitlebens der Botanik. Hier liefert sie unermüdlich den Fachgelehrten den konkreten Forschungsgegenstand zwecks Anschauung und Analyse. Hier trägt sie mit dazu bei, daß in wissenschaftlichen Betrachtungen von der Pflanze selbst und nicht von der Vorstellung von ihr ausgegangen wird und so eine gültige Erkenntnis gewonnen werden kann.

Für dieses Ziel verzichtet sie ein Leben lang auf vieles mehr als andere, erreicht aber auch all das, was sie immer gewollt hat.

Henriette Hirschfeld-Tiburtius
1834-1911

Henriette Pagelsen, die in Westerland auf Sylt geboren wird, gemeinsam mit ihren drei Geschwistern vom Vater, Pfarrer Pagelsen, Unterricht erhält und früh heiratet, kommt nicht aus Idealismus zur Wissenschaft, sondern aus Not. Sie verliert ihren Mann, ist alleinstehend, ohne Vermögen und daher gezwungen, einen Beruf zu erlernen, Geld zu verdienen, um für sich selber sorgen zu können. Diese Notlage setzt Einsichten und Energien frei, die die Dreißigjährige bewegen, ihr Leben noch einmal zu beginnen.

Sie zieht nach Berlin, nimmt vorübergehend eine Stelle als Hausdame an und hält nach beruflichen Möglichkeiten Ausschau. Dabei entdeckt sie sehr bald, daß für »Frauen, die aus dem Schatten des Hauses auf den Arbeitsmarkt hinaustreten wollen«, nur der Lehrerinnenberuf bleibt, der als »einigermaßen anständig« gilt. Doch Lehrerin will sie nicht werden. So sucht sie weiter nach einem ihr gemäßen Beruf, von dem sie hofft, daß sie ihn mit Freude erlernen und ausüben kann. Da erfährt sie aus einer Zeitung die Geschichte der Engländerin Elizabeth Blackwell, die mit ihren Eltern nach Amerika auswandert und 1844 an die bestehenden dreizehn medizinischen Fakultäten der USA ein Gesuch um Zulassung zum Universitätsstudium richtet. Zwölf Fakultäten lehnen ab. Eine, das Geneva Medical College im Staate New York, überläßt die Antwort den Studenten. Eine Studentenversammlung entscheidet zugunsten der Petentin. Die Anwesenden übernehmen die Verpflichtung, »sich der Dame gegenüber stets als Gentlemen zu zeigen, damit sie ihren Schritt niemals zu bereuen habe«. Elizabeth Blackwell promoviert 1849, wird Ärztin und eröffnet damit den Frauen in Amerika und Europa den Weg zu einem regulären Universitätsstudium. Henriette Hirschfeld ist von dem Wagemut dieser Frau so fasziniert, daß sie sich entschließt, ihr nachzueifern und ebenfalls Medizin zu studieren. Der Zufall, daß sie heftige Zahnschmerzen bekommt und längere Zeit eine untaugliche, erfolglose Behandlung über sich ergehen lassen muß, konkretisiert ihren Berufswunsch: nicht schlechthin Medizin, Zahnmedizin will sie studieren.

Doch mit diesem verwegenen Wunsch nach Unabhängigkeit, nach Berufstätigkeit und Erwerb gerät sie in eine doppelt schwierige Situation: Sie ist Frau und will überdies noch Zahnärztin werden. Das eine gilt im öffentlichen Bewußtsein für so gering wie das andere. Die Frau, die ein Studium begehrt, handelt wider die Ordnung der Natur, heißt es, ist eine Unnatur, ist roh und häßlich, ein Mannweib, ein Zwitterwesen. Der Zahnarzt gilt als ein Handwerker, ein Gebißarbeiter, der nichts vom ganzen göttlichen Menschen zu wissen braucht, der mit Haken und Zangen, Geschick und Geduld, aber eben nicht mit einer Theorie umzugehen hat. Wie einst die Herren Mediziner auf den Chirurgus als einen minderwertigen Praktiker herabsahen und ihn nur rufen ließen, wenn der blutige Eingriff mit dem Messer unumgänglich war, so blicken sie nun auf den Zahnarzt herab, sehen in ihm bloß den technischen Gehilfen des Chirurgen, aber keinen Vollmediziner. Die wenigen approbierten Ärzte, die als Zahnärzte tätig sind, führen einen zähen Kampf um ihre Anerkennung. Daß ausgerechnet nun auch noch eine Frau sich diesem Fachgebiet zuwenden will, wird mit Abneigung und Unbehagen zur Kenntnis genommen, weil man meint, daß eine »Weibsperson« dem wissenschaftlichen Ruf der Zahnmedizin zusätzlich schaden könnte.

Henriette Hirschfelds Wunsch gerät daher zu einem langen Bittgang durch die Institutionen, die auf Preußens Boden üppig gedeihen. Immer wieder richtet sie an Heinrich von Mühler, der als Kultusminister mit den geistlichen, Unterrichts- und Medizinalangelegenheiten befaßt ist, Gesuche und Anträge. Man gewährt ihr Gespräche und Audienzen; der Name Hirschfeld wird zum Begriff, die Angelegenheit zum Fall, der Vorgang zur Akte, das Ganze zum Ärgernis und muß schleunigst vom Tisch. Nach zwei Jahren erlangt Henriette Hirschfeld die schriftliche ministerielle Zusicherung, daß sie »in Berlin zur zahnärztlichen Praxis zugelassen werden würde, falls sie von einem in gutem Ruf stehenden College ein Zeugnis über ein rite absolviertes Studium würde vorweisen können«. Eine Zusicherung, die der neuerungsscheue Minister von Mühler mit dem Hintergedanken gibt, daß sie diese Bedingung, in Amerika zu studieren, ohnehin nicht erfüllen wird und er sich auf solch taktisch elegante Weise die lästige Bittstellerin, dieses verrückte, übergeschnappte, in summa »unbefriedigte Frauenzimmer«, ein für allemal loswerden kann.

Henriette Hirschfeld jedoch eilt mit diesem kostbaren Schriftstück unverzüglich zu Dr. Abbot, einem amerikanischen Zahnarzt, der in Berlin eine große Praxis führt und als »erste Autorität seines Faches« gilt. Abbot empfiehlt ihr das Dental College in Philadelphia. Er meint, daß in seiner Heimat studierfreudige Ausländerinnen an Universitäten und Colleges wenn auch gegen doppelte Studiengebühr, so doch ohne Schwierigkeiten Aufnahme fänden.

Henriette Hirschfeld borgt sich von Freunden das Geld für das Studium und die Überfahrt nach Amerika und landet 1867 in Philadelphia. Ein Apotheker, an den sie empfohlen worden ist, glaubt, die deutsche Dame erlaube sich einen Scherz mit ihm, als er hört, was sie vorhat. Er rät Henriette Hirschfeld, ihren Plan, Zahnmedizin zu studieren, aufzugeben und stehenden Fußes in Richtung Heimat umzukehren. Der Rat entbehrt anscheinend nicht der weisen Voraussicht, denn in den folgenden Wochen geht sie auf pennsylvanischem Boden von Professor zu Professor, um ihn für ihr Vorhaben zu gewinnen. Das Motiv für die allseits abweisende Haltung bringt sie rasch in Erfahrung: Am Dental College hatte bis dahin eine einzige Frau studiert, eine Amerikanerin, die in den Prüfungen versagt hat – Grund genug, daß die Professoren nun voller Vorbehalt und Mißtrauen gegen weibliches Studienbegehren sind. Ihre Reaktion ist nahezu einhellig: Statt studieren zu wollen, sollte die Dame aus Deutschland lieber Einsicht in ihre biologische Bestimmung üben, heiraten, Kinder bekommen und ein ihrem Geschlecht angemessenes Leben führen. Einer jedoch, Professor James Truman, schenkt Henriette Hirschfeld Gehör. Er verspricht ihr Unterstützung, zumal seine eigene Frau aktiv in der amerikanischen Frauenbewegung arbeitet. Sie nehmen Henriette Hirschfeld als Pensionärin in ihr Haus, und James Truman stellt seine Kollegen vor die Alternative – entweder die sofortige Aufnahme von Mrs. Hirschfeld oder sein Rücktritt. Man entschließt sich zu einem Kompromiß: der probeweisen Aufnahme von Henriette Hirschfeld am Dental College in Philadelphia.

Was dies bedeutet, ist ihr klar: Vom ersten Tag ihres Studiums an steht sie unter Erfolgszwang und Leistungsdruck. Ein Versagen, einen Fehler kann sie sich nicht erlauben. Sie lernt mehr, gründlicher, eifriger als ihre Kommilitonen, weil sie gegen das Vorurteil anlernen muß, daß das weibliche Geschlecht zum Studieren nicht tauge, weil sie den leibhaftigen Beweis erbringen muß, daß Frauen von Natur aus eben nicht zum »plättenden, fegenden, kochenden, bürstenden, flickenden und sorgenden Domestiken ihres Hausgebieters und ihrer Kinder« geschaffen und bestimmt sind. Ihr muß gelingen, was ihrer Vorgängerin mißglückt ist. Als Klippe in diesem Lernmassiv erweist sich nun der einstige Entschluß ihres Vaters, sie beim Unterricht mit den Geschwistern von den Lateinstunden auszuschließen. Denn für Vater Pagelsen und seine Söhne war Latein eine männliche Sprache, eben die Sprache der Wissenschaft, deren Kenntnis ein Mädchen in den Augen eines Jünglings statt begehrenswert nur abstoßend macht und von vornherein gute Heiratschancen mindert. Doch Henriette Hirschfeld holt nach, was man ihr zu geben verweigerte, eignet sich das notwendige lateinische Vokabular an und ist weder an Auffassungsgabe noch an Kombinationsvermögen den männlichen Teilnehmern des Studienjahres in irgendeiner Weise unterlegen.

Nach vier Semestern, am 27. Februar 1869 besteht sie ihr Examen und erhält wie die anderen Absolventen den Doctor of Dental Surgery, den D.D.S. Das überaus ehrenvolle Angebot, in Philadelphia zu bleiben, schlägt sie aus. Nun, da sie weiß, »daß eine Frau diesen Beruf ausfüllen kann«, hält sie es für ihre Pflicht, »zurückzukehren, um auf dem neuen Arbeitsfelde einen Platz für ihre Mitschwestern zu erobern«. Kaum ist sie in Deutschland angekommen, konfrontiert sie den verblüfften Minister von Mühler mit ihrem Zeugnis über ein »rite absolviertes Studium«. Der konservative Kultusbeamte muß sein Gesicht wahren und wohl oder übel das schriftliche Versprechen einlösen.

So eröffnet Henriette Hirschfeld noch im selben Jahr, 1869, in der Behrenstraße 9 ihr »Zahnatelier«. Frau D.D.S. Hirschfeld sorgt damit für eine Sensation: Die Berliner haben eine Zahnärztin, und die Statistik hat ein Novum – sie ist die erste Zahnärztin in Deutschland. Die ihr auferlegten Einschränkungen werden verschwiegen. Damit die Grenzen der Schamhaftigkeit und Sitte gewahrt bleiben, darf sie keine männlichen Patienten, sondern eben »nur« Frauen und Kinder behandeln. Die Ausstattung des Sprechzimmers und die Arbeitsgeräte sind denkbar einfach: Behandlungsstuhl, Lampe mit Vergrößerungsglas auf einem Stativ, Spucktisch, Instrumentenschrank, Instrumentenkocher. Schmerzende Zähne trepaniert sie mit einem Handbohrer. Jahre später erst, 1875, kommt die große Erleichterung, die Fußtretbohrmaschine, in den Handel. Auch ein hydraulischer Ölpumpstuhl steht ihr noch nicht zur Verfügung. Bei besonders schmerzhaften Eingriffen gibt sie Lachgas oder Morphium.

Die ersten Patientinnen kommen nur zögernd. Die Damen aus den »besseren Kreisen« schicken zunächst ihre Dienstboten und Kammerzofen, lassen sich über die zahnärztliche Behandlung von ihnen eingehend berichten; lautet das Urteil günstig, so werden nach und nach die Kinder zur Behandlung gesandt, bis sich schließlich die gnädigen Frauen höchstpersönlich in das Zahnatelier begeben, um »ihre mangelhaften Eßwerkzeuge unter die Kur der geschickten und kräftigen Hände von Henriette Hirschfeld zu stellen«.

Unterdessen ist ihre doppelt schwierige Situation nicht aufgehoben. Vielmehr hat sie sich noch zugespitzt. Zum einen ziehen prominente deutsche Professoren, deren Titel in der Öffentlichkeit als Bürge für Weitsicht und Klugheit steht, gegen das Medizinstudium der Frauen zu Felde. Professor Bischoff, Anatom und Physiologe, spricht seinen Kollegen aus dem Herzen, als er mit habilitierter Gründlichkeit fünf Thesen aufstellt, weshalb sich die Frau zum Medizinstudium nicht eigne. Da wäre erstens die Erregung von Ekel, zum Beispiel bei einer klinischen Leichenöffnung, die ihrem Gemüt nicht guttun würde. Da wäre zweitens die Verletzung der Schamhaftigkeit, zum Beispiel wenn sie syphilitische Männer behandeln müßte; drittens die Kränklichkeit der Frau, wie die fortwährenden Schwangerschaften, die einem Studium im Wege stünden, weil gerade in diesem Zustand Konzentration und Denkfähigkeit der Frau spürbar nachließen. Da wäre viertens die Roheit der Studenten und fünftens die angeborene Autoritätslosigkeit der Frau, auf Grund deren sie niemals ein Hospital leiten könne.

Das professorale Fazit teilen Presse und Öffentlichkeit nahezu einstimmig: Die Studierwünsche der Frauen sind radikale Visionen, die frühzeitig unterbunden werden müssen, sollen sie nicht eine Veränderung der Wirklichkeit heraufbeschwören. Es muß bleiben, wie es immer war und wie es die Geistesgeschichte bewiesen hat: Zur Wahrheit, Wirklichkeit, Macht und Diesseitigkeit des Denkens finden nur Männer. Wo es um Wissenschaft geht, sind sie die Hausherren, haben Vortritt und Befugnis. Daß in einer solchen Situation die beiden Briefe, die Henriette Hirschfeld an Virchow und Du Bois-Reymond schreibt, in der Hoffnung, sie für die Zulassung der Frauen zum Universitätsstudium gewinnen zu können, unbeantwortet bleiben, ist nur zu verständlich. Quieta non movere. Es ist, als hätte sich Bismarcks Lieblingswort, das er den »obersten staatlichen Grundsatz« nennt, in allen Bereichen und Köpfen tief verwurzelt: Was ruhig liegt, nicht stören. Zum anderen wird in dem Jahr, als Henriette Hirschfeld ihre Praxis eröffnet, in Preußen die Gewerbeordnung erlassen, die von 1871 an für das gesamte Deutsche Reich gilt. Die »Kurierfreiheit« ist gesetzlich genehmigt und geschützt. Zahnarzt darf sich jetzt zwar nur noch nennen, wer der preußischen Prüfungsordnung von 1869 entspricht, die für die zahnärztliche Zulassung die Primareife eines Gymnasiums oder eine Realschule erster Ordnung, ein zweijähriges Universitätsstudium und den Nachweis praktischer zahnärztlicher Übungen voraussetzt. Den Beruf selber aber, die Zahnheilkunde, darf nach wie vor jeder ausüben, der sich dazu berufen und in der Lage fühlt. Dies wird rasch und reichlich wahrgenommen, und es bildet sich der Stand der »Zahntechniker, Zahnkünstler«, der späteren »Dentisten«. Sie kommen aus den Berufen der Goldarbeiter, Barbiere, Schmiede, Schlächter, Graveure oder Apotheker. Massenhaft strömen ihnen die Patienten zu, da es nur wenige wissenschaftlich ausgebildete Zahnärzte gibt.

In dieser schwierigen Situation, in die sich Henriette Hirschfeld hineinbegibt, bekommt ihre Tätigkeit ein eigenes Gewicht. Mit ihrem Grundsatz, Zähne zu erhalten, statt Zähne zu ziehen, knüpft sie an die besten wissenschaftlichen Traditionen der Zahnmedizin an. Seit so bedeutende Zahnärzte wie Pierre Fauchard, Thomas Berdmore und Philipp Pfaff die Grundlagen einer modernen Zahnheilkunde gelegt haben und den Nachweis erbringen, daß die Zähne nicht lediglich eine Schönheitsfunktion, sondern vor allem eine Gesundheitsfunktion haben, daß eine Zahnbehandlung nicht bloß handwerkliches Geschick, sondern primär ärztliche Kunst verlangt, wird der Zahnheilkunde eine wachsende Aufmerksamkeit geschenkt. Von Jahrhundert zu Jahrhundert wird sie zunehmend als ein Teil der Gesamtmedizin begriffen und am Ende des 19. Jahrhunderts in diese integriert. Pierre Fauchard beschreibt in seinem epochemachenden Werk *Le Chirurgien Dentiste,* das 1728 erscheint und fünf Jahre später ins Deutsche übersetzt wird, als erster das Anfertigen einer Zahnprothese aus Porzellan. Erst sechzig Jahre später erhält der französische Zahnarzt Du Bois-Chemant von Ludwig XVI. das Recht, als einziger die »unverwüstlichen Zähne«, die Porzellanprothesen, herzustellen. Mit der Einführung des Porzellans als Zahnersatz hört allmählich der gutbezahlte Handel mit Menschen- und Tierzähnen auf.

Philipp Pfaff, Königlicher Hofzahnarzt bei Friedrich II., knüpft mit seiner *Abhandlung von den Zähnen des menschlichen Körpers und deren Krankheiten,* die 1756 in Berlin »bey Haude und Spener« erscheint, an das Werk Fauchards an. Pfaff bezweifelt entschieden die allgemein herrschende Annahme, daß die Zahnfäulnis, die Karies, von den Zahnwürmern herrühre, weist nach, daß die Zähne durch Nerven, Arterien und Venen mit dem Körper verbunden sind, und führt gewichtige Neuerungen in der konservierenden Zahnbehandlung ein. Vor allem beschreibt er als erster »eine Abdrucknahme vom Kiefer und das Ausgießen des Negativs mit Gips für prothetische Zwecke«. Erst hundert Jahre später wird vulkanisierter Kautschuk als Prothesenbasis verwandt. Auch dem Problem der Schmerzausschaltung kommt man erst im 19. Jahrhundert wirksam näher. 1844 benutzt Wells in London Lachgas bei Zahnextraktionen, und 1846 wendet der amerikanische Zahnarzt William Thomas Greene Morton die Äthernarkose beim Ziehen eines Bakkenzahnes erfolgreich an. Mit all den gewichtigen Neuerungen auf dem Gebiet praktischer Zahnmedizin geht auch eine Veränderung der theoretischen Sichtweisen einher. Nicht mehr nur der einzelne Zahn ist Gegenstand der Betrachtung, sondern die Zusammenhänge und Beziehungen zum Kauapparat, zur Kieferhöhle, zum Kopf und schließlich zum gesamten Organismus des Menschen rücken in den Mittelpunkt stomatologischer Forschung.

Henriette Hirschfeld nimmt jede Gelegenheit wahr, das Wissen um diese Zusammenhänge zu popularisieren. Sie will begreiflich machen, daß eine Zahnbehandlung nicht »kosmetische Reinigung«, nicht »Schönheitsreparatur«, sondern ein notwendiger Beitrag zur Erhaltung der Gesundheit ist. Aus dem Zustand der Zähne ihrer Patienten zieht sie die Bilanz, daß bereits die Zähne der Kinder »in fortschreitendem Verfall begriffen« sind und irreparable Schäden zeigen. Gerade weil bis dahin in Deutschland die regelmäßige Zahnpflege unbekannt ist oder als überflüssig betrachtet wird, beginnt sie mit ihrer Arbeit an der Wurzel des Übels: Zahnbehandlung nicht erst dann, wenn der Schmerz, der große Warner, sich meldet und nichts weiter signalisiert, als daß der Zerstörungsprozeß schon in vollem Gange ist, sondern Zahnbehandlung als Prophylaxe, als vorbeugendes Mittel gegen die Karies, diesen »Massengräber der Volksgesundheit«, Zahnbehandlung als Verhütung von Mund- und Kieferkrankheiten, als Vermeidung von Infektionsquellen und Verdauungsstörungen.

So legt sie das Schwergewicht ihrer Arbeit auf die Zahndiätetik, zählt dazu nicht nur das regelmäßige »Putzen mit Pulver«, nicht nur eine richtige Ernährung, die zu kräftiger Kautätigkeit anregt und positive Auswirkungen auf den gesamten Zahnhalteapparat hat, sondern vor allem auch regelmäßige Zahnkontrolluntersuchungen, die es bis dahin in Deutschland nicht gibt. Sie appelliert an ihre Patienten, sich ein Gesundheitsbewußtsein anzueignen, von dem die Zähne nicht länger ausgeschlossen bleiben dürfen, und wird nicht müde, auf den gesundheitlichen Nutzen zu verweisen, der vor allem den Kindern aus regelmäßigen Zahnkontrollen erwachsen könnte. Bei Zehntausenden von Patienten, die sie im Laufe ihrer dreißigjährigen Praxis erfolgreich behandelt, bleibt ihr eindringliches Ermahnen nicht ungehört. Auch die Gesundheitsbehörden erkennen, daß eine zahnärztliche prophylaktische Tätigkeit nicht die Sache einzelner engagierter Medizinalpersonen bleiben darf, sondern vom Staat angeordnet, geleitet und organisiert werden muß.

So erlebt Henriette Hirschfeld, daß nach 1883 die Zahnpflege und Zahnkontrolle in »Schule und Heer« obligatorisch wird, daß innerhalb eines Jahrzehnts, von 1884 bis 1894, den führenden deutschen Universitäten zahnärztliche Institute angegliedert werden, und 1902, drei Jahre nachdem sie ihre Praxis aus Altersgründen ihrer Nachfolgerin Elisabeth von Widekind übergeben hat, werden in Straßburg und Darmstadt die ersten europäischen Schulzahnkliniken eröffnet.

Trotz ihrer Erfolge, trotz ihrer mittelbaren Teilnahme an der wissenschaftlichen Entwicklung der Zahnmedizin ist sie doch während ihrer langjährigen Berufspraxis permanent gefährdet. Die doppelt schwierige Situation, mit der sie ein Leben lang konfrontiert ist, spitzt sich für sie von Jahr zu Jahr zu und artet zur Jahrhundertwende hin in ein Scharmützel extremster Ansichten und Absichten aus.

Die Frau in der Medizin wird nach wie vor aufs heftigste bekämpft. Der Zahnarzt als Vollmediziner wird noch immer nicht ernst genommen. Daran, daß die Presse ihrem »Treiben« argwöhnisch zuschaut, auf einen Fehler, Mißgriff oder eine Patientenbeschwerde lauert, um endlich den Beweis zu haben, daß Frauen in der Medizin nur Unheil anrichten, hat sich Henriette Hirschfeld längst gewöhnt. Nichts als sorgfältige, fachlich unangreifbare Arbeit stellt sie denen entgegen, die mit eiferndem Temperament und inbrünstiger Stimme den Geist des Gestrigen bewahren wollen. Sogar die Herren Fachkollegen begnügen sich in diesem Wortgemetzel, das die Formen eines Geschlechterkampfes annimmt, nicht mit wohlüberlegten Einzelmeinungen, sondern geben ihnen gleich das eherne Gewicht der Organisation: Der Vereinsbund Deutscher Zahnärzte hält die Zulassung der Frauen zum zahnärztlichen Studium für unzweckmäßig, weil dadurch »die in vollem Gange befindlichen Reformbestrebungen im zahnärztlichen Stande empfindlich gestört werden könnten«. Auf dem deutschen Ärztetag 1898 in Wiesbaden wird festgestellt, »daß die Frau sich zu keinem Studium weniger eigne, wie zum medizinischen«. Frauen gar als Zahnärzte, erfährt die Öffentlichkeit, seien undenkbar, weil es ja bei jeder Behandlung nicht bloß um den Zahn, wie inzwischen erkannt worden ist, sondern um die wissenschaftliche Kenntnis des Gesamtorganismus gehe, und genau diese Einsicht in Zusammenhänge, die höhere sozusagen, könne eine Frau nicht aufbringen. Als Zahntechniker, als rein handwerklicher Gehilfe dagegen, hätte sie ein ausgezeichnetes Wirkungs- und Bewährungsfeld. Hier braucht sie keinerlei Theorieverständnis, braucht nicht zu kombinieren und nicht zu diagnostizieren.

Rudolf Virchow, dessen Worte den Klang eines wissenschaftlichen Credos haben, weist einen Antrag für die Aufnahme von Ärztinnen in die Berliner Medizinische Gesellschaft brüsk zurück. »Die Satzungen seien so, daß ein Promotus, aber keine Promota aufgenommen werden kann.« »Man ist sich rundum einig und läßt dies in Form von Gutachten über *Die akademische Frau* massenhaft publizieren: Die Frau soll bleiben, wie sie immer war – sanft, süß und sinnlich – und wo sie immer war – im heimischen Reich, in ihrer kleinen Welt der vielen besitzbaren Dinge. Die meisten der einhundertvier namhaften Universitätsprofessoren, die 1896 über »die Befähigung der Frau zum wissenschaftlichen Studium und Berufe« ihre Ansicht kundtun, geben sich sachverständig in puncto Naturell des Weibes. Fazit: Frauen ziehen Beispiele den Beweisen und Empfindungen den Schlüssen vor. Vor allem beim Medizinstudium nehmen Frauen ernsten Schaden. Karl von Bardeleben benennt die »schädlichen Einwirkungen auf die Wirbelsäule, den Brustkorb, auch das Becken, ferner auf die

Zirkulationsorgane«, die bei einem Studium unabwendbar wären. Ernst von Bergmann hält Frauen »in körperlicher wie geistiger Beziehung für ein Medizinstudium für völlig ungeeignet«. Esmarch, Trendelenburg, Lewin, Landois, Buchner, Fritsch, Riegel und viele andere stimmen ein. Bis in die höchsten Instanzen werden sie wohlwollend vernommen. Allein die Erwähnung eines weiblichen Arztes erregt im Reichstag noch in den neunziger Jahren des 19. Jahrhunderts »ungeheure Heiterkeit«.

Zum anderen trägt die Diskussion um den zahnärztlichen Doktorgrad, die in aller Heftigkeit entflammt, wenig zu der erstrebten Festigung des wissenschaftlichen Rufes der Zahnärzte bei. Der Doctor of Dental Surgery wird als ungenügend betrachtet. Es heißt, die »amerikanischen Colleges dienten als Zufluchtsstätte für Deutsche durch Herabsetzung der Anforderungen«. In Medizinerkreisen spricht man abwertend von den »graduierten Amerikanern«. 1887 entscheidet das Königliche Kammergericht in Berlin, »daß sich nur diejenigen Personen als Zahnärzte, gleichviel ob dazu vermerkt ist: ›im Ausland pp. approbiert, nicht in Deutschland approbiert und dergleichen mehr‹ oder nicht, bezeichnen dürfen, welche das Befähigungszeugnis für das Deutsche Reich von den für letzteres bestehenden Prüfungsbehörden erhalten haben«. Henriette Hirschfeld gehört danach zu den »nicht in Deutschland approbierten Medizinalpersonen«. Ihr Titel wird weder voll anerkannt noch offiziell aberkannt. Die preußischen Medizinalbehörden nehmen die allgemein herrschende Titelunsicherheit stillschweigend zur Kenntnis und lassen in Ermangelung eigener Richtlinien in der Praxis gewähren. Erst kurz vor der Jahrhundertwende gibt es in Deutschland den zahnärztlichen Doktortitel, den Dr.chir.dent., der sich, nachdem 1909 die Zahnheilkunde zu einem selbständigen Teilgebiet der Medizin erklärt worden ist, zehn Jahre später dann endgültig in den Dr.med.dent. verwandelt. Die Diskussion um den zahnärztlichen Doktorgrad nimmt Henriette Hirschfeld nur aus der Entfernung und nur als Nebensache zur Kenntnis. Sie weiß, was sie kann, weiß, daß sie gebraucht wird, und ist froh, ihrem Beruf ein wissenschaftliches Fundament gegeben zu haben. Sie heiratet den Oberstabsarzt Carl Tiburtius, bekommt zwei Kinder und spielt nicht einen Augenblick lang mit dem Gedanken, deshalb ihren Beruf, ihre hart erkämpfte innere und äußere Selbständigkeit aufzugeben. Im Gegenteil: Kinder, meint sie, brauchen eine selbständig denkende und handelnde Mutter. Obwohl sie eine Haushaltshilfe hat, die ihr die mühselige, zeitraubende Alltagsarbeit abnimmt, und sie im Gegensatz zu anderen Frauen in dieser Hinsicht nur wenig belastet ist, bleiben außer den täglichen Sprechstunden von neun bis fünfzehn Uhr genug andere Anstrengungen, die sie zu bewältigen hat.

Bis ins hohe Alter engagiert sie sich auf sozialem Gebiet, weil sie »das erwachende Selbstbewußtsein ihrer Mitschwestern« durch eigene Aktivitäten unterstützen will. So ist sie im Vorstand des »Heimathauses für Stellung suchende Mädchen«, des sogenannten »Mägdehauses Börse«, im Vorstand der »Heimstätte in Berlin«, eines Frauenhauses, das erwerbslosen Mädchen mit ihren Kindern Unterkunft und Zuflucht bietet, gründet gemeinsam mit Lina Morgenstern den »Frauenverein zur Rettung und Erziehung minorenner strafentlassener und verwahrloster Mädchen«, gehört später zu den Gründerinnen des »Frauenclubs 1900« und nutzt ihre Vereins- und Wohlfahrtstätigkeit, um den jungen Frauen, die ohne den Schutz der Familie und ohne die Wärme des Wohlstandes aufwachsen müssen, die Wege zu einer praktikablen Lebensform zu zeigen, einen Beruf erlernen, die eigenen Möglichkeiten ausschreiten, finanziell und ideell unabhängig werden. Demgemäß sieht sie in der »Frauenfrage« kein politisches, sondern ein soziales Problem, das sie als die »Versorgung der Unversorgten« bezeichnet. Hier wird sie nicht müde, sozial prophylaktisch tätig zu sein, den orientierungslosen, ratsuchenden Frauen Erwerbsquellen zu erschließen und ihnen begreiflich zu machen, daß Müßiggang und Unwissen die Demuts- und Dulderrolle der Frau motiviert und vergrößert.

So, wie Henriette Hirschfeld-Tiburtius einst in Elizabeth Blackwell, der ersten amerikanischen Ärztin, ihr großes mutmachendes Vorbild sah, so wird nun ihre eigene Existenz wegbestimmend für andere Frauen. Franziska Tiburtius, die Schwester ihres Mannes, geht auf ihren Rat in die Schweiz, um Medizin zu studieren, kehrt als »Dr.med. der Universität Zürich« zurück und gründet später in Berlin mit Emilie Lehmus und der aktiven Unterstützung von Henriette Hirschfeld-Tiburtius die »Poliklinik für Frauen« in der Alten Schönhauser Straße 23/24, aus der sich dann die »Klinik weiblicher Ärzte« in der Karl-Schrader-Straße 10 entwickelt. Vorzugsweise werden Frauen aufgenommen, die »keiner Krankenkasse angehören und daher am bedürftigsten sind«. Pro Person und pro Konsultation sind zehn Pfennig zu entrichten. Gänzlich mittellose Frauen erhalten kostenlos Arznei. Eine Einrichtung, die Tausenden von Berliner Frauen zum Segen wird.

Und auch unmittelbar im eigenen Fachgebiet findet Henriette Hirschfeld-Tiburtius couragierte Nachfolgerinnen. Christa Heinecke ist als erste Schulzahnärztin in Colmar im Elsaß tätig, und Ida Freudenheim nutzt die in Deutschland gegebene Möglichkeit zur zahnärztlichen Approbation, erwirbt 1901 den Dr.chir.dent., praktiziert in Königsberg und erlebt das gleiche, was auch Henriette Hirschfeld-Tiburtius erfahren hat: Jede erfolgreiche Patientenbehandlung ist nicht etwa das Selbstverständliche, sondern vor allem die Legitimation ihrer ärztlichen Existenz, denn immer neue Varianten im Kampf gegen Frauen in der Medizin werden ins Spiel gebracht.

Als die Entwicklung zur offiziellen Zulassung der Frauen zum Studium unabwendbar scheint, fordert der Anatom Waldeyer gesonderte Universitäten für Frauen, »denn Frauen lernen anders als die Männer. Frauen erfassen das Gedächtnismäßige leichter und haben eine stärkere Phantasie. Der Mann hingegen denkt strenger und faßt das Ganze ins Auge. Wenn Frauen und Männer zusammen unterwiesen werden, wird der Unterricht leicht den Bedürfnissen der Frauen angepaßt und verflacht.« Von Frauen, die bereits erfolgreich auf medizinischem Gebiet tätig sind, nimmt auch er keine Notiz, denn: Ausnahmen sind nicht die Regel. Einzelnes ist nicht Allgemeines. Nekrologe gebühren den Männern. In das Gelobte Land der Wissenschaft, wo Milch und Honig fließen und der herrliche Baum der Erkenntnis blüht, sollen sie allein weiterhin auf staatlich sanktionierter Straße pilgern dürfen.

Henriette Hirschfeld-Tiburtius zeigt es anders. Sie, die aus einer Notsituation zur Wissenschaft kam, die durch Fleiß und Energie eine selbständige Existenz erlangt hat, geht den Weg zu sich selbst, den Weg von einer Jahrhunderte währenden Utopie hin zu einer neuen Wirklichkeit. Nicht aus dem gewohnten Mißtrauen gegen die eigenen Fähigkeiten, nicht aus knechtischer Gesinnung und häuslicher Untertänigkeit erwachsen Anmut und Würde der Frauen, sondern aus Leistung und Wissen. An sich selbst zeigt sie, daß dies durch Arbeit zu erreichen ist. Hier liegt das sich bewährende Wesen des Menschen, und das der Frauen bildet dabei keine Ausnahme.

Ricarda Huch
1864 – 1947

Wenn von Emanzipation die Rede ist, sieht die Studentin der Geschichtswissenschaft sogleich eine farcenhafte Szenerie vor sich aufsteigen: Klubs, Zirkel, Vereine, in denen dieses Thema allabendlich bis ins Phrasenhafte zerredet wird. Frauen, die um Gleichberechtigung ringen, indem sie sich männlicher noch als Männer gebärden, intellektuell über die Intellektuellen schwatzen, im Caféhaus sitzen, blaue Wolken in die Luft blasen und glauben, es wären ihre Gedanken. Journalistinnen, die in der Öffentlichkeit darum wetteifern, Beweise zu erbringen, daß Frauen empfindsamer, klüger, phantasievoller, genialer als Männer sind. Sie sieht einen Blätterwald von Zeitungen und Zeitschriften, in denen der unselige Konkurrenzkampf zwischen den Geschlechtern verbal geschürt wird – ein Behaupten, Beschimpfen, Verteidigen, Verhöhnen, Zurücknehmen, Auszählen und Spotten, das zu nichts anderem als zu abwechslungsreicher Unterhaltung dient.

Die stille, nachdenkliche Huch findet all das peinlich, beschämend. Sinnlos nennt sie das gegenseitige Kräftemessen, Vorhalten von Schwächen und Aufrechnen von Fähigkeiten, dumm jegliche Polemik der Frauen gegen die Männer und umgekehrt, »weil sie ja doch keine Minute ohne einander fertig werden«. Frauen, die sich dennoch hitzig darauf einlassen, zählt sie zu denen, die ihr mangelndes Selbstbewußtsein, ihre innere Unsicherheit verdecken wollen, den Emanzipationsrummel als Spielwiese für Selbstdarstellung nutzen oder in ihm eine modern schillernde Form von Koketterie gefunden haben. Weil ihr diese Art von Emanzipation, die wie ein schickes Kostüm getragen wird, zutiefst widerstrebt, will sie von dem ganzen Thema nichts wissen. Wie immer, wenn sie fühlt, daß sich »der Geist unter eine elende Lappalie zu krümmen hat«, wenn sie hinter imposanter Gestik nur ein Schattengefecht erkennt, handelt sie nach ihrem Lieblingswort: Sprich nicht davon. Blick hin und geh vorüber.

Überdies sträubt sich ihre Natur dagegen, alles Männliche wie ein Feindbild in sich aufzubauen. Vielmehr sucht sie im andern eine Ergänzung ihres Wesens, ist fasziniert vom Gegensatz der Geschlechter, will ihn nicht leugnen, sondern eher noch betonen. Sie ist hinreißend verliebt, überläßt sich schwelgend diesem Gefühl, ordnet sich ihm ganz unter, erlebt an sich selbst das Spiel von Verwandlungen, ist extrem bis zur Fremdheit, sanft bis zur Selbstgefährdung, glücklich bis ins Beängstigende. Die Polarität der Geschlechter empfindet sie als etwas so Großes und Einzigartiges, daß ihr dies kein Wort verkleinern, kein noch so ungestümes Engagement hinwegleugnen kann.

Ricarda Huch ist gegen Emanzipation und – emanzipiert sich. Abseits aller Augenblicksdiskussionen und Interpretationspirouetten nutzt die junge Braunschweigerin ihre Studentenzeit, um sich ein exakt historisches Wissen anzueignen, interessiert sich besonders für Verfassungsgeschichte und schreibt eine Doktorarbeit über *Die Neutralität der Eidgenossenschaft, besonders der Orte Zürich und Bern, während des spanischen Erbfolgekrieges.* Obwohl sie dafür ein »magna cum laude« erhält, nennt sie selbst ihre Arbeit »wissenschaftlich grau« und empfindet ein Unbehagen dabei. Treu die Quellen zu durchforschen, möglichst vollständig und richtig mitzuteilen, wie es gewesen ist, genügt ihr nicht. In der Kritik an einem ihrer Lehrer, der in professoral belehrender Weise die Fakten trocken aneinanderreiht, ängstlich darauf bedacht ist, nicht das geringste Detail außer acht zu lassen, und mit der »Masse emsig registrierter Tatsachen die Phantasie seiner Zuhörer erdrückt«, kündigt sie bereits eine andere, eine eigene Auffassung von Geschichtsschreibung an. Noch hat sie kein Gedicht, keinen Roman, keine Novelle geschrieben, und schon verteidigt sie die Poesie. »Ohne den Atem und die Gewalt des Lebens« bleibt alles Geschehene trocken, tot, bloß dürrer Fakt. Wozu aber ist die Geschichte da, »wenn nicht um zu einem lebendigen Ganzen gemacht zu werden, wenn nicht die Leidenschaft der Lebendigen die Schatten erglühen lassen, wenn wir uns nicht in sie, sie sich nicht in uns verwandeln«? Mühelos kann sie sich mit ihrer bewegten Phantasie in einen geschichtlichen Vorgang hineinfühlen, kann ihn sich selbst so aufregend, packend und dramatisch ausmalen, daß alles Alltägliche um sie herum schier unter der Hand ins Vergessen gerät. Wirklich wird ihr ein Ereignis nur, wenn es ihr auch sinnfällig wird, und so steigt sie voller Neugier, voller Spannung und Naivität in die Schluchten der Vergangenheit hinab. Staunend und beglückt findet sie hier die Sterntaler, die sie sucht – eine magische brodelnde Welt voller Dramen und Tragödien, voller Tatsachen, Täuschungen und Träume, ein wogendes Auf und Ab von Kämpfen, Siegen und Niederlagen.

In der Züricher Stadtbibliothek katalogisiert die junge Dr. phil. Oktavia Ricarda Huch die *Wick'sche Sammlung von Flugblättern und Zeitungsnachrichten aus dem 16. Jahrhundert,* könnte hier bleiben, historische Schätze ausgraben und aufarbeiten, doch sie will das andere, will Geschichte gestalten, ihre Gedanken und Empfindungen dahinein projizieren und sie als ein Teil von sich selbst erlebbar machen. Außerdem zieht es sie dorthin, wo »der Himmel ist, der sie umfängt«, zu ihrer großen Liebe Richard Huch, dem Mann ihrer Schwester. Gefühle brausen auf, ein Fluchtplan wird vereinbart, Bekenntnisse lassen hoffen, die Zukunft lächelt herüber. Doch als es soweit ist, kehrt Richard Huch reuevoll zu Frau und Kindern zurück. Wahnsinnig vor Enttäuschung flieht Ricarda ins Vergessen, erholt sich mit ihrer Freundin in Wien, lernt den italienischen Zahnarzt Dr. Ceconi kennen, heiratet, folgt ihm nach Triest, bekommt ein Kind und zieht nach München, wo sich bald darauf einem Freund der Familie ein Bild des Erbarmens bietet: An einem Brett, das als Ersatz für ein Pult dient und – um das spärliche Licht auszunützen – am Fenster angeschraubt ist, schreibt sie. Dem Fenster gegenüber rasselt der Ventilator des Cafés Luitpold, haucht »unter scheußlichem Geräusch eine höllische Luft« aus. Hinter ihr in einem Laufgitter die einjährige Tochter, die sie ständig stört.

Und doch entsteht unter diesen ernüchternden Bedingungen Roman um Roman: *Aus der Triumphgasse, Vita somnium breve, Von den Königen und der Krone* und auch ihre ersten großen literaturhistorischen Arbeiten *Gottfried Keller,* Teil zwei ihres Romantikwerkes sowie bereits die Materialsammlung für *Menschen und Schicksale aus dem Risorgimento.* Über die literaturhistorische Studie über den historischen Roman nähert sich Ricarda Huch immer mehr der eigentlichen Geschichtsschreibung. Es scheint sogar, als wolle sie erst alle Grenzbereiche durchwandern, alles Dichten, Fabulieren ausströmen lassen, um sich schließlich behutsam an den letzten Raum, das begrifflich streng Umrissene, die nüchterne Flur der Wissenschaft heranzutasten.

Je mehr sie sich mit geschichtlichen Stoffen befaßt, desto deutlicher offenbaren sich hier menschliche Werte voll

Größe und Erhabenheit, die sie in ihrer eigenen Zeit vermißt. Offen bekennt sie deshalb ihre Gleichgültigkeit an der Gegenwart, diesen bewegten Jahren vor dem Ersten Weltkrieg, für die ihr nach wie vor der lakonische Satz gilt, den sie bereits als Sechsjährige in ihr Tagebuch geschrieben hat: »Gestern abend war ein großer Sieg, heute morgen auch schon wieder.« Vieles von dem, was politisch aktuell um sie herum geschieht, empfindet sie als »kleinlich und großmäulig«, ungelöst, chaotisch, »zu flüchtig, zu nichtig«. Das »Heute mit seinen Zweifeln und dem Blendwerk seiner Erfindungen« zeigt für sie statt Reiz nur falsches Pathos, das dem einzelnen Individuum das Undurchsichtige noch undurchsichtiger, das Graue noch grauer macht. Im Gegensatz zur vergangenen Welt, wo ihr alles überschaubar ist, wo sich ihr Zusammenhänge und Gesetzmäßigkeiten erschließen, läßt sie die Gegenwart achtlos an sich hinabrinnen. Auch hier gilt für sie das Dantewort: Blick hin und geh vorüber. So wird ihre Wirklichkeit, mit der sie sich freudig und freimütig auseinandersetzt, zunehmend die historische Wirklichkeit. In der Geschichte, »der größten Dichterin, die der Menschheit ihre Dramen vorspielt«, findet Ricarda Huch das abgeschlossene Ganze, das unvollendet Vollendete vor. Es reizt sie, ihre sprudelnde Phantasie in den breiten Strom des Geschehens hineinfließen zu lassen, das Zurückliegende noch einmal mit ihrer Empfindung zu bergen, die Ereignisse filternd in sich aufzunehmen, sie ein zweites Mal aus der Distanz zu erleben.

Gerade weil sie als Historikerin ausgebildet ist und als Dichterin empfindet, weil sie diesen Dualismus in sich fühlt, sieht sie nur allzu deutlich die Gegensätze von Wissenschaft und Kunst. Hier das Nüchterne, fest Umrissene, streng Faktische, bleiern Begriffliche. Hier die Wühlarbeit durch den Fels der Ereignisse, durch das Vielschichtige von

Begebenheiten, das Schürfen, Prüfen, Vergleichen, Registrieren; die Schwerarbeit fundamentaler Gesellschaftsanalyse. Hier das Massiv des Objektiven. Dort das Leichtfüßige, Behende, das Schwingen der Phantasie, der Purpur der Gefühle, die schillernde, faszinierende Bilderwelt. Dort die andere Arbeit: das Hineindenken in eigene Empfindungen und Erfahrungen, das Selbstbefragen, das Freisetzen von Leidenschaft, das Aufwühlende, »Anglühende«, Mitreißende und Bewegende, die Darstellung im Prisma der Sinne, die mythenreiche Welt der Fiktion; der Glanz des Subjektiven. Doch Ricarda Huch ignoriert diese Unterschiede. So wie sie im Männlichen und Weiblichen die Einheit des Entgegengesetzten sieht, aus der weder für die eine noch für die andere Seite ein Überlegenheitsanspruch abzuleiten ist, so wie sie den Kontrast um seiner Harmonie willen gestaltet, genauso versöhnt sie in ihren historischen Arbeiten die Gegensätze von Wissenschaft und Kunst. Weil für sie das Vergangene nichts Totes, nichts Erstarrtes, auch keine weihevolle Reliquie ist, sondern »Leben, das zu neuem Leben erweckt«, trägt sie ein überaus ungewohntes, beinahe fremdartiges Element in die Geschichtsschreibung – die Poesie. Mit ihr haucht sie den versteinerten Tatsachen Leben ein, fügt in die Kette von Begebenheiten immer wieder die Perlen ihres Empfindens, schaut Vergangenes über ihre Phantasie, erklimmt den spröden Faktenberg mit ihrem Sinn für Dramatik, für kämpferische Auseinandersetzung und menschliche Tragödien. Ganz bewußt sucht sie das Poetische in den historischen Vorgängen, nennt es das Ewige und hält es für möglich, daß »die künstlerische Formung im weitesten Sinne Geschichtliches mythisieren« kann. Mit diesem Vorsatz geht sie in die Wissenschaft, pilgert ein Leben lang an der Grenze zwischen Geschichtsforschung und Dichtung und kommt als Historikerin zu einer eigenwilligen Art der Darstellung, zur literarischen Geschichtsschreibung. Sie entwirft mit *Wallenstein* eine Charakterstudie, analysiert *Michael Bakunin und die Anarchie,* widmet sich *Stein, dem Erwecker des Reichsgedankens,* schreibt die *Lebensbilder deutscher Städte,* schildert die *Revolution des 19. Jahrhunderts in Deutschland* und in drei Bänden die *Deutsche Geschichte.*

Unverwechselbar steht sie mit diesen Werken als Historikerin da. Obwohl auch sie aus bürgerlicher Sicht schreibt, unterscheidet sie sich von den Großen ihres Fachs. Ranke faßt, wie sie selbst sagt, die Geschichte »zu sehr vom Standpunkt der Oberen Zehntausend«. Sie lehnt ihn so entschieden ab, daß sie für die »hohe, bezaubernde Kunst seines Aufbaus und seiner Schilderung unempfänglich« bleibt. Mommsen vermittelt Historisches gezielt gegenwärtig, zieht absichtlich Parallelen zum Dilemma der eigenen Zeit. Treitschke »säbelt wie ein strammer Husar historische Tatsachen nieder«, ist der wortgewaltige »Herold und Prophet des neuen Deutschen Reiches«, der Geschichtsschreiber der Hohenzollern, auf den die teutsche Jugend schwört. Und auch von ihrem Zeitgenossen Franz Mehring unterscheidet sie sich. Er, der vom Boden des historischen Materialismus aus Geschichte schreibt und damit gleichzeitig heißherzig und polemisch, drastisch und draufschlagend ein Beispiel für Klassenkampf liefert, begrüßt frohlockend, daß die bürgerliche Gesellschaft untergehen wird. Ricarda Huch empfindet dabei eher eine Traurigkeit, einen Verlust. Sie will gerade an den besten fortschrittlichen bürgerlichen Werten festhalten. Mit ihnen ist sie aufgewachsen, mit ihnen lebt sie, und mit ihnen will sie den Kreis ihres Daseins schließen. Die großen bürgerlich-humanistischen Traditionen dürfen, wie sie sagt, nicht verleugnet und nicht zerstört werden, weil sie »auch in Zukunft nicht entbehrt werden können«. Selbst in den größten historischen Bewegungen, in Auseinandersetzungen und Revolutionen, sucht sie daher nicht nach ökonomischen Triebkräften, nicht nach den Kämpfen von Klassen, sondern nach dem Beständigen, Bleibenden, dem »Ewigmenschlichen«. Ihr geht es um die einzelne Persönlichkeit. Wie sich das Individuum durch die Geschichte schlägt, schleicht, krümmt und kämpft – das interessiert sie; das setzt sie kunstvoll in Bezug zur Gesellschaft, verwebt es mit dem Schicksal des Ganzen, des Volkes. So projiziert sie in die Geschichte des einzelnen einen Schattenriß von der Geschichte der Menschheit und macht dies zum theoretischen Ausgangspunkt all ihrer Forschungen.

In *Alte und neue Götter. Die Revolution des 19. Jahrhunderts in Deutschland* zieht sie die Fäden über bewegte persönliche Schicksale hin zum großen Wendepunkt des Jahres 1848. Patrioten, die zwischen Ruhm und Kerkerhaft leben, mutige Männer wie Arndt, Stein, Jahn, Luden, Uhland, Stüve, Harkort, Dahlmann, Freiligrath und Engels zeigt sie als Träger der Freiheitsidee, Familien wie die Snell, Münch oder Gagern als Nester revolutionärer Gesinnung. Die im Volke anschwellende Hoffnung auf eine Änderung jener politischen Verhältnisse, die den einzelnen nur mehr fesseln statt befreien, läßt sie unter der Last der Fakten gleich einem belebenden Morgenrot aufsteigen. Wie das allerorts empfundene Unbehagen an der muffigen Rückständigkeit der Epoche im Denken der Menschen wühlt, sich schweigend anstaut, schließlich jäh ausbricht, über Nacht Altes umstürzt und dann das Alte bloß auf neue Weise beibehält, schildert sie aufregend deutlich. Stellenweise gebraucht sie ihre Sprache wie ein Schwert. Daß die Fürsten, die ungeliebten Landesherren, plötzlich erschrecken, um sich herum »so viele Feinde und niemand strafbar zu finden«, ist nur eines Satzes wert. Wirkliche Veränderung ahnt sie von dort, wo »Menschen dem Dämon der Arbeit hoffnungslos ausgeliefert sind«. Die schlesischen Weber berühren sie mehr als die herrschenden »Umsonstfresser«. Engels' Einblick in die Lage der arbeitenden Klasse in England, in diesen »Abgrund der Hölle, wo Verdammte unerhörte Qualen leiden, nicht um eine Schuld zu büßen, sondern damit andere genießen«, ist ihr als ideologische Waffe für die herannahende Revolution so unentbehrlich wie das Kommunistische Manifest, diese »prachtvolle Fanfare, die den Titanen der Unterwelt zum Kampfe gegen die oberen Götter« bläst. Düster zieht das Danach der Revolution herauf: die Desillusionierung, die Enttäuschung der Achtundvierziger, der Verrat und der Verlust ihrer Ideale, der sie schon zu Lebzeiten zu Anachronismen macht. Statt dessen laufen »Philistergeist, Adelshochmut und Ordenwahn« mit entfesselter Erwerbsgier in Deutschland um die Wette. Statt dessen lassen palavernde Parlamentarier in der Frankfurter Nationalversammlung wie Äolus die Winde los, um sie sogleich, wenn sie gefährlich zu werden drohen, wieder festzubinden. Und so laviert man, um die Monarchie zu erhalten und die Demokratie zu bändigen, gewandt zwischen Skylla und Charybdis hindurch.

Auf die äußeren Merkmale wissenschaftlicher Geschichtsschreibung, wie Chronologie und Vollständigkeit der Ereignisse, Epocheneinteilung, Jahreszahlen als Orientierungspunkte, Quellenangaben oder Register, verzichtet sie. Ricarda Huch beruft sich auch nicht bildungsbeflissen und sich absichernd auf das, was andere geschrieben haben, setzt sich mit Vertretern ihrer Zunft nicht polemisch auseinander, sondern greift, soweit es ihr möglich ist, auf Primärquellen zurück. Niebuhrs quellenkritische Methode ist ihr wohlbekannt. Doch über alle Faktentreue und Detailbesessenheit stellt sie immer wieder das, was sich nicht einordnen, nicht registrieren, nicht analysieren läßt und doch in Erscheinung tritt, glanzvoll und bewegend, das Moment der Poesie. Dies ist die Zauberkraft, mit der sie dem Ackergaul der Wissenschaft die Flügel des Pegasus wachsen läßt. Dies ist das Subjektive, das Phantasievolle, Eigenwillige, mit dem sie aus der Geschichte die Idee einer Epoche, das Gefühl einer Zeit, den Beweggrund eines Menschen scheinbar mühelos herauslöst, unvoreigenommen betrachtet und ins Bild setzt.

Am liebsten möchte sie »verdreifacht am Schreibtisch sitzen«, bedauert, »nicht drei Köpfe und die dazugehörigen Hände« zu haben, stürtzt sich alleweil »wie ein Tiger auf die Arbeit«, schreibt mitunter, wenn Einfälle und Verlagstermine sie bedrängen, mit »gesträubten Haaren und zusammengebissenen Zähnen«. Ihre Produktivität ist nahezu vulkanisch. Neben ihren historischen Romanen stehen literaturhistorische Arbeiten, wie die Einleitung zu *Carolinens Leben in ihren Briefen* oder die Herausgabe der Werke von Annette von Droste-Hülshoff, und kulturphilosophische Schriften, wie *Natur und Geist als Wurzeln des Lebens und der Kunst, Luthers Glaube, Der Sinn der Heiligen Schrift* oder *Entpersönlichung.* Weil ihr aber »das Leben wichtiger als die Kunst« ist, weil sie für ihre Familie sorgen muß, mit der Tochter spielen und lernen will und ihren Mann, der eine zahnärztliche Praxis führt, nicht mit Haushaltspflichten belasten mag, muß sie sich von Tag zu Tag jedesmal die Stunden für ihren Beruf erobern.

Öffentliche Ämter, wie Dozenturen an der Universität oder an der Frauenhochschule, Ehrenfunktionen und Repräsentationsrollen, lehnt sie ab. Auch für Lesungen oder Vortragsreisen ist sie nicht zu haben. Die Ehrfurcht, mit der ihr die Zuhörer allerorts begegnen, irritiert sie. Bewunderung, meint sie, macht Gespräche einseitig, und davon hat sie nichts. Selbst im hohen Alter, als der Ruhm wie eine Flut über sie hereinbricht, kann sie sich nicht daran gewöhnen, »der weiße Elefant zu sein, der für Geld gezeigt und mit einem Gemisch von Ehrfurcht und Mitleid angestarrt wird«. Fern steht sie daher auch jenen Kollegen, die allzugern öffentlich das Pfauenrad der Eigenliebe schlagen, die sich als Poesie der Poesie wähnen, prosaische Intrigen in den Literaturbetrieb spinnen, sich gegenseitig wohlwollend rezensieren und mit Inbrunst und Eifer zu Lebzeiten an ihrer Legende basteln. Sich mit ihnen auseinanderzusetzen, über sie sich zu wundern oder gar zu entrüsten, lohnt ihr die Mühe nicht. Auch hier blickt sie bloß hin und geht vorüber. Um ihre immense geistige Arbeit zu bewältigen, braucht sie das andere – Konzentration auf den Gegenstand der Forschung, Ruhe, Zurückgezogenheit, keinerlei Getriebe, keinerlei Ablenkung, um so zu jener Einsamkeit zu finden, in der sie die »Toten nicht mehr entbehren« kann.

Vormittags, wenn ihre Tochter, später ihr Enkelsohn zur Schule gehen, schreibt sie. Nachmittags beantwortet sie Leserbriefe und die unaufgefordert eingesandten, die »ewigen Manuskripte«, die von Jahr zu Jahr an Zahl zunehmen, so daß sie nur noch stöhnend von der »Papierpest« spricht. Dazwischen sitzt sie in Bibliotheken und Archiven, ist Schatzsucherin in den Grabkammern des Wissens, studiert die historischen Quellen , exzerpiert Dokumente aller Art – Urkunden, Briefe, Tagebuchnotizen, Reden, Zeitungsartikel, Flugblätter, Gerichtsakten, Chroniken. Während sie die Schatten der Vergangenheit heraufziehen läßt, hält sie hin und wieder ein, um erschrocken festzustellen, daß ihr die Stunden unter der Arbeit forteilen und »die Jahre wie ein Flügelschlag« vergehen. Das Leben draußen braust vorbei, manchmal blickt sie sehnsüchtig hinüber, und brandend bricht es noch einmal über sie herein, als sich ihre fünfzigjährige Schwester Lilly von ihrem Mann scheiden läßt. Das beängstigende Glück, das Ricarda loswerden wollte und doch nie losgeworden ist, ihre Liebe, die sie über zwanzig Jahre verdrängt hatte, flammt wieder auf. Was sie immer erhofft, aber doch nie erwartet hatte, ist geschehen: Richard Huch, der Mann, dem sie ihre schönsten Gedichte widmet – Dich lieben gab Gott mir/Als meinen Ton in dem Gesang der Welten –, ist frei. Sie läßt sich von Dr. Ceconi scheiden, eilt von München nach Braunschweig, zieht einen Schlußstrich unter das unvollendete Drama ihres Lebens und heiratet Richard Huch. Doch der Einzige, über alles Ersehnte, der »Gott, in Element gewandet«, ist ein anderer als der, den sie in ihrer Erinnerung trägt. Gewöhnt, umworben und begehrt zu werden, kann sich ihr Vetter Richard Huch nicht damit abfinden, daß Ricardas Alltag absolut unter dem Diktat ihrer Arbeit steht und das eigentliche Zentrum ihres Lebens ist. Sie wiederum leidet unter der Trennung von ihrer achtjährigen Tochter, die in München beim Vater lebt. Mißverständnisse kommen auf, Spannungen schleichen sich ein, schlagen in Gereiztheit, schließlich in Feindschaft um. Das Hohelied der Liebe wird zum Schwanengesang; ein Traum gerät zum Trug. Zu spät erkennt sie, daß sie den irdischen Richard Huch über all die Jahre in ein Phantasiegebilde verwandelt und zum Inbegriff alles Starken, Großen, Männlichen mythisiert hat. Die Scheidung bricht wie eine Katastrophe über sie herein. Obwohl Ricarda Jahre braucht, um ihre Enttäuschung zu überwinden, hält sie an der idealen Vorstellung von ihm fest. Wenigstens als Idee will sie ihre große Liebe wie eine Hoffnung bewahren.

Allmählich nähert sie sich wieder ihrem ersten Ehemann, Dr. Ceconi, dessen zweite Ehe ebenfalls von nur kurzer Dauer war. Sie finden eine Form des Zusammenlebens, die ihr gewährt, was sie braucht: ein äußeres persönliches Unabhängigsein, um arbeiten zu können, aber auch eine tiefe innere Bindung an einen Menschen, denn »wenn man nicht weiß, daß es ein Herz gibt, das mit einem schlägt, ist es schwer zu leben«. So verbringt sie fortan ein halbes Jahr in München, das andere halbe Jahr bei Ermanno Ceconi in Padua. Sie lebt auf, ist wieder glücklich, fühlt sich jung, stürzt sich begierig in ihre Arbeit, ist voller Unternehmungsgeist, fröhlich, heiter, gelöst wie noch nie und erfährt mit dreiundsechzig Jahren die erste wirklich große Erschütterung ihres Lebens, als Ermanno Ceconi stirbt. Sie fühlt ihren Mut verlöschen, ihre Kraft zerbrechen.

Wo ihre Tochter lebt und der Schwiegersohn Arbeit findet, dort zieht auch Ricarda hin: München, Berlin, Heidelberg, Freiburg im Breisgau, Jena, Tautenburg, Kronberg im Taunus. Ob sie in Pensionen oder Mansarden wohnt, ist ihr gleichgültig; nur ein »Tisch zum Schreiben« muß vorhanden sein.

Je älter sie wird, desto umfassender gestalten sich ihre Geschichtsforschungen. Es reizt sie, dem »Trockenen, Methodischen und Kleinlichen«, dem Philistergeist, der in der Geschichtsschreibung herrscht, das Untheoretische, die Macht der Subjektivität, das historische Empfinden entgegenzusetzen. Auch auf die Gefahr hin, daß sie zwischen die Mühlsteine der Lehrmeinungen gerät, wie es ihr mit dem dreibändigen Werk über den Dreißigjährigen Krieg, den *Großen Krieg in Deutschland,* ergeht. Doch ob ihre Dichtung zur Geschichtsschreibung oder ihre Geschichtsschreibung zur Dichtung gezählt wird, interessiert sie nicht. Sie ist auf die Versöhnung des Verschiedenartigen aus. Dies ist ihre ureigene Methode. So kniet sie im Gegensatz zu manch einem Kollegen aus der Gilde der Geschichtsschreiber nicht ehrfürchtig vor den Fakten, sondern scheucht sie auf, stellt sie bloß, jagt sie vor sich her oder läßt sie links liegen. Sie ist so respektlos wie sicher im Umgang mit ihnen und hält sich inmitten bedrückender Tatsachenfülle immer wieder den Raum für das eigene Erleben, das poesievolle Fabulieren, das unbeschwerte Assoziieren frei. »Herzen sollen in der Geschichte klopfen und Träume sie durchglühen.« Dies verlangt sie auch von einer wissenschaftlichen Darstellung. Nicht Kleingeisterei und theoretisch verbrämte Leere, nicht trockenes Berichten, schulmeisterliches Aneinanderreihen und gelehrtes Referieren, sondern Lebensglut muß darin spürbar sein und jener Funke überspringen, der das Feuer der Gedanken schürt und geistige Bewegung zu entfachen vermag.

Daß ihr als Frau etwa wegen ihrer Arbeiten eine besondere Beachtung gebührte, lehnt sie entschieden ab. Eigenschaften wie Geist, Wissen, Produktivität und Schöpferkraft hervorzuheben, nur weil sie weiblichen Geschlechts ist, käme ihr einer Erniedrigung gleich. Vielmehr sieht sie darin selbstverständliche Fähigkeiten, die Männer wie Frauen gleichermaßen gegeben sind. Daß aber die Chancen dafür von vornherein sehr verschieden verteilt sind, will sie nicht wahrhaben. Sie unterstreicht das zehnte Gebot in Schleiermachers *Katechismus der Vernunft für edle Frauen* – Laß dich gelüsten nach der Männer Bildung, Weisheit und Kunst –, sieht aber nicht, daß damit ein Dilemma formuliert ist, an dessen Ursachen allein die Gesellschaft Schuld trägt. Weil sie sich der »Frauenfrage«, die heftig in der Öffentlichkeit tobt, so konsequent verschließt, erkennt sie auch nicht den rationellen Kern, der sich hinter den verbalen Attacken verbirgt – ein Appell an die Gesellschaft, ein Wachrütteln, ein Schrei, endlich jene Bedingungen zu schaffen, die es den Frauen ermöglichen, zu Berufstätigkeit und Bildung, zu wirtschaftlicher und geistiger Unabhängigkeit zu gelangen. So leicht, sanft und mühelos, wie sie den Weg zum Wissen gegangen ist, so glaubt Ricarda Huch, könnten es auch die anderen Frauen tun, wenn sie nur genügend Willen dazu besäßen. Von ihren Vorzügen, ihrer Herkunft, ihrer Energie, ihren Geistesgaben folgert sie auf die der anderen. Die tatkräftige Sehnsucht nach einer sinnerfüllten Existenz bewundert sie an einzelnen Frauen, wie Amalie Dietrich, aber versagt sich eben der Einsicht, »daß sich der gesellschaftliche Fortschritt exakt messen läßt an der gesellschaftlichen Stellung des schönen Geschlechts«. Ihre subjektive Sicht, die sie in der Wissenschaft zu Höhen führt, gerät hier zum Hindernis. Emanzipation ist für sie keine historische Notwendigkeit, sondern das Problem individueller Verwirklichung innerhalb der versöhnten Gegensätze der Geschlechter. So verteidigt sie das Halbe, statt für das Ganze zu ringen, solidarisiert sich nicht mit dem Kampf der Frauen und sieht in ihnen nicht ihre Schwestern, wie eine Hedwig Dohm das tut. Ricarda Huch blickt hin, geht vorüber und – emanzipiert sich. Abseits, in sich gekehrt, als vereinzeltes Einzelwesen, und ganz erfüllt von dem Bewußtsein, daß »die Leiden und Entbehrungen, zu denen die Frau durch die Natur bestimmt ist, keine menschliche Einrichtung je ganz aufheben können wird« und es unumgänglich ist, »daß sich der natürliche Mann seiner überlegenen Kraft bedient«. Trotz der bestürzenden Selbsterfahrung, daß »die hingebende Liebe der Frauen offenbar das Verbrechen der Frau ist, das an ihr heimgesucht wird«, bekennt sie sich immer wieder zur Polarität der Geschlechter. Hier liegt weibliches Entfaltungsspiel, hier der Raum, sich die Gleichheit in der Verschiedenheit zu erarbeiten, »zu einer sich selbst bestimmenden Persönlichkeit« zu werden und sich »durch Produktivität in einem hohen Grade befreien zu können«. Innerhalb dieser von der Natur gezogenen Grenzen erschallt ihr Ruf, »vorwärts zur Vernunft zu gelangen«, nach Bereicherung der Erkenntnis zu streben und einen solchen Beruf zu ergreifen, »der die ganze Persönlichkeit in Anspruch nimmt«. Die Arbeit ist die Ultima ratio für sie. Sinnerfüllte, nützliche, besitzergreifende Tätigkeit verhindert das Leiden am eigenen Geschlecht, beugt vor, daß Frauen gesellschaftlich von der Gnade des Mannes leben, an dessen Seite sie gehen. Ricarda Huch sieht hier den Weg, als Frau die andere zu bleiben und doch die ebenbürtige zu sein.

Ein großes Werk nimmt sie sich mit den *Lebensbildern deutscher Städte* vor. Sie nähert sich zum erstenmal ganz gegenwärtig der Geschichte, vermischt ihre Eindrücke als Reisende, Ankommende, Betrachtende, Staunende mit genauen Kenntnissen der jeweiligen Stadtgeschichte und entwirft historische Bilder von sechsundsechzig deutschen und drei schweizerischen Städten. Mehr als einmal stöhnt sie unter dieser Arbeit, wälzt Berge alter Chroniken, gräbt sich durch dicke Folianten, schlägt sich durch das Hinundherwogen der Kämpfe zwischen den Städten und der Kirche, den Fürsten, den Herzögen oder Ratsherren. Doch von all der Mühsal, dem Schweiß, der ihr dabei von Mal zu Mal herabrinnt, wird nichts spürbar. In den Städten sieht sie die Bausteine des alten Reiches, die als selbständig handelnde Körperschaften agieren, die verschenkt, erobert, verwüstet, belagert werden und sich verteidigen, die im Scharmützel der Zeit zu Ruhm, Reichtum, Profil und Legende kommen. Kein Bild gleicht dem andern. Stadtindividualitäten formt sie heraus, bemalt sie wie Fayencen oder meißelt sie wie in Stein. Festlichkeiten, Feuersbrünste, Finanzmächte, Fallbeile, Freiheitsbäume, Friedensstörer, Fürstendiener, Füsilladen, Fanfarenklänge, Federbüsche geraten zu einem bewegten Mosaik der Vergangenheit. Die Münstersche

Wiedertäuferbewegung, das Dortmunder Femegericht, der Rattenfänger von Hameln, der Lübecker Hansegeist, die Reformationsauswirkungen auf Güstrow und Rostock, die Abwehr des Hussitensturms in Bautzen und Görlitz, das Schicksal der Erfurter Universität, das Antlitz der Geld-, Krönungs- und Freien Reichsstadt Frankfurt - all das erzählt Ricarda Huch wie Geschichten, die Geschichte sind.

Erneut folgt sie nicht dem gewohnten wissenschaftlichen Gang, vollzieht nicht von der Gründung bis zur Gegenwart einer Stadt nach, was gewesen ist, sondern bleibt bewußt im Unvollständigen, Episodischen, um dafür um so präziser einzelne historisch markante Situationen einer Stadt zu entwerfen, die jeweils für das Ganze stehen.

Auch ihrem größten, umfassendsten Werk, der *Deutschen Geschichte* nähert sie sich mit ihrer unverwechselbaren Sicht, der literarischen Geschichtsschreibung. In den drei Bänden, *Römisches Reich deutscher Nation, Das Zeitalter der Glaubensspaltung* und *Untergang des Römischen Reiches deutscher Nation,* berichtet sie über die Zeit von den ersten Karolingern bis zur Abdankungsurkunde Franz' II., in der er, »Von Gottes Gnaden Erwählter Römischer Kaiser, zu allen Zeiten Mehrer des Reiches, König von Germanien«, am 6. August 1806 seine kaiserliche Würde für erloschen erklärt und »alle Stände, Reichsangehörige und Reichsbeamte von ihren Pflichten gegen das Reichsoberhaupt und ebenso seine eigenen Reichslande von den Verpflichtungen gegen das Reich« entbindet. Wieder setzt Ricarda Huch das namenlose wie namhafte Individuum in den Bezug zur Gesellschaft, weist ihm hier den Platz seines Handelns und das Feld seiner Bewährung zu, ergänzt historisch nicht Gesichertes mit ihrer Phantasie, was stets das Umstrittene ihrer Darstellung ist und sie ganz in den Gegensatz zur herrschenden wissenschaftlichen Methode, zur Ranke-Schule, der streng objektiven Geschichtsschreibung, bringt. Durch das Dickicht und den Tumult historischen Geschehens führt Ricarda Huch eine zentrale Idee, die »Reichsidee«, die verschollene Hoffnung auf ein einiges, föderalistisch gegliedertes, wirtschaftlich starkes Deutsches Reich, dessen Bürger Patrioten, aber auch Kosmopoliten sind. Eine Idee, die so trügerisch, so unwirklich, so illusionär wie das Heilige Römische Reich Deutscher Nation selbst ist. Von Einigkeit, Zusammenhalt, von Größe, von Hoffnung keine Spur. Vielmehr treten, wie sie selbst bekennen muß, »an die Stelle der starken Bünde, die einst germanischer Gemeinschaftsgeist geschaffen hatte, die Allianzen der Fürsten, nach den Bedürfnissen des Augenblicks auch mit ausländischen Mächten ohne Rücksicht auf Kaiser und Reich und meist mit dem Hintergedanken baldiger Trennung geschlossen«. Vielmehr werden »die Schwachen stetig schwächer, und die Gewinne der Starken kommen dem Ganzen nicht zugute«. Trotzdem klammert sie sich wehmütig an die Utopie und zeigt den Verfall des Reiches als Verfall dieser Idee. Inmitten bestechender Faktenvielfalt, die umgeben von immensen Kenntnissen aus der Literatur- und Kulturgeschichte sich farbig entfaltet, stellt sie doch die wirklichen Verhältnisse auf den Kopf, trauert um den Verlust einer Fiktion, die die Geschichte für sie nicht erfüllt hat.

Im Gegensatz zu den einst so viel gelesenen *Bildern aus der deutschen Vergangenheit* von Gustav Freytag, die fünfundsiebzig Jahre früher erschienen und mehr zur Geschichtsbildung des Volkes beigetragen haben als irgendein gelehrt gegliedertes Opus eines Fachhistorikers, wird Ricarda Huchs *Deutsche Geschichte* kein Erfolg. Die Auflagen sind gering, der zweite Band erscheint verzögert, der dritte erst nach ihrem Tode. Sie selbst glaubt, nicht poetisch genug, zu nüchtern, zu wissenschaftlich gewesen zu sein, »zu viele

Tatsachen und zu wenig Wertungen« gegeben zu haben. Freunde meinen, sie hätte vielleicht mehr das bewährte Lamprechtsche Prinzip der Historia vitae magistra, der Geschichte als Lehrmeisterin des Lebens, berücksichtigen sollen. Hätte nicht so hochgestochen schreiben, nicht so viel Kenntnis bei den Lesern voraussetzen dürfen und einen »auf einfache Weise belehrenden Inhalt einer anspruchsvollen Darstellung vorziehen« müssen. Doch die wahre Ursache für die geringe Beachtung, die ihr letztes großes Werk erfährt, liegt zutiefst in ihr selbst begründet. Die Siebzigjährige ist eine andere geworden.

Die Gleichgültigkeit gegenüber der eigenen Zeit, dieses »Blick hin und geh vorüber«, hat sie längst abgelegt. Zu Ereignissen zu schweigen, die persönlichen Mut, die ein Bekenntnis oder ein Einmischen erfordern, hält sie nunmehr für verhängnisvoll. Am 9. April 1933 tritt sie unter Protest aus der Preußischen Akademie der Künste aus und begründet ihren Schritt: »Was die jetzige Regierung als nationale Gesinnung vorschreibt, ist nicht mein Deutschtum. Die Zentralisierung, den Zwang, die brutalen Methoden, die Diffamierung Andersdenkender, das prahlerische Selbstlob halte ich für undeutsch und unheilvoll.«

Sie protestiert gegen ein Ausstellungsverbot von Kollwitzwerken, verteidigt die Juden, wird denunziert und gerät gemeinsam mit ihrem Schwiegersohn Dr. Böhm unter Anklage »wegen Vergehens gegen das Heimtückegesetz«. Obwohl sie als »politisch unzuverlässige Dichterin« gilt und das Erscheinen ihrer Bücher stillschweigend behindert wird, hält sie es für ihre Pflicht, in Deutschland »am Platze« zu bleiben, den Freunden, den gleichfalls Andersdenkenden, allein durch Anwesenheit, durch Nähe Mut zu machen, sich gegenseitig zu stützen, jene unausgesprochene Solidarität der Gleichgesinnten herzustellen, die in politisch düsterer Zeit zum lebenserhaltenden Prinzip Hoffnung wird.

Mit einundachtzig Jahren wagt Ricarda Huch einen Neubeginn. Sie engagiert sich wie nie, äußert sich zu den brennenden Fragen der Zeit, antwortet auf offene Briefe, nimmt teil an öffentlichen Diskussionen, erläßt Aufrufe, eröffnet als Alterspräsidentin den Thüringischen Landtag, wird Ehrenvorsitzende des Kulturbundes zur demokratischen Erneuerung Deutschlands und spricht als Ehrenpräsidentin auf dem I. Deutschen Schriftstellerkongreß in Berlin. Ricarda Huch beschwört ihre Kollegen, für ein ganzes, einiges Deutschland zu wirken, Weltbürger zu sein, aber auch Deutsche, Partei zu ergreifen, indem man »tief drinsteht und zugleich hoch darübersteht«. Nunmehr sagt sie, daß man, »ohne die Gegenwart zu kennen, die Vergangenheit nicht verstehen kann«, und bereitet sich mit dieser neuen Sicht als gewissenhafte Historikerin auf ein Thema vor, das den »Märtyrern der Freiheit« gewidmet ist.

Sie plant ein dreibändiges Werk *Bilder deutscher Widerstandskämpfer*, sammelt Material, Dokumente, Bilder, Briefe, Notizen, fährt schließlich selbst zu einigen Angehörigen. Doch nur die Dokumentationen über die *Aktion der Münchener Studenten gegen Hitler* und über den *20. Juli* kann sie als Manuskript vollenden. Die Bilder, die sie über Hans und Sophie Scholl, Kurt Hubert, Christoph Probst, Alexander Schmorell, Willi Graf, über Elisabeth von Thadden, Nikolaus Christoph von Halem, Klaus Bonhoeffer, Ernst von Harnack, Julius Leber, Theodor Haubach und Jean Paul Oster entwirft, sind die frühesten Darstellungen deutscher Widerstandskämpfer überhaupt. Die inzwischen vielfach geehrte Historikerin – Ehrensenatorin der Universität München, Goethepreisträgerin der Stadt Frankfurt am Main, Ehrendoktorin der Friedrich-Schiller-Universität

Jena – vollendet hier ihre Kunst, Geschichte zu schreiben. Sie dokumentiert Lebensläufe ohne Heldenglorie, verfolgt den aufrechten Gang einiger weniger vorbei an buckelnden, im Jubel knienden Menschenmassen. Unbenannt fließt ein, was sie selbst in dieser Zeit empfunden hat und doch nie aussprechen konnte. Haß, Entsetzen, Zorn, Scham und Schuld schärfen das historische Gespür für eine politische Situation, der sich junge Menschen mit Verachtung, mit Ablehnung und schließlich mit Aktion widersetzen. Auf dem wissenschaftlichen Gerüst der Fakten weht die Trauerflagge des Sieges. Die Studenten, die für ihre Überzeugung, daß Hitler das Böse ist, in den Tod gehen, erhebt sie, ihrem christlichen Selbstverständnis folgend, zu Erlösern, die das schuldig gewordene Deutschland mit der Welt aussöhnen. Ein letztes Mal wird für Ricarda Huch die literarische Geschichtsschreibung zur adäquaten wissenschaftlichen Methode, den Freiheitsgedanken und seinen Märtyrern, dem Friedenswillen und seinen Kämpfen Ausdruck zu geben und Werte wie Aufrichtigkeit, Opferwille, Mut, Überzeugungskraft, Zivilcourage, Hoffnung und Leidenschaft, das »Ewigmenschliche«, aus der Vergangenheit zu bergen.

»Ihr werdet niemals ihresgleichen sehen«, schreibt Alfred Döblin an Walter von Molo über Ricarda Huch und nennt sie »eine herrliche Frau mit Kraft, Geist und Mut«.

Nun, da sie nicht mehr widersprechen kann, muß sie geschehen lassen, daß Eigenschaften mit ihr in Verbindung gebracht werden, die sie an einer Frau nie des Rühmens wert fand; vielmehr als ganz und gar natürlich, ganz und gar selbstverständlich betrachtet hat. Jegliches Überbewerten, Herausheben und Vereinseitigen verkennt die Bestimmung der Geschlechter. Bis zum Schluß bleibt sie allem Emanzipationskampf abgeneigt und – kämpft ihn. Wenn auch auf ihre Weise, mit ihren Mitteln, wenn auch gefangen in ihrer Subjektivität. Bei allem Dagegensein aber weiß sie eins ganz sicher, nämlich was Nichtemanzipation bedeutet: als Frau ein ewiges Würdegern, Möchtegern im Munde führen. Sich ausruhen in der eigenen Entschlußlosigkeit, redend aufspielen, statt handelnd überzeugen. Sich fallenlassen in scheinbar weibliches Geschick. Dahintreiben in tausend versäumten Gelegenheiten. Sich immer entschuldigen für das, was noch nicht geleistet ist. Jene Frauen, das sieht Ricarda Huch ganz genau, tragen nichts zur Versöhnung der Geschlechter bei. Bleiben kümmerlich, häßlich, bleiben »Menschenmumien«. Allein schon diese Erkenntnis wäre ein Grund, daß sich ihr Lieblings-, das Dantewort, auf sie selbst bezogen, umkehrt: Sprich von ihr. Blick hin. Bleib stehn.

Margarethe von Wrangell
1877 – 1932

Baronesse von Wrangell durchbricht die Etikette. Sie spielt zwar standesgemäß Tennis und Schach, liest Homer in Griechisch und Virgil in Latein, versteht sich aufs höfliche Parlieren, besucht Bälle und Vergnügungen, fährt in erstklassige Lungensanatorien, aber verweigert sich einer Zukunft, die die Frauen ihres Standes unabänderlich erwartet – die gepflegte Langeweile. Die gebürtige Moskauerin, die aus einem alteingesessenen deutsch-baltischen Adelsgeschlecht stammt, erlebt in ihrer nächsten Umgebung, was sie für sich selbst entschieden ablehnt: Frauen, die sich in den Attitüden der Hilflosigkeit gefallen, die eine Krankheit als Entschuldigung für Tatenlosigkeit pflegen, Frauen, die aus zweiter Hand, das heißt durch die Männer leben und die die Liebe als einen Weg in die Sicherheit betrachten. Margarethe von Wrangell erlaubt sich das andere: verschmäht die Geborgenheit der Ehe, entzieht sich männlicher Führung und übernimmt die Verantwortung für sich selbst. Sie sucht Aufregung, Anstrengung und Abenteuer, steckt voller Neugier und Lebenslust, will ihre geistigen Kräfte erkunden und denkt nicht daran, ihr vitales Bedürfnis nach Bewegung und Unabhängigkeit zu zügeln.

So schließt sie mit dem Attestat »ausgezeichnet« die Howensche Schule in Reval ab, besteht am Knabengymnasium »Nikolai I.« ihr Lehrerinnenexamen, schreibt mit neunzehn Jahren Novellen, die in der »Revaler Zeitung« unter Daisy Wrangell erscheinen, besucht eine Zeichenschule, liest Schiller, Varnhagen und den »guten alten Turgenjew«, befaßt sich mit Religion, später mit Schopenhauer und Nietzsche. Doch die Philosophie sagt ihr nichts. »Lauter leere Verstandessätze und nie ein kleines bißchen Leben oder Nutzen davon.« Schließlich nähert sie sich der Mathematik, findet Algebra »fabelhaft interessant«, hat für Arithmetik eine besondere Vorliebe und begründet sie den verblüfften Verwandten in knapper Weise: »Es werden einem ganz klare Aufgaben gestellt. Löse ich die Aufgabe nicht, so sehe ich es selbst, und es hilft mir auch gar nichts, wenn eine andere es für mich tut. Löse ich die Aufgabe, so ist alles klar, und keiner hat was dreinzureden.« Mit sechsundzwanzig Jahren steht ihr Entschluß fest: Sie wird Naturwissenschaft studieren – und »sollte es ihr letztes Armband kosten«. Da stirbt ihr Bruder Nikolai, Student der Chemie in Zürich. Tanten und Cousinen sehen in der geistigen Überanstrengung und nicht in der Schwindsucht die Todesursache, und deshalb hält Margarethe von Wrangell ihren Entschluß zunächst geheim.

Unter dem Vorwand, erneut einen Sanatoriumsplatz belegen zu müssen, fährt sie nach Greifswald, um an den Ferienkursen der Universität teilzunehmen. 1904 läßt sie sich dann in Tübingen an der Eberhard-Karls-Universität offiziell als stud. rer. nat. immatrikulieren. Kaum ist diese »unglaubliche Leichtfertigkeit«, diese »Übertretung alles Schicklichen« dann doch im Verwandtenkreise bekannt geworden, brechen einige ihrer Herzenstanten die Korrespondenz mit ihr ab, nennen ihr Studienbegehren eine »wahnwitzige Emanzipationsidee« und sehen in Margarethe das traurige Opfer eines vorübergehenden Zeitgeschmacks. Vor allem aber ist sie mit diesem Entschluß den Frauen ihres Standes, die in dem Glauben leben, daß Arbeiten männlich und Nichtstun weiblich sei, in den Rücken gefallen. So nimmt es nicht wunder, daß einige von ihnen mehr spitz als betroffen reagieren. »Freilich«, schreibt Tante Minna an Margarethe, »wenn sogar ein Dieb sich ans Hängen gewöhnen soll, wieviel mehr eine Studentin ans frühe Aufstehen.«

Statt ihren weiblichen Aktionsversuch diskret abzubrechen, schreibt Margarethe bloß begeistert zurück: »Die Chemie hat so etwas Klassisches; die Reinheit und Schönheit der Formeln ohne die Starrheit der mathematischen Zahlen, sondern immer pulsiert Leben darin. Man hört aus der Formel den ungeduldigen, leicht empfänglichen Herzschlag des Sauerstoffs; man freut sich über das abwechslungsvolle, schattierungsreiche Dasein der Chamäleon-Minerale des Mangans; man hört den schweren, trägen Blutstrom des Stickstoffs rollen.« Margarethe von Wrangell lernt mit dem Gefühl zu erobern, glaubt mit jeder neugewonnenen Kenntnis eine aufregende Entdeckung gemacht zu haben, ist immer in Heureka-Stimmung und nähert sich den Formeln und Fakten »wie im Gleitflug« – mühelos, sanft, schwebend zwischen Impulsivität und Besonnenheit. Zwischendurch fährt sie auf dem Fahrrad von Tübingen nach Venedig, besteigt in den Appenzeller Alpen den zweitausendfünfhundertvier Meter hohen Säntis, schwimmt im Neckar, dreht entgegen allen guten weiblichen Manieren Pirouetten auf der Schlittschuhbahn und nutzt weidlich den Umstand, daß die Universität Tübingen den größten Reitstall aller deutschen Universitäten besitzt. Körperliche Anstrengung hält sie für ein belebendes Element allen Nachdenkens, agiert wild und ausgelassen, immer in »Abwesenheit von Feigheit«, und läßt sich durch mehrmalige Aufenthalte in Lungensanatorien nicht das Vertrauen zu ihrer Gesundheit erschüttern. Kaum daß sie entlassen ist, bricht sie schon wieder zu Fußwanderungen in die Schweiz und via Norditalien auf und erprobt so unablässig neben den geistigen Fähigkeiten auch ihre körperlichen Kräfte. Das Erlebnis der Selbstherausforderung, des Erkundens der psychischen und physischen Beweglichkeit ist eine wichtige Erfahrung für sie, ohne die sie sich ihre wissenschaftliche Arbeit kaum vorstellen kann. Schon ein Jahr nach dem Beginn des Studiums vermeldet sie selbstbewußt nach Reval: »Ich will mich jetzt gründlich auf Chemie, besonders die organische legen, dann tüchtig Pflanzenphysiologie arbeiten und zum Schluß sehen, ob ich nicht was Neues über Stoffumsatz und Aufbau in der Pflanze herauskriege.«

1909 liegt ihre Doktorarbeit »Isomerieerscheinungen beim Formyglutaconsäureester und seinen Bromdeviraten« vor. Mit dem höchsten Prädikat »summa cum laude« und als doctor rerum naturalium beendet sie ihr Universitätsstudium. Ihr Tübinger Lehrer, Professor Wilhelm Gustav Wislicenius, bestärkt sie in dem Wunsch, nach England zu einem »genialen und ganz wütenden Arbeiter in die Lehre« zu gehen – zu William Ramsay, dem Entdecker der Edelgase. Nobelpreisträger Ramsay hat nichts gegen ihr Kommen einzuwenden, und so zieht sie nach London, wird seine Mitarbeiterin, widmet sich Untersuchungen über das radioaktive Präparat Thorium, erhält dafür Ramsays Lob, was in Fachkreisen einer wissenschaftlichen Ehrung gleichkommt und womit sich ihr drei Jahre später im Institut von Marie Curie in Paris wohlwollend die Türen öffnen. »Von der Chefin selbst« wird Margarethe von Wrangell beauftragt, die Arbeit eines Professors über das Radio-Uranium nachzuprüfen, und sie kommt schließlich zu dem Ergebnis, daß ein solches Element gar nicht existiert. Die berühmte Curie schließt sich dieser Meinung an und rät zur

Veröffentlichung. Doch Margarethe von Wrangell »fühlt sich wissenschaftlich nicht so weit gebildet auf diesem Gebiete, um sich in einen so ernsthaften Streit einzulassen«, und stellt ihr Forschungsergebnis dem Curieschen Institut zur Verfügung – eine Haltung, die ihr den Respekt der Kollegen einträgt, und eine Arbeit, die ihren Ruf begründet, ein »hoffnungsvolles chemisches Talent« zu sein.

Die Verwandten in Reval können sich unterdes noch immer nicht mit der »unbekannten Größe Assistentin« abfinden, schicken Alarmbriefe und fordern sie auf, in den sicheren Schoß der Familie zurückzukehren, denn »die Jugend in den großen Weltstädten sei bedrohlichen Gefahren ausgesetzt«. Bald sehen sie Margarethe als Opfer von Menschenhändlern nach Übersee verschleppt und malen ihr in düstersten Farben die Zukunft aus, bald erinnern sie an den Tod des Bruders und prophezeien ihr ein nämliches Ende. Doch solcherart Briefe erhöhen für sie nur noch die Faszination der Fremde. Sie wird nicht müde, immer wieder in sinnlichen Eindrücken geistige Anregung zu suchen. Sie fühlt sich hingezogen zu »interessanten exotischen Menschen, seltsamen Verhältnissen und bunten Abenteuern«, fühlt sich gelangweilt von allem »Soliden, Wohlgenährten und Bourgeoisen«, genießt den Augenblick und Paris als Atmosphäre, ist bald bei einer Bildhauerin zu finden, der sie Modell sitzt, bald unter Sängern, Malern und Tänzerinnen, ist offen nach jeder Seite, süchtig nach Fluidum, nach Tollheiten und Entdeckungen; findet in dieser der Wissenschaft entgegensetzten Welt Kraft für die Arbeit, die plötzlich »eine ernste, verantwortungsvolle Richtung« bekommt: Margarethe von Wrangell erhält das Angebot, die Leitung der erweiterten Versuchsstation des Estländischen Landwirtschaftlichen Vereins zu übernehmen. Ihre Zusage bedeutet, die radioaktiven Arbeiten als Chemikerin zu beenden und sich einer neuen Richtung, der Agrikulturchemie, zuzuwenden.

So kehrt sie nach Reval zurück, bekommt in der Versuchsstation ein eigenes großes Labor und ist von nun an verantwortlich für die Kontrolle von Saaten, Kunstdünge- und Futtermitteln. Die »natürlich vorkommenden estländischen Phosphate und ihre Wirkung auf die Pflanzen« werden ihr Forschungsfeld.

Fünf Jahre leitet sie die Versuchsstation, bis plötzlich die Große Sozialistische Oktoberrevolution auch für Margarethe von Wrangell eine einschneidende Wende bringt. Seitdem empfindet sie das Leben nicht mehr als Selbstverständlichkeit, sondern, wie sie schreibt, »als ein seltenes Geschenk, das man auszunutzen verpflichtet ist«. Ratlos steht sie vor »dem großen Rätsel Sowjetrußland«, findet keine Beziehung zu ihm, sieht keine Lösung und geht für immer nach Deutschland. Hier sind in Fachkreisen ihre Arbeiten über den estländischen Phosphorit bereits hochgeschätzt, weil man die praktische Bedeutung ihrer Forschungen für die Landwirtschaft, insbesondere für die Düngerwirtschaft, erahnt.

Das Reichsernährungsministerium stellt die Mittel zur Verfügung, um eigens für ihr Forschungsgebiet – die Pflanzenernährungslehre – ein Institut zu schaffen, das in Hohenheim bei Stuttgart in kurzer Zeit gebaut wird. Die Eile hat ihr Motiv: Während in Deutschland für die Bodendüngung Kali und Stickstoff in ausreichender Menge vorhanden sind, ist der dritte wichtige Nährstoff der Pflanzen, der Phosphor, welcher Blühwilligkeit und Fruchtbildung verbessert, an die Einfuhr ausländischer Rohphosphate gebunden. Diese wiederum sind immens teuer, nur gegen Devisen zu haben und stellen eine schwere Belastung für den Finanzhaushalt des Landes dar. Margarethe von Wrangell macht in dieser Situation darauf aufmerksam, daß »die deutschen Böden lange nicht so phosphorbedürftig seien, wie man im allgemeinen annimmt, daß durch die Auswahl geeigneter Kulturpflanzen, durch eine richtige Nebendüngung und Bodenbearbeitung das Phosphorsäurekapital im Boden mobilisiert werden könne, und daß dementsprechend das Verhältnis der einzelnen Düngemittel zueinander sich wesentlich verändern lasse«.

Fritz Haber, der 1918 für das Haber-Bosch-Verfahren zur Gewinnung von Ammoniak aus Luft den Nobelpreis für Chemie erhält, ist von ihren Forschungsergebnissen so angetan, daß er ihr einen Arbeitsplatz in seinem Institut anbietet. Im Kaiser-Wilhelm-Institut für physikalische Chemie und Elektrochemie in Berlin-Dahlem soll sie »als erste Agrikulturchemie treiben«. Sie bekommt zwei Mitarbeiter, widmet sich den Aufnahmebedingungen der Phosphorsäure bei den verschiedensten Kulturpflanzen, geht im Gegensatz zu der bis dahin üblichen Meinung davon aus, »daß es sich bei der Pflanzenernährung nicht um Gleichgewichtssysteme, sondern um dynamische Vorgänge handelt«, und kommt zu dem Schluß, daß die Pflanze sich im wesentlichen von den im Bodenwasser gelösten Stoffen ernährt. Mit Hilfe einer von ihr entwickelten chemischen Methode gelingt ihr die genaue Analyse des Bodenwassers, was bis dahin nicht auf exakter wissenschaftlicher Messung, sondern seit Liebig auf Erfahrungswerten beruhte. Kaum daß der Institutsneuaufbau beendet ist, wird ihr 1923 eine ordentliche Professur für Pflanzenernährung an der Landwirtschaftlichen Hochschule in Hohenheim übertragen.

Daß Frauen sich an preußischen Universitäten habilitieren dürfen und damit die Venia legendi, die Berechtigung zu lehren, erhalten, ist seit dem 21. Februar 1920 kein Novum mehr. Daß eine Frau nun aber auch Inhaberin eines Lehrstuhls wird, somit in der Universitätshierarchie an die Spitze rückt und den vom Homo academicus so heiß ersehnten Rang einnimmt, ist ein Ereignis, das weithin Beachtung findet. Doch die ordentliche Professur ist für Margarethe von Wrangell nicht das heimliche Ziel aller irdischen Wünsche, nicht Lebensversicherung für das Alter und schon gar nicht der »Gipfel der Kultur«, wie Ernst Haeckel spöttelnd dazu sagt. Weder Geld noch Titel will sie gewinnen, wohl aber die besten Arbeitsbedingungen.

So richtet sie mit ihren Mitarbeitern nicht nur die Laboratorien, Versuchsfelder und Vegetationsanlage ein, sondern macht aus dem Hohenheimer Institut eine Lehr- und Forschungsstätte für alle Fragen der Ernährung landwirtschaftlicher Kulturpflanzen, die einmalig in Deutschland ist. Zehn Jahre lang, bis zu ihrem Tod, leitet sie das Institut, das sich der »systematischen Erforschung des Verhaltens der Nährstoffe im natürlichen Boden« widmet, ist froh, daß ihre Mitarbeiter »temperamentvolle, wissenschaftlich interessierte Assistenten« und keine »Klagebomben oder Schlafmützen« sind, hält Vorlesungen und Seminare, führt viele Diplomlandwirte in dieser Zeit zur Promotion und erregt vor allem mit den sechsundzwanzig eigenen Veröffentlichungen die Aufmerksamkeit der Fachwelt. Arbeiten unter anderem über *Phosphorsäureaufnahme und Bodenreaktion* (1920), *Über den Phosphorsäuregehalt natürlicher Bodenlösungen* (1926), *Über die Geschwindigkeit der Ionenaufnahme durch die Pflanze* (1928), über *Ernährung und Düngung der Pflanzen* (1928), über *Die Bestimmung der pflanzenzugänglichen Nährstoffe des Bodens* (1930). Arbeiten, derentwegen sie »überlaufen, gedrängt, bewundert und angefeindet« wird.

In Hunderten von Kulturversuchen zieht sie die Pflanzen nicht, wie bis dahin üblich, in stehendem Wasser, sondern in »fließender«, äußerst verdünnter Lösung und findet so außerordentlich feine chemische Methoden, die es ermöglichen, ohne Zuhilfenahme der lebenden Pflanze im Laboratorium über die Fruchtbarkeit und den Düngerbedarf eines beliebigen Bodens in kürzester Zeit zu urteilen. Doch ihr Hauptinteresse gilt über viele Jahre der im Boden enthaltenen schwerlöslichen Phosphorsäure. Hier sucht sie nach Methoden, wie man sie löslich machen kann, und legt als erste die engen Beziehungen dar, die zwischen der Fähigkeit der Pflanzen, größere Kalkmengen aufzunehmen, und ihrem Aufschließvermögen für schwerlösliche Phosphorsäure bestehen. Ihre Feststellung, daß »die Säureempfindlichkeit der Pflanzen im allgemeinen um so größer ist, je größer ihr Kalkbedürfnis ausfällt, und daß Kalisalze unter bestimmten Bedingungen ein Ersatz für Düngerphosphorsäure sein können«, ist für die landwirtschaftliche Praxis von so entscheidender Bedeutung, daß Friedrich Aereboe, Preußischer Landesökonomierat und Begründer der landwirtschaftlichen Betriebslehre, engagiert die Wrangellschen Arbeiten ins Bewußtsein der Öffentlichkeit trägt. Ihre Forschungsergebnisse, die bei ihm »wie eine Erleuchtung« wirken, veranlassen ihn zu der Schlußfolgerung, daß eine Düngerwirtschaft ohne Auslandsphosphate möglich geworden ist. Er nutzt seinen Einfluß und seine Kompetenz, um die praktischen Landwirte mit dem neuen Düngungssystem Aereboe-Wrangell vertraut zu machen, zumal es nicht nur »Entbehrlichmachung der Phosphateinfuhr«, sondern auch ein »Mittel zur Befreiung von ausländischem Kraftfutter« bedeutet.

In der *Deutschen Landwirtschaftlichen Presse* verweist Fritz Haber 1922 auf den »deutlichen Fortschritt«, der durch die Wrangellschen Forschungsergebnisse erzielt worden ist, und die drei Senioren der Agrikulturchemie - Paul Wagner aus Darmstadt, Moritz Fleischer aus Berlin und Adolph

Mayer aus Heidelberg – bekennen sich zu den Arbeiten ihrer Kollegin und würdigen die Resultate als »eine sehr fruchtbare Neuerung«. Nachdem Justus von Liebig seinerzeit nicht nur die Chemie aus dem Schlepptau der Medizin und Pharmazie befreit, sondern auch die Agrikulturchemie ins Leben gerufen und zu einem selbständigen Zweig der Wissenschaft ausgebaut hat, ist Margarethe von Wrangell die erste Frau, die sich in Deutschland auf dieses junge unpopuläre Gebiet hinauswagt und – von sich reden macht. Immerhin gelingt es ihr in einer Zeit, da die Weltwirtschaftskrise auch in Deutschland an die Tore klopft, da die Angst vor Mißernten und die Sorge um die Sicherung der elementarsten Lebensbedürfnisse das Bewußtsein der Menschen prägen, in jahrelanger geduldiger Forschung, durch unzählige Feld- und Laborversuche jene Mittel und Methoden zu finden, wie auch ohne Zusatzphosphor, ohne das schier unerschwingliche Importgut, hohe Ernteerträge zu erzielen sind.

Je mehr ihre theoretischen Arbeiten Eingang in die landwirtschaftliche Praxis finden, desto populärer wird sie, desto weniger gehört sie sich selbst. Sitzungen, Kongresse, Vorlesungen in immer überfüllten Sälen. Seminare, Reisen, Institutsbesichtigungen, wissenschaftliche Korrespondenz mit dem In- und Ausland, Vorträge, Vorsitz des Verbandes württembergischer Akademikerinnen – der ganze Ballast des Ruhmes wälzt sich auf sie nieder. Hin und wieder kurze Briefe an die Gefährtin in der Ferne, Mutter Ida von Wrangell, Geständnisse, die Aufschluß über ihr Empfinden und Einblick in ihr Fühlen geben. »Diese rastlose Arbeit und das ständige Gefühl der Hetze lassen mich nicht dazu kommen, Beziehungen anzuknüpfen . . . Ich würde gerne mit meinen Mitarbeitern im Institut auch außerdienstlich und außerfachlich verkehren, aber dazu gehört ein gewisses Gefühl der Ruhe und Muße, zu dem ich nicht gelange. So hetze ich vorbei an schönen Dingen, an wertvollen Menschen, an jungen Seelen, die Freude machen würden und denen ich von Nutzen sein könnte.«

Und schließlich, als sie ihrem Jugendfreund Wladimir Andronikow wiederbegegnet, ist dieses innere Verlangen nach Ruhe, dieser Drang nach Geborgenheit so groß, so bestimmend, daß sie ans Heiraten denkt. Sie, die im Laufe der Jahre die Unternehmungslust, die Weltneugier und das besonnene Draufgängertum immer mehr auf ihr Arbeitsgebiet verlagert hat, sagt ihm, wie es um sie bestellt ist: »Ich habe kein persönliches Leben. Das mußte ich gegen die ›Berühmtheit‹ austauschen. Ich glaube, es ging zu allen Zeiten, in allen Berufen und in allen Ländern den ungewöhnlichen Frauen so. Alles im Leben muß bezahlt werden. So bin ich denn eine ernste, äußerst objektive Frau in der Öffentlichkeit. Von Bubikopf keine Rede, und die Brille trag ich freilich nicht so auf der Nase, aber in der Seele, und das ist viel schlimmer. Aber in den Ferien kann ich doch wieder die alte, fröhliche Daisy Wrangell von einst sein.«

Gewiß, sie hat das Wagnis gewonnen, hat Verantwortung über sich selbst übernommen, nicht weibliche Weigerung, sondern weibliche Aktion zum Sinn ihres Lebens gemacht, hat nicht wie so viele auf ihr Ich durch Anpassung verzichtet, hat Autonomie gesucht und Führung verworfen, hat den Männlichkeitsmythos durchbrochen und gelangt doch an einen Punkt, wo die Sehnsucht nach Ruhe der Sehnsucht nach Zweisamkeit, Vertrautheit, Intimität und Austausch gleichkommt. Sie will sich selbst in dem anderen noch einmal erleben, will psychische Geborgenheit und ihre umgelenkte, noch immer lodernde Lebenslust durch Gemeinsamkeit neu erfahren. So heiratet sie mit einundfünfzig Jahren. Ihr Mann ist fasziniert von ihrer Selbständigkeit und fühlt sich nicht erniedrigt, als sie ihm anbietet, ihr Mitarbeiter zu werden, Tabellen zu schreiben und ihr die zeitraubenden organisatorischen Arbeiten abzunehmen. Sie steuert das Auto, und er sitzt neben ihr, ohne das Gefühl zu haben, ein solcher Anblick könne seiner Manneswürde Abbruch tun. Er weiß, sie sucht in der Ehe wie jede geistig in Anspruch genommene Frau Augenblicke, in denen Selbstverleugnung einer inneren Erholung gleichkommt, in denen sie sich jenseits aller Erwartungsmuster, aller Strenge und Rationalität bewegen darf. Hier sucht sie, was sie als offizielle Persönlichkeit, als akzeptierte Autorität immer unterdrücken, zumindest verdrängen muß: einen Rest Irrationalität, Banalität, Spontaneität, das Recht auf Unzulänglichkeit, die Lust, sich auch einmal gedankenlos bewegen zu dürfen, so ganz anders, so ganz privat zu sein: extrem, widersprüchlich, mitunter ratlos, sich dem Genuß der Abhängigkeit zu überlassen, ohne Angst, das Gesicht zu verlieren, das Prestige zu mindern oder an Glaubwürdigkeit einzubüßen.

Margarethe von Wrangell, die sich nunmehr auch Fürstin Andronikow nennen darf und nie von diesem angeheirateten Titel Gebrauch macht, auch weil ihn die Zeit ohnehin gestrichen hat, erlebt dieses Glück, dieses unhörbare private Aufatmen, fühlt sich plötzlich als Frau vollkommener, größer, wichtiger, genießt die Wärme der Gemeinsamkeit, fühlt bei allem eine doppelte, weil geteilte Daseinslust, findet ihr Leben jetzt erst wirklich ausgeglichen und erfüllt, doch alles bleibt nur eine kurze, köstliche Erfahrung. Alles währt nur achtundvierzig Monate ihres Lebens. Mit fünfundfünfzig Jahren, nach kurzer Krankheit, stirbt Margarethe von Wrangell.

In der Kapelle des Pragfriedhofs in Stuttgart drängen sich am 4. April 1932 Menschen aus nah und fern, um ihr das letzte Geleit zu geben: Kollegen, Mitarbeiter, Vertreter des Staates und der Wissenschaft, des Bundes deutscher Akademikerinnen und der Frauenvereine, zahlreiche offizielle Delegationen aus dem In- und Ausland. Auch für die Geschichte des deutschen Studentenlebens ist dies ein denkwürdiger Tag: Zum erstenmal senken sich die Fahnen der Studenten über dem Sarg einer Frau – der Agrikulturchemikerin Margarethe von Wrangell, der ersten ordentlichen Professorin Deutschlands.

Lise Meitner
1878 - 1968

Ihre Arbeit ist gekrönt worden mit dem Nobelpreis für Otto Hahn.

Hinter diesem schlichten Satz verbirgt sich das Schicksal Lise Meitners, die Dramatik ihres Lebens und die Dimension ihrer Persönlichkeit. Als sie nach jahrzehntelanger Forschungstätigkeit gemeinsam mit Otto Hahn vor der Entdeckung des Jahrhunderts, der Urankernspaltung, steht und auf den Höhepunkt ihrer wissenschaftlichen Arbeit zugeht, genau in diesem Augenblick muß sie ihre Versuchsreihen abbrechen und aus Deutschland fliehen, denn sie ist Jüdin und in Lebensgefahr. 14. Juli 1938. Für sie das Datum einer geglückten Flucht, aber auch der Tag, der einen tiefen Riß in ihr Leben bringt. Das, was sie immer als ein Stück von sich selbst empfunden hat - die Freunde, die Bücher, die Arbeitsunterlagen und Meßapparaturen -, muß sie über Nacht aufgeben. In einem kleinen Handkoffer nur das Nötigste zum persönlichen Gebrauch - so steht sie auf holländischem Boden. Doch Freunde und Kollegen, die sie hier empfangen, haben nicht den Eindruck, daß diese Frau mit leeren Händen gekommen ist. Sie wissen um ein anderes, ganz und gar ungegenständliches Hab und Gut, das die sechzigjährige Lise Meitner mitgebracht hat - die Art ihres Denkens. Eine Denkart, die alles Nebensächliche und Nichtige beiseite schiebt, die ohne Abweichung und Ablenkung auf eine Sache, einen Vorgang gerichtet ist, nüchtern prüft und zerlegt; eine Betrachtungsweise ohne Sprünge und Spontanitäten, stufenweise aufsteigend, gründlich und geradlinig zum Wesen einer Erscheinung vordringend, und dies in der Überzeugung, daß das Gegenteil einer tiefen Wahrheit nur wieder eine tiefe Wahrheit sein kann.

So wie sie sich mit diesem Denken an ein Naturgesetz heranfragt, auf Eindeutigkeit dringt, genau so nähert sie sich den Menschen: sanft, aber streng, ohne Winkelzüge, ohne Umschweife und doch zaghaft, voller Scheu, voller Zurückhaltung, immer in ihrer lautlos-beredten Art, sich mitzuteilen. Dies schafft eine natürliche Autorität, die Abstand und Schranke den einen, Nähe und Zugang den anderen bedeutet, die ohne Absicht ihre Wirkung hat, die nachhaltig überzeugt, weil sie von innen kommt und durch kein äußeres Lob gestützt werden muß. Das natürliche Ansehen Lise Meitners, das über viele Jahre hinweg durch Tun und nicht durch Zutun Gestalt annimmt, ist das unwägbare Gewicht, das auch hier in der Fremde auf die Waagschale fällt, das ihre Persönlichkeit trägt, ihren Anspruch bestimmt und ihren Namen mit einer Gewähr versieht.

Sie ist noch nicht zwanzig Jahre alt, als sie schüchtern, aber entschieden vor ihre Eltern tritt und ihnen einen Wunsch ankündigt, den sie zugleich wie eine Absicht erklärt: Sie will einen Beruf erlernen, der »mit dem Naturgeschehen und dessen Ursachen zu tun haben kann«. So legt sie zunächst das Lehrerinnenexamen in Französisch ab, bereitet sich in privatem Unterricht auf die externe Matura an einer Knabenschule, dem Akademischen Gymnasium, in Wien vor, besteht die Prüfung und beginnt an der Alma mater Rudolfina Physik, Mathematik und Philosophie zu studieren. Die besorgten Eltern wünschen, daß sie gleichzeitig ein Probejahr als Lehrerin an einer höheren Mädchenschule absolviert, um »im Bedarfsfall den Lehrerberuf ausüben zu können«. Die Eltern befremdet die Konstellation Mädchen und Mathematik, Weiblichkeit und abstraktes Denkvermögen. Sie meinen, daß dies, wie die Tradition es von alters her behauptet, zwei einander ausschließende Gegensätze seien. Wenn es dennoch so etwas gibt, dann ist es ein blinder Zufall und keine natürliche Notwendigkeit. Vier Jahre lang hört Lise Meitner begeistert die Vorlesungen bei Ludwig Boltzmann, der ihr »die Schönheiten der theoretischen Physik« nahebringt, und schreibt unter Betreuung Franz Exners, eines führenden Forschers auf dem Gebiet der Luftelektrizität, ihre Doktorarbeit über »Wärmeleitung in inhomogenen Körpern«. Mit dieser Arbeit ist sie nach Olga Steindler die zweite Frau an der Wiener Universität, die im Hauptfach Physik promoviert. Schon Monate später veröffentlicht die achtundzwanzigjährige Dr.phil. Lise Meitner in den Sitzungsberichten der Preußischen Akademie der Wissenschaften »Einige Folgerungen, die sich aus den Fresnelschen Reflexionsformeln« ergeben.

Die Fachwelt ist verblüfft. Gerade zehn Jahre zuvor, 1896, sind in Deutschland die Mädchen offiziell zum Abitur zugelassen worden, und in Preußen werden Frauen noch immer nicht an den Universitäten immatrikuliert, sind nur als Gasthörerinnen geduldet. Und nun hört man von einer jungen Frau in Wien, die sich mit spielerischer Leichtigkeit und Logik den Naturprozessen zuwendet, Gesetze und Gleichungen analysiert, als verursache ihr dies nicht quälendes Nachdenken, sondern sinnlichen Genuß. Immer mehr zieht es Lise Meitner zur experimentellen Physik, zum Aufbau von »Versuchsreihen, über die sie eine Frage an die Natur stellen und durch deren Messung sie die von der Natur erteilte Antwort entgegennehmen kann«. Nach dem Studium bietet sich ihr dafür eine günstige Gelegenheit: ein Arbeitsplatz am Wiener Theoretisch-Physikalischen Institut, wo Meßmethoden für radioaktive Substanzen erforscht werden. Hier beginnt sie ihre ersten Absorptionsmessungen von α- und β-Strahlen - eine Arbeit, die ihre Vorliebe für die experimentelle Physik zum Reiz, zur Befriedigung, schließlich zu einer Leidenschaft werden läßt, die still in ihr ausbricht und zur rechten Zeit kommt, weil gerade in der Physik eine Revolution im Gange ist.

Am 14. Dezember 1900 wird das Atomzeitalter geboren: Max Planck erläutert vor einer kleinen Versammlung von Wissenschaftlern in Berlin seine Quantentheorie - Strahlungsenergie wird diskontinuierlich, in Quanten, von der Materie aufgenommen und abgegeben. Kurz darauf liefert Ernest Rutherford die ersten Vorarbeiten zum Ergründen des Atomzerfalls. Henri Becquerel, Marie und Pierre Curie entdecken die Radioaktivität. Niels Bohr vervollkommnet das Modell des Atoms. Albert Einstein schlägt die Brücke von Max Planck zu Niels Bohr, indem er die photoelektrische Gleichung aufstellt. Schon wenig später konzipiert er seine bahnbrechende Theorie über Raum und Zeit. Der Grabgesang für das mechanische Weltbild ist angestimmt. Eigendynamik und Selbstbewegung, Wechselwirkung und universeller Zusammenhang sind die neuen Schlüssel, mit denen Chemiker und Physiker Jahr für Jahr und Stufe um Stufe unsichtbare Vorgänge der Materie erschließen. Erkenntnisschranken in Gestalt von Dogmen müssen fallen. Das dialektische Denken, das Fassen des Entgegengesetzten in seiner Einheit, hält Einzug in die Naturwissenschaft. In den chemischen und physikalischen Labors der Welt kommt man kaum noch nach, die Übereinstimmung gefundener Aussagen mit einem vorhandenen Sachverhalt als neue Wahrheit zu bestätigen. Gesetzmäßigkeiten, Prozesse und Kräfte in den kleinsten Teilchen der Materie erhalten ihr sichtbares Gewand in Zahlen, Formeln, Gleichungen und Quotienten, in einer mathematischen Sprache, die für Lise Meitner eine »einfache Axiomatik« ist.

Ausstaffiert mit guten Wünschen, bangen Erwartungen und einem kleinen monatlichen Fixum, das der Vater, Rechtsanwalt Meitner, seiner Tochter gewährt, zieht sie nach Berlin, um die Vorlesungen bei Max Planck zu besuchen und »ein wirkliches Verständnis für Physik« zu gewinnen. Der große Planck, der - nach dem Universitätsstudium der Frauen befragt - »nicht stark genug betonen kann, daß die Natur selbst der Frau ihren Beruf als Mutter und Hausfrau vorgeschrieben hat und daß Naturgesetze unter keinen Umständen ohne schwere Schädigungen ignoriert werden können«, zählt Lise Meitner jedoch sehr bald zu den Ausnahmen, die »für die Aufgaben der theoretischen Physik besondere Begabung besitzen und außerdem den Trieb in sich fühlen, ihr Talent zur Entfaltung zu bringen«, und ernennt sie zu »seinem Assistenten«.

Doch Lise Meitner will weiter experimentell arbeiten und bewirbt sich bei Heinrich Rubens, dem Leiter des Berliner Instituts für Experimentalphysik, um einen Laborplatz. Rubens empfiehlt ihr den achtundzwanzigjährigen Privatdozenten Otto Hahn, von dem er weiß, daß er für sein Forschungsvorhaben auf dem neuen Gebiet der Radiochemie einen Physiker sucht. Noch am selben Tag trifft sie mit Hahn zusammen, und beide entschließen sich zu einer Zusammenarbeit.

Eine Hürde ist noch zu nehmen: Otto Hahn arbeitet am Chemischen Institut des Nobelpreisträgers Emil Fischer, der Frauen in sein Institut nur ungern Eintritt gewährt. Aber weder Lise Meitner will auf eine experimentelle Zusammenarbeit verzichten, noch will Otto Hahn einen Physiker entbehren müssen. So einigt man sich wie so oft, wenn Frauen in der Wissenschaft erscheinen, auf einen

Kompromiß: Sie kann mit Otto Hahn im Erdgeschoß des Instituts, in einer ehemaligen Holzwerkstatt, ihren Arbeitsplatz einrichten. In den oberen Räumen, in den Studiersälen der Studenten jedoch darf sie sich nicht zeigen und muß selbstverständlich durch einen Nebeneingang das Institut betreten. Lise Meitner nimmt die demütigende Bedingung an. Kein Wort der Klage, der Beschwerde oder des Protestes geht über ihre Lippen. Gar eine »Frauenrechtsdebatte« deshalb zu beginnen oder daran eine prinzipielle Betrachtung über die ungleiche Behandlung der Geschlechter zu knüpfen, hält sie für sinnlos. Die einzig wirksame Antwort, die auf eine solche Situation gegeben werden kann, sieht sie im Resultat ihrer Arbeit. Mit gesicherten Fachkenntnissen sich allmählich den gebührenden Anspruch auf Achtung erwerben – dies scheint ihr überzeugender zu sein als jeder noch so leidenschaftliche Appell an den Gerechtigkeitssinn der Herren Kollegen.

Am 28. September 1907 beginnt sie die dreißigjährige Zusammenarbeit mit Otto Hahn, und bald gelingen ihr die ersten vergleichenden Versuche über die Absorption von β-Strahlen der Radioelemente. Als man im Institut merkt, daß das Fräulein im Erdgeschoß, ohne aufzufallen, doch in Erscheinung tritt, ohne viel Worte zu machen, doch Aussagen trifft, ohne sich in den Vordergrund zu drängen, doch zu einem Mittelpunkt wird, als man noch dazu aus ihren Veröffentlichungen herausliest, daß ihre Beweise schlüssig und ihre Folgerungen logisch sind, wird das Verdikt aufgehoben. Schon ein Jahr später darf Lise Meitner wie alle anderen Kollegen die Räume der Studenten betreten und den normalen Institutseingang benutzen. Ihrer natürlichen Autorität, die mit der Präzision ihres physikalischen Wissens und der Bescheidenheit ihres Auftretens zusehends wächst, können sich die Kollegen immer schwerer entziehen.

Obwohl sie den Status eines »unbezahlten Gastes« hat, gilt sie doch bald als das »physikalische Gewissen von Otto Hahn« und findet rasch Eingang in den Kreis der Berliner Physiker. Sie lernt Max von Laue kennen, James Franck, Gustav Hertz, Peter Pringsheim, Otto von Baeyer, Erich Regener und viele andere, denen sie im »Physikalischen Kolloquium« begegnet. Hier nimmt sie begierig die Chance wahr, von ungewöhnlichen Denkansätzen in der Physik und Chemie zu erfahren; hier werden die neusten Forschungsergebnisse diskutiert, manchmal stundenlang nur ein Begriff erörtert oder an ein Problem »herangeredet« – immer belebende Gespräche, die indirekt produktiv auf die eigene Arbeit zurückwirken. Im »Kolloquium« hat sie einen Kreis, in dem sie als Frau weder ihr Wissen noch ihr Nichtwissen gebührlich verbergen muß, einen Kreis, in dem ihr Ansehen nicht vom Wohlwollen irgendeines Mannes abhängt und in dem ihre soziale Stellung – wie in der Gesellschaft noch immer üblich – nicht diejenige ist, die ihr ein Mann gewährt; hier trifft weder der weibliche noch der männliche Status, sondern allein der geistige Status die Auswahl der Teilnehmer und bestimmt ihre Unterschiede. Keiner verlangt, daß Lise Meitner, bevor sie spricht, um Vergebung nachsucht, daß sie eine Frau ist; keiner empfindet sie als Eindringling; keiner befürchtet, sie könnte männliches Denkmonopol untergraben. Die alte Wilhelm-von-Humboldtsche Forderung nach einer Vergeistigung der Beziehung der Geschlechter zueinander bildet im »Physikalischen Kolloquium« die Atmosphäre, in der sie sich wohl fühlt.

1912 ändern sich Lise Meitners Arbeitsbedingungen. Die »Kaiser-Wilhelm-Gesellschaft zur Förderung der Wissenschaften« eröffnet in Berlin zwei Institute – eins für Chemie und eins für Physikalische Chemie und Elektrochemie.

Lise Meitner ist froh, die ehemalige Holzwerkstatt im Erdgeschoß des alten Instituts verlassen zu können. Durch den ständigen Umgang mit Milligrammengen strahlender Substanzen sind die Räume bereits radioaktiv verseucht. Selbst die Geräte »strahlen«. Im neuen Institut findet sie in der radiochemischen Abteilung Otto Hahns zunächst wieder nur als »Gast« Aufnahme. Doch das freundliche Geduldetsein ändert sich sofort, als bekannt wird, daß ihr die Universität Prag eine »Dozentenstelle mit Aussicht auf eine spätere Professur« angeboten hat. 1913 wird sie zum wissenschaftlichen Mitglied des Kaiser-Wilhelm-Instituts für Chemie in Berlin-Dahlem ernannt. Anfangs reagieren einige Kollegen und Studenten spitz und spöttisch darauf, andere versuchen sie zu schneiden. Kleinmütige Borniertheiten dieser Art, die manch anderem Kollegen die Arbeitsatmosphäre verleiden würden, sind nicht wichtig für sie. Auch hält sie es nicht für nennenswert, wenn ein Redakteur einen Artikel von Meitner aus der *Naturwissenschaftlichen Rundschau* in das berühmte Brockhaussche Konversationslexikon aufnehmen will, aber diesen Wunsch sofort fallenläßt, als er erfährt, daß es sich bei dem Verfasser um eine Frau handelt. Nur Ausdruck eines engen Gesichtskreises ist dies für sie, nicht Anlaß zu prinzipieller Debatte, denn Dummheit, so meint sie, charakterisiert sich selbst; einer Dummheit ist nichts hinzuzufügen. Überdies sind ihre Gedanken bei gewichtigeren Dingen: präzisere Meßmethoden für Kernreaktionen zu finden. Die international umstrittene Reihenfolge von β-Zerfall und γ-Emission wird zugunsten Lise Meitners entschieden. Und nicht nur dies: »Auf ihren Einfluß geht auch die Anwendung des von Otto Hahn entdeckten radioaktiven Rückstoßes zum Auffinden und Abtrennen neuer Zerfallsprodukte aus aktiven Niederschlägen zurück. Sie führt die Wilsonsche Nebelkammer, die seit ihrer Erfindung kaum Verwendung gefunden hat, in Berlin ein und verbessert sie mit ihren Mitarbeitern so, daß langsame Elektronen damit untersucht werden können. Ihr gelingen damit erste Aufnahmen der Spuren von durch γ-Strahlung angeregten Positronen, und sie ist auch die erste, die die Paarbildung (Elektron und Positron) aus energiereicher γ-Strahlung nachweisen kann.« Nach dem Ersten Weltkrieg entdeckt sie gemeinsam mit Otto Hahn ein neues radioaktives Element, die lang gesuchte Muttersubstanz der sogenannten Actiniumreihe, das Protactinium, und schließt damit die letzte große Lücke der radioaktiven Zerfallsreihen. Die fachliche Kompetenz verschafft ihr immer mehr Achtung; die zurückhaltende, stille Art erwirbt ihr immer mehr Sympathien. Unter den Kollegen des Instituts gilt ihr Wort als Urteil und ihr Urteil als Resultat. Wird am Schwarzen Brett eine Bekanntmachung ausgehängt, die die Unterschriften Otto Hahn - Lise Meitner trägt, so ist häufig die Reihenfolge der Buchstaben im Wort Lise geändert, so daß unterschrieben steht: Otto Hahn - Lies Meitner. Ist ein Rat vonnöten, wird er bei ihr gesucht. In schwierigen, auch persönlichen Entscheidungen zieht man sie ins Vertrauen. Keiner ihrer Institutskollegen begegnet ihr mehr mit dem so traurigen wie jämmerlichen Überlegenheitsgefühl, ein Mann und daher der tiefere Denker zu sein, prädestiniert, die Wirklichkeit eines Naturprozesses in seinen entgegengesetzten Bestimmungen und in seinen Vermittlungen erfassen zu können. Es scheint, als hätte sie durch sich selbst ein für allemal die Vorurteile gegen eine Frau in der Kernphysik beseitigt, und sie glaubt sogar, daß für immer die Zeit vorüber sei, in der Männer ermuntert werden, Geistesgröße bei Frauen für ein Plagiat an sich selber zu halten.

Als sie 1922 die Venia legendi erhält und von nun an als

Professorin der experimentellen Kernphysik an der Berliner Universität Vorlesungen halten darf, ahnt sie nicht, daß bereits zehn Jahre später, am 6. September 1933, ihr diese Lehrbefugnis entzogen wird und daß für viele Frauen der Weg in die Wissenschaft zu einem Leidensweg artet. Die Nationalsozialisten etablieren das Regime des Antigeistes. Juden gelten ihnen als vernichtenswert, Emanzipierte als hassenswert. In beidem sieht das NS-Regime zerstörerische, zersetzende Kräfte. Finstere, bereits ausgelöscht geglaubte Traditionen kommen erneut zu Ehren. »Die Emanzipation der Frau von der Frauenemanzipation« wird zur Forderung erhoben. Ein wissenschaftliches Studium, eine akademische Ausbildung für Frauen wird für unnütz erklärt und dem Gelächter preisgegeben, denn nur der Mann besitzt »Formwille« und »ideenbildende Kraft«. Er muß »Richter, Soldat und Staatslenker sein und bleiben«. Er hält die geistigen Fäden in der Hand, geht »architektonisch« und »synthetisch« die Dinge an, die Frau dagegen ist »lyrisch-leidenschaftlicher« Natur und hat nur eine »einzige heiligste und größte Aufgabe« zu übernehmen: für die Reinerhaltung der Rasse zu sorgen. Mutterkult und »Muttermythus« feiern Triumphe. »Rassenschutz, Volkskraft und Staatszucht« sind die propagandistischen Parolen, unter denen die Frau als Denkerin in Verdacht und die Frau als Jüdin in Gefahr gerät. Dichterinnen kommen auf den Index. Wissenschaftlerinnen werden von den Universitäten vertrieben. Einige verlassen freiwillig, andere später auf dem Fluchtweg das Land. Namen wie Emmy Noether, die Mathematikerin, Herta Sponer, die Physikerin, Adelheid Torhorst, die Pädagogin, Edith Stein, die Philosophin, die 1942 in Holland verhaftet und in Auschwitz ermordet wird, Namen wie diese stehen für viele. Frauen, die arisch, die nicht jüdisch sind, werden aus der Wissenschaft, aus »weiblicher

Entartung« auf das Feld ihrer Bestimmung gewiesen: dem »Rassenchaos« Einhalt gebieten und als germanisch reinrassige Frau germanisch reinrassige Kinder gebären. Nicht mehr, nicht weniger. Die akademische Frauenbewegung, die gegen Ende der Weimarer Republik einen Höhepunkt erreicht und viele Erfolge vorweisen kann, wird im NS-Regime zum Verstummen gebracht.

Lise Meitner mißt dem Entzug der Lehrbefugnis zunächst keine Bedeutung bei, zumal sie weder Vorlesungen noch Seminare an der Universität gehalten hat. Sie ahnt nicht, daß sich hinter dieser »Formsache« bereits das Inferno ankündigt, das Hitler am 30. Januar 1939 vor dem Reichstag zum Gesetz des Handelns erklärt: die Vernichtung der jüdischen Rasse in Europa. In den Dimensionen des unsagbar Grauenvollen kann sie nicht denken. Von den Niederungen des pervertiert Bösen hat sie kein Vorstellungsvermögen. Noch richtet Lise Meitner, die erste Professorin der experimentellen Kernphysik in Deutschland und Leiterin der physikalisch-radioaktiven Abteilung am Kaiser-Wilhelm-Institut für Chemie, ihr Augenmerk auf einen anderen Vorgang: 1934 horcht die wissenschaftliche Welt auf. Die Tochter von Mari Curie, Irène Curie, findet mit Frédéric Joliot, ihrem Ehemann, die künstliche Radioaktivität. Lise Meitner und Otto Hahn kommen gerade vom internationalen Mendelejew-Kongreß aus Leningrad, als sie im Zusammenhang mit dieser Entdeckung von den aufsehenerregenden Versuchen des Italieners Enrico Fermi erfahren, dem die Erzeugung radioaktiver Atomarten durch Neutronenbestrahlung gelungen ist. Viele Versuche Fermis wiederholen Lise Meitner und Otto Hahn. Die Befunde führen zur Aufstellung der sogenannten »Transuranreihen«, der Elemente, von denen sie vermuten, daß sie im Periodensystem jenseits des Urans stehen und über die sie systematisch zu arbeiten beginnen. 1935 schaltet sich in die Untersuchung Fritz Straßmann ein. Nachdem sich einige Elemente anders als erwartet verhalten, stellen sich die drei eine einfache, aber geniale Frage: Ist eine als Radium bezeichnete Substanz tatsächlich auch Radium? In dreijähriger fieberhafter Forschung arbeiten sie der Lösung entgegen. Doch dann, am Vorabend der Entdeckung, inmitten der angespanntesten Arbeit, als sie ruhelos und bis zur physischen Erschöpfung einem unbekannten Vorgang auf der Spur sind, als sie lauernd an den Meßgeräten sitzen, als auch noch die Nacht im Labor zum Arbeitstag wird und sich ihre wissenschaftliche Neugier zu angestrengtester Gedankenarbeit zuspitzt, gerade da kommt für Lise Meitner dieser jähe, dramatische Abbruch.

Die deutsche Wehrmacht ist in Österreich einmarschiert, und Hitler erklärt den »Anschluß« an das Reich. Die gebürtige Wienerin Lise Meitner wird deutsche Staatsbürgerin und »gefährdet als Jüdin das Institut«, wie parteitreue Kollegen pflichtgemäß nach oben melden. In höchster Not bereiten Otto Hahn, Paul Scherrer, Paul Rosbaud, Peter Debye und Dirk Coster die Flucht aus Deutschland vor, die Lise Meitner am 14. Juli 1938 gelingt.

Obwohl sie ihr Leben in Sicherheit weiß, geht sie – das Ganze nur mühsam als Wirklichkeit begreifend – tief verzweifelt von Holland über Dänemark nach Schweden. Bei Karl Manne Siegbahn, im Nobelinstitut für Physik in Stockholm, bekommt sie einen Arbeitsplatz, beginnt sich tastend zu orientieren und vergleicht sich auf Schritt und Tritt mit einer »aufgezogenen Puppe, die automatisch gewisse Dinge tut, freundlich dazu lächelt und kein wirkliches Leben in sich hat«. Während sie sich hier nach und nach ein »Einfadenelektrometer, ein paar brauchbare Zähler, eine Verstärkeranordnung und ein sehr schlechtes Zählwerk« zusammensucht, um überhaupt eine Arbeitsgrundlage zu haben, während sie hier wie ein Anfänger beginnen muß und die Ergebnisse einer solchen Arbeit als »identisch Null« bezeichnet, während sie dem eigenen Leben wie einem fremden zuschaut, sich überflüssig und unnütz vorkommt, führt Otto Hahn mit Fritz Straßmann die erregenden Versuche über »Radium-Isotope, ihre Halbwertszeiten und Umwandlungsprodukte« fort. Der »kritisch-analytische Geist Lise Meitners« fehlt dem Team. Otto Hahn verständigt sich über die entscheidenden Versuche brieflich mit ihr, braucht, wie er schreibt, ihr »offenes Urteil«, einen »Ausweg ..., irgendeine phantastische Erklärung«. Sie antwortet umgehend, aber das Unmittelbare der Experimente fehlt ihr. Entfernte Nähe - mehr bleibt ihr nicht. Dieweil die Fragen und die Antworten auf dem Postweg zwischen Deutschland und Schweden, Dahlem und Kungälv hin- und hereilen, sich überschneiden, auch verzögern, laufen die Zähler im Hahnschen Labor unerbittlich weiter und fördern schließlich den »völlig neuartigen Prozeß« zutage: Unter dem Einfluß der Neutronen zerplatzt der schwere Atomkern Uran in zwei halb so große Teilchen, von denen das eine das Barium und das andere, wie sich etwas später herausstellt, das Edelgas Krypton ist. Am 22. Dezember 1938 reichen Hahn und Straßmann ihren ersten Bericht über die Versuchsergebnisse der Redaktion der *Naturwissenschaften* ein und geben hierin in behutsamen, vorsichtigen Formulierungen die Entdeckung der Urankernspaltung bekannt.

Für Lise Meitner, die als erste Wissenschaftlerin außerhalb Deutschlands davon erfährt, birgt diese Nachricht eine tiefe persönliche Tragik. In einer dreißigjährigen Zusammenarbeit mit Otto Hahn hat sie gemeinsam mit ihm unbewußt Stufe um Stufe die Vorarbeiten für diese Entdekkung geleistet, hat ihn zur Arbeit über die Transurane veranlaßt, von denen sich nun herausstellt, daß sie alle Spaltprodukte des Urans sind, hat mit ihm als »nuclear pioneer« an den Grenzen einer vorrückenden Welt gestanden und wurde gezwungen, vorzeitig aufzugeben, alles abzubrechen und im Stich zu lassen, um ihr Leben zu retten.

Ohne Vorwurf, ohne Bitterkeit, ohne Enttäuschung reagiert sie auf die Nachricht von der Entdeckung. Vielmehr freut sie sich über die »Wunderbarkeit der Befunde«, spricht von einem »schönen Resultat«, von einer »wunderbaren Sache«. Sie ist zu sehr Wissenschaftlerin, zu fasziniert von der in sich geschlossenen Beweiskette eines Vorgangs, als daß sie ein wissenschaftliches Resultat mit ihrem persönlichen Schicksal vermengen könnte. Gekränkte Reflexionen, eitle Verstimmungen, Gezänk über Entdeckeranteile sind nicht ihre Art, weil sie nicht zur Sache, zur Erklärung eines Naturgesetzes beitragen können. Vielmehr inspiriert sie die Hahnsche Entdeckung, die »vom Standpunkt des Chemikers« aus gemacht worden ist, sie gründlich und ruhig aus physikalischer Sicht zu durchdenken. So gelingt ihr gemeinsam mit ihrem Neffen, dem Physiker Otto Robert Frisch, der ebenfalls Deutschland verlassen mußte, die exakte physikalische Deutung dieses Vorgangs, den sie nicht wie Otto Hahn »Zerplatzen«, sondern »Spaltung« nennt – ein Begriff, der sich international durchsetzt. Fasziniert vom Hahnschen Resultat, geht sie noch weiter: Lise Meitner und Otto Robert Frisch sind die ersten, die den Nachweis erbringen, daß die Urankernspaltung »unter der sehr hohen Energieabgabe von rund 200 Millionen Elektronenvolt« vor sich geht. Eine Energieabgabe, die das Millionenfache gewöhnlicher chemischer Prozesse ausmacht.

Ihre aufsehenerregende Berechnung, veröffentlicht in der *Nature,* Nummer 143/1939, wird von der kernphysikalischen Welt sofort allerorts nachvollzogen und bereits vier Jahre später praktisch bestätigt, als Enrico Fermi den Energiegehalt der Atomkerne technisch nutzbar macht und - 1938 aus Italien emigriert - den ersten energieliefernden Uranreaktor in Chicago in Betrieb setzt.

Mit der physikalischen Deutung und dem experimentellen Beweis für den mit großer Energiefreigabe verbundenen explosiven Kernprozeß, den Lise Meitner und Otto Robert Frisch erbringen, sowie mit weiteren wichtigen Arbeiten in den folgenden Jahren untermauert sie die Grundlagen der Urankernspaltung.

Die natürliche Autorität Lise Meitners wandelt sich in Meitner, die Autorität. Äußere Ehrungen werden ihr ... zigfach zuteil: Mitgliedschaft in sieben Akademien der Welt, fünf Ehrendoktorhüte, Schlagen zum Ritter des Ordens Pour le mérite, Wahl zur »Frau des Jahres« 1945 von der amerikanischen Presse, Verleihung fast aller Preise, die in der Atomphysik zu vergeben sind. Und doch bleibt bei allem unübersehbar, daß ihre Arbeit mit dem Nobelpreis für Otto Hahn gekrönt worden ist.

Es scheint, als summierten sich in diesem schlichten Satz symbolhaft all jene Erfahrungen, die den Frauen auf ihrem Weg in die Wissenschaft nicht erspart geblieben sind: zuerst verhöhnt, dann gedemütigt, schließlich geduldet, aber im stillen weiterhin geringgeschätzt und verwiesen auf einen hinteren Rang, denn sie zählt zum geistigen Fußvolk, er zur genialen Vorhut. Sie trägt die Fakten zusammen, aber er wertet aus. Sie ist der geborene Assistent, die hilfreiche Stütze, vielleicht noch das Gedächtnis des Chefs, aber er bleibt der Spiritus rector. Sie gräbt in dem grauen Arbeitsfeld der Wissenschaft, er erhebt sich zu den ruhmvollen Höhen der Unsterblichkeit. Für Lise Meitner, die einer solchen Rollenverteilung durch Arbeit, Auftreten und

Ansehen entgegenwirkt, hat dieser schlichte Satz, daß ihre Arbeit mit dem Nobelpreis für Otto Hahn gekrönt worden ist, eine andere Bedeutung und eine andere Ursache. Hinter ihm verbirgt sich nicht persönliche Schwäche, nicht männlicher Egoismus, sondern politischer Irrwahn. Sie fühlt sich daher als Frau weder zurückgesetzt noch beleidigt oder ungerecht behandelt. Sie weiß, daß auch ohne diesen Krönungspreis ihr Name aus der Geschichte der Urankernspaltung nicht wegzudenken ist. Dieses Wissen genügt ihr und spricht auch unter den Fachkollegen für sich selbst – für die Dramatik ihres Lebens und die Dimension ihrer Persönlichkeit.

Emmy Noether
1882 – 1935

Daß die Frau nur einen schönen, der Mann aber einen tiefen Verstand hat, daß sie nur Gefühl, aber er Genie besitzt, sie nur beobachtet, aber er die Schlüsse zieht, ist eine Ansicht, die in Jahrhunderten gewachsen ist und tief in den Köpfen der Menschen wurzelt. Immer wieder bedarf es starker Persönlichkeiten, Artisten der Zerstörung, wenn es darum geht, Vorurteile abzubauen. Zu ihnen gehört Emmy Noether, die Frau, die im abstrakten Denken ihre Heimat sucht und von der Albert Einstein sagt, sie sei »das schöpferischste mathematische Genie, das hervorgebracht wurde, seit das Hochschulstudium für Frauen existiert«. Zunächst liegt auf ihrem Weg kein spürbares Hindernis. Ihre Mutter hat bereits den Sinn für Mathematik, ihr Vater hat die Professur dafür, und ihr Bruder studiert dieses Fach. Daher erwartet man von ihr, daß sie gleichfalls in die Familientradition schlägt und ein »Noether«, das heißt ein Mathematiker wird. So absolviert sie problemlos die Städtische Höhere Töchterschule in Erlangen und besteht mit achtzehn Jahren die bayrischen Staatsprüfungen für Lehrerinnen der französischen und englischen Sprache. Von nun an könnte sie Fremdsprachen unterrichten, doch sie will mehr, will weiter, will studieren. An der Erlanger Universität trägt sie sich als Hospitantin ein, legt gleichzeitig die Reifeprüfung am Königlichen Realgymnasium in Nürnberg ab und schwankt wie einst der sprachbegabte Karl Friedrich Gauß zwischen Mathematik und Literatur. Erst nachdem sie ein weiteres Semester in Göttingen Vorlesungen bei Hermann Minkowski, Felix Klein und David Hilbert gehört hat, jenen Männern, »die Göttingen zum Weltzentrum mathematischer Forschung machen«, ist alles entschieden: Mathematik oder nichts. Eine andere Alternative gibt es für sie nicht mehr.

Zum Glück öffnet Bayern seine Universitäten den Frauen offiziell schon 1903, und so kehrt sie in ihre Geburtsstadt zurück, um sich noch im selben Jahr an der Erlanger Friedrich-Alexanders-Universität immatrikulieren zu lassen. Unter den sechsundvierzig Studenten der mathematischen Abteilung der philosophischen Fakultät ist Emmy Noether die einzige Frau, was ihr weder Spaß noch Angst macht, sondern rundum gleichgültig ist. Sie hört die Vorlesungen Paul Gordans, des »Königs der Invarianten«, besucht auch die Kollegien ihres Vaters Max Noether und treibt Mathematik, wie sie sagt, zunächst noch in herkömmlicher, traditioneller Form. Mühelos verfaßt sie ihre Dissertation *Über die Bildung des Formensystems der ternären biquadratischen Form,* besteht die dazugehörige Prüfung mit »summa cum laude« und beendet als doctor philosophiae Amalie Emmy Noether ihr Studium. Die Familie ist beruhigt: Emmy ist ein »Noether«, ein Mathematiker.

Die algebraischen Invarianten werden der Gegenstand ihrer Forschung. Sie ist so begeistert davon, daß sie am Erlanger Mathematischen Institut ohne Gehalt, ohne Auftrag oder Anstellung zu arbeiten beginnt. 1909 wird sie Mitglied der Deutschen Mathematikervereinigung. Dort, wo die Jahresversammlungen stattfinden – in Salzburg, Wien, Bad Nauheim, Jena, Leipzig, Marburg, Innsbruck oder Prag –, hält sie Vorträge, die von Jahr zu Jahr die steigende Aufmerksamkeit der versammelten mathematischen Koryphäen erheischen. Ob »Zur Invariantentheorie der Formen von n Variablen« oder »Über rationale Funktionenkörper« - schon aus ihren ersten beiden Vorträgen spricht der »esprit de précision«, ohne den kein großer Mathematiker je eine Aussage schlüssig formulieren konnte. David Hilbert, bereits zu Lebzeiten gefeiert als »der große Mathematiker unseres Jahrhunderts, der mit seinen vielseitigen Arbeiten die Ausprägung der modernen Mathematik tief beeinflußt«, wird auf Emmy Noether aufmerksam. Er holt sie 1915 nach Göttingen an jene Fakultät, wo Gauß, Dirichlet und Riemann gewirkt haben und wo einundvierzig Jahre früher die große Kowalewskaja mit ihrer Arbeit »Zur Theorie der partiellen Differentialgleichungen« zum Dr.phil. promovierte und in ganz Europa Aufsehen erregte. Hilbert und Klein setzen sich dafür ein, daß Emmy Noether eine Professur bekommt, doch sie müssen erleben, daß dies »wegen Fehlens gesetzlicher Voraussetzungen« scheitert.

Der erste Schritt, die offizielle Zulassung der Frauen zum Universitätsstudium, ist zwar erfolgt, schließt aber den zweiten Schritt, das Recht der Frauen, Vorlesungen halten zu dürfen, noch längst nicht ein. Erst eine Eingabe der Philosophin und Husserl-Schülerin Edith Stein hilft im preußischen Ministerium jenem Nachdenken auf die Sprünge, dessen Ergebnis 1920 in Gestalt eines Erlasses bekanntgegeben wird. Den Frauen ist endlich das Recht zur Habilitation gewährt. Doch bis dahin muß sich Emmy Noether auf der Basis eines Kompromisses bewegen: Sie hält Vorlesungen und Übungen unter Hilberts Namen, was am Schwarzen Brett des Instituts freundlich formuliert ist:

»Mathematisch-physikalisches Seminar. Invariantentheorie: Prof. Hilbert mit Unterstützung von Frl. Dr. E. Noether. Montags 4-6, gratis.« Für die mathematische Forschung gilt

Emmy Noether den Fakultätsangehörigen – unter ihnen Edmund Landau, Spezialist der modernen Zahlentheorie, und Ludwig Prandtl, einer der Begründer der modernen Aero- und Hydrodynamik – bald als unentbehrlich. So zählt sie schon zu dem Göttinger Team, das »Berechnungen schwierigster Art für Einstein« durchführt, berät Felix Klein, wie er selbst schreibt, bei seinen Arbeiten über Funktionentheorie, Geometrie und Algebra, hilft David Hilbert über die Vorlesungen hinaus bei der »Klärung seinen Energiesatz betreffender Fragen«, beschäftigt sich mit Endlichkeitsbeweisen für Invarianten endlicher Gruppen, auch für ganzzahlige Invarianten binärer Formen und erlangt bald den Ruf einer versierten Invariantenspezialistin.

Ohne ein übriges zu tun, steht sie plötzlich im Mittelpunkt von Meinungen, mehr noch: Sie wird als leibhaftige Herausforderung empfunden. Äußerlich ist das Unauffällige das Auffallende an ihr. Sie ist dick, sie ist kurzsichtig, sie ist das Gegenteil von schön. Sie tritt ein und hat ihren Auftritt. Ihr Spott ist laut, ihre Ironie stechend, ihr Witz treffend, ihr Ton oft unsanft. Sie unterbricht gern lange Reden, ist mürrisch, wenn sie einen Gedanken nicht zu Ende führen kann, gereizt, wenn sie eine Arbeit verschieben muß, wütend, wenn ihr ein Beweis nicht gelingt. Den einen gilt sie als polternd und überheblich, den anderen als sanft und feinsinnig. Während manch einer sich fernhält, weil sie ihn vor den Kopf stößt, suchen andere ihre Nähe, weil sie fasziniert sind von ihr. Bald gibt es einen kleinen Kreis, der sich hingerissen um sie schart und sie fanatisch zu verehren beginnt – ein Kreis von Kollegen, Dozenten, Assistenten und Studenten, der dieser Frau, dieser »unmöglichen Intellektuellen«, in ihrem Denken zu folgen vermag.

Je mehr sie sich nämlich mit symbolischem Rechnen befaßt, desto deutlicher zeichnet sich eine Wandlung in ihrem

Denken ab, die mit der Veränderung in der naturwissenschaftlichen Forschung einhergeht. Es ist der Weg von der Empirie zur Theorie, den auch die Mathematik, die vielgerühmte Ars combinatoria, einschlägt. Eine ihrer ältesten Disziplinen, die Algebra, die Leonhard Euler als »die Wissenschaft definiert, welche zeigt, wie man aus bekannten Größen unbekannte findet«, legt gleichfalls ihr klassisches Gewand zugunsten eines modernen ab. Nicht mehr in der Auflösung von Gleichungen sehen Algebraiker ihre Hauptaufgabe, sondern im Untersuchen algebraischer Strukturen. Um Verknüpfungen und Relationen, die innerhalb einer Menge von Elementen definiert sind, ist es ihnen nunmehr zu tun. Dies wiederum macht ein Denken nötig, das losgelöst von allem sinnlich Sichtbaren ist, bei dem nach Hegel »Sehen und Hören vergehen muß«, damit jene Stufe der Abstraktion erreicht werden kann, von der aus eine annähernd sichere Erkenntnis möglich ist. Auch Emmy Noether weiß, daß die Wirklichkeit um so konkreter erfaßt wird, je abstrakter die Begriffsbildungen sind. Sie hat diese Kraft zur Abstraktion und das Talent, innerhalb derselben anschaulich sein zu können. Es macht ihr Spaß, algebraisch-axiomatisch zu arbeiten. Mit jeder gelungenen mathematischen Beweisführung spürt sie nicht nur allgemeinen Denkwegen nach, sondern gibt einen Impuls für neue Denkmethoden und destilliert auf diese Weise aus einem sehr speziellen Gebiet etwas sehr Allgemeines. Nichts scheint ihr leichterzufallen, nichts scheint ihr lieber zu sein. Anwalt des Abstrakten wird sie genannt, und das allein genügt, um unter etlichen ihrer Zeitgenossen in den Verdacht zu geraten, als Frau nicht so wie andere zu sein – ein Mannweib, ein blutarmer Blaustrumpf, ein Hermaphrodit. Inmitten allen Geredes, das sie statt ärgert nur amüsiert, verweilt sie gelassen auf den Höhen der theoretischsten aller mathematischen

Disziplinen und schafft von hier aus jene grundlegenden Arbeiten, die sie zu einem der Schöpfer der abstrakten axiomatischen Algebra werden lassen.

Auf Drängen der Fakultätskollegen reicht Emmy Noether ihre Abhandlung über *Invariante Variationsprobleme* als Habilitationsschrift ein. Dieweil dazu, dem üblichen akademischen Gang folgend, Gutachter bestellt und befragt werden, gerät ihr Name in der mathematischen Fachwelt international ins Gespräch. 1921 veröffentlicht sie in den *Mathematischen Annalen* ihre Arbeit über *Idealtheorie in Ringbereichen,* entwickelt hierin die axiomatische Idealtheorie, indem sie die Teilerkettenbedingung einführt, prägt den Begriff des Primärideals und irreduziblen Ideals, beweist vier Eindeutigkeitssätze und schafft mit dieser Arbeit die Grundlagen der heutigen allgemeinen Idealtheorie, eines Eckpfeilers der Algebra. Ein Jahr später erhält sie die Dienstbezeichnung »außerordentlicher Professor«, allerdings mit dem Vermerk, daß damit »die Übertragung einer beamteten Eigenschaft nicht verbunden ist«. Ihr monatliches Gehalt bleibt so gering wie zuvor. »Ein Titel ohne Mittel«, spöttelt sie und macht sich keine Gedanken, wie sie von dem dürftigen Gehalt leben soll. Hätte sie nicht eine bescheidene Summe geerbt, auf die sich in Notfällen zurückgreifen ließe, könnte sie sich den Luxus, Mathematik zu treiben, nicht leisten. So wie ihre große Physikerkollegin Lise Meitner sich mit dem wenigen, was sie besitzt, zufriedengibt, genauso bedürfnislos steht Emmy Noether dem äußeren Leben gegenüber. Essen, Trinken und Sichkleiden betrachtet sie als profane Pflichten, die stets so einfach wie nötig und so rasch wie möglich erledigt werden müssen. In ihrer Wohnung, einer schlichten Dachstube, hat jeder Gegenstand Gebrauchsfunktion. Auf Komfort, Behaglichkeit und Wohlleben legt sie keinen Wert. Sie hat sich anderswo eingerichtet – in einem axiomatischen Gebäude von Begriffen, das für sie Größe, Farbigkeit und Faszination besitzt. Umgeben von Mengen, Ringen, Körpern, Idealen, Moduln, Gruppen, Polynomen, Determinanten und Restklassen, kann sie ihr fast manisches »Beweisbedürfnis« befriedigen, Theoreme und Theorien auf Vollständigkeit, Widerspruchsfreiheit und Unabhängigkeit untersuchen und ihren Anspruch an Strenge verwirklichen. Hier hat sie eine Arbeit gefunden, die vollkommener nicht sein könnte, weil sie alles für sie ist: Lebenssinn, Sein und Selbst. Auch die äußeren Bedingungen dafür sind günstig. Zu jeder Tages- und Nachtzeit kann sie arbeiten, ohne die Kreise eines anderen zu stören oder Rücksicht nehmen zu müssen. Sie hat keine Kinder, keinen Gefährten, keine geteilte Verantwortung. Sie kennt nicht die Doppelung von beruflichen und familiären Pflichten. Mit rigoroser Ausschließlichkeit widmet sie sich der Mathematik, duldet nichts neben ihr und ist besessen von dieser Intoleranz.

1923 erwirken die Göttinger Kollegen für sie einen Lehrauftrag für Algebra. Nicht mehr auf der Basis eines Kompromisses, sondern als »selbständige mathematische Größe« kann sie von nun an Vorlesungen unter ihrem eigenen Namen halten. Zweimal wöchentlich heißt ihr Thema algebraische und Differentialinvarianten, Endlichkeitssätze, Körpertheorie, dazwischen auch Elementare Zahlentheorie und Algebraische Zahlkörper. Der Erfolg ihrer idealtheoretischen Arbeit ermutigt sie, auf der geistig hochalpinen Klettertour, dem Aufstieg vom Abstrakten zum Konkreten, weiterzugehen, zumal sie weiß: Je höher sie steigt, desto tiefer kann sie in die konkreten Strukturen eindringen. Dieselben Modulbegriffe, aus denen heraus sie die kommutative Idealtheorie entwickelt hat, sollen nun »ihre Kraft auch im Nichtkommutativen zeigen«. So baut sie ihre

Vorlesungen zu einem in sich geschlossenen Programm aus, erreicht die Verknüpfung von Darstellungs-, Modul- und Idealtheorie und schafft damit eine einheitliche Theorie der nichtkommutativen Algebren und ihrer Darstellungen.

Einer ihrer Schüler, Bartel van der Waerden, charakterisiert die Noetherschen Vorlesungen als einen Glanzpunkt algebraisch-axiomatischen Denkens: ein unerhört energisches Streben nach begrifflicher Durchdringung des Stoffes bis zur restlosen methodischen Klarheit, ein konsequentes Bemühen um Einordnung aller speziellen Zusammenhänge unter bestimmte allgemeine begriffliche Schemata. Fertige Theorien trägt sie nie vor, sondern stets solche, die für sie im Werden begriffen sind. Die Gaußsche Auffassung, daß »nicht das Wissen, sondern das Lernen, nicht das Besitzen, sondern das Erwerben, nicht das Da-Sein, sondern das Hinkommen den größten Genuß gewährt«, ist auch die Noethersche Norm, sich einem Gegenstand zu nähern. Von Mitdenken hält sie alles, von Mitschreiben gar nichts. Nach den Vorlesungen gibt es bei Wind und Wetter jene »sokratischen Spaziergänge«, auf denen sie nur wiederum die interessiertesten aus der kleinen Hörerschar begleiten. »Mathematik reden« ist das Ziel. Eindeutiges noch eindeutiger formulieren und jenes Spannungsfeld ausschreiten, welches Einstein mit den berühmten Worten absteckt, daß »die Sätze der Mathematik, insofern sie sich auf die Wirklichkeit beziehen, nicht sicher sind und insofern sie sicher sind, sich nicht auf die Wirklichkeit beziehen«.

Die Studenten, Assistenten und Dozenten, die ihre Vorlesungen besuchen – Noether-Knaben, wie sie scherzhaft genannt werden –, bilden allmählich jenen kleinen, aber leistungsfähigen Kreis, jene Noether-Schule, die in dem großen Jahrzehnt der »modernen Algebra« von 1920 bis 1930 eine führende Rolle einnimmt. Die Schule steht als Synonym für die Arbeits- und Auffassungsmethoden von Emmy Noether, die in der internationalen Fachwelt zunächst Anerkennung und später Anwendung finden – und dies nicht nur in den verschiedenen Disziplinen der Mathematik, sondern auch in der Kristallographie, in der Chemie, in der theoretischen Physik.

Unterdessen müssen selbst ihre Nichtfreunde feststellen: Mut hat diese Noether. Kümmert sich nicht um die Meinungen anderer, geht ihren Weg und wagt zu denken, wie eine Frau vor ihr noch nie gedacht hat. Verweilt gelassen in der Abstraktion vom Abstrakten, holt immer neue Auskünfte über die quantitative Seite der realen Welt ein und findet nichts selbstverständlicher als dies. Daß sie durch den Erfolg ihrer geistigen Arbeit Vorurteile abbaut, wird ihr nicht bewußt. Jegliches Kokettieren mit dem weiblichen Status ist ihr fremd. Durch Denken und nicht durch Allüren, Appelle oder Aktionen Tatsachen schaffen, das nennt sie sinnvoll, nennt sie wirksam. Ende der zwanziger Jahre entwickelt sie die Theorie der verschränkten Produkte und gibt damit einen tiefen Einblick in die Struktur der Algebra. Kurz darauf gelingt ihr mit Richard Brauer und Helmut Hasse die »Neubegründung gewisser Teile der Klassenkörpertheorie mit hyperkomplexen Methoden« und der »Beweis eines lange vermuteten ›Hauptsatzes der Algebrentheorie‹, der besagt, daß jede Divisionsalgebra über einem algebraischen Zahlkörper zyklisch ist«.

Seitdem geht in Fachkreisen die Rede, daß die Algebra viele Väter, aber nur eine Mutter – Emmy Noether – hat. Immer mehr ausländische Gäste, unter ihnen Russen, Japaner und Chinesen, sitzen in ihren Vorlesungen. An ihrem dürftigen akademischen Status am Göttinger Institut ändert sich jedoch nichts. Ihr monatliches Gehalt ist nach wie vor spärlich, die Aussicht, ordentliche Professorin zu werden, nach wie vor gering. Für die Mehrheit des Senats, in dem manch titeltragender Zwerg und manch akademischer Riese Sitz und Stimme hat, ist Emmy Noether ohnehin ein Stein des Anstoßes. Schon ihre Art zu denken erregt bei den meisten von ihnen Mißfallen. Das ganze Abstrakte ist ihnen ein Graus, für das sie nur die gelehrt klingende Frage: Cui bono – wem nützt es? übrig haben. Und so scheint es nur allzu logisch, daß eine ordentliche Professur für ein Fachgebiet, von dem die meisten Wissenschaftler, insonderheit jene, die darüber zu befinden haben, nichts verstehen, nur in ganz außergewöhnlichen Fällen vergeben wird. Weniger als ein Jahrhundertgenie darf es nicht sein. Andere im Senat begründen die Nichtförderung von Emmy Noether mit ihrer Gesinnung. Denn ein ordentlicher deutscher Professor hat von Amts wegen auch eine ordentliche deutsche Gesinnung zu haben. Von Emmy Noether jedoch weiß man, daß sie Mitglied der Sozialdemokratischen Partei Deutschlands ist, drei Jahre sogar Mitglied der USPD war. »Rote Emmy« wird sie genannt, weil sie aus ihrem Pazifismus, aus ihrer radikalen Friedensliebe kein Hehl macht und von den Linken erwartet, daß sie einen neuen Weltkrieg verhindern werden. Und rote Gesinnung an einer deutschen Universität ist noch nie einer Förderung würdig gewesen. Außerdem und in summa fragt man sich, was ein weibliches Wesen überhaupt in der abstrakten Algebra zu suchen hat. Tritt sie nicht die eigenen Geschlechtsgenossinnen, die »in der Furcht des Herrn« erzogenen Frauen, mit Füßen? Fällt sie nicht den Professorengattinnen, die für den Mann, die Kinder und das Kränzchen leben und zur Wissenschaft immer dann in Beziehung treten, wenn sie ein Vorlesungsmanuskript ihres gelehrten Gatten abtippen müssen, schnöde in den Rücken?

Aber es gibt noch ein anderes Motiv, weshalb Emmy

Noether in ihrer Laufbahn auf immer größere Hindernisse stößt: Sie ist Jüdin, und dies ist für einige Mitglieder des Senats Anlaß genug, statt nachzudenken, bloß deutsch zu denken und ihre algebraischen Leistungen mit Skepsis und Vorsicht zur Kenntnis zu nehmen. Geht nicht gerade unrühmlich die Rede von der jüdischen Relativitätstheorie eines gewissen Albert Einstein? Ist nicht mit dem Mord an Walter Rathenau allen jüdischen Bestrebungen ein deutliches Warnzeichen gegeben worden? Und muß nicht gerade eine Universität, höchste Lehranstalt für Wissenschaft und Weltweisheit, den geistigen Strömungen der Zeit Rechnung tragen? Alles in allem: Eine Beförderung zur ordentlichen Professorin erhält sie nicht. Auch eine Mitgliedschaft in der Gesellschaft der Wissenschaften zu Göttingen wird ihr – trotz vieler Vorschläge – verweigert. Nur beiläufig nimmt Emmy Noether diese Entscheidungen zur Kenntnis und setzt sich dessenungeachtet für ihre Kollegen ein.

Pawel Alexandrow, der später die Grundlagen der allgemeinen Topologie ausbaut, verschafft sie ein Rockefeller-Stipendium, Hans Fitting ein Stipendium der Notgemeinschaft Deutscher Wissenschaften. Oft vergeblich, aber immer wieder bemüht sie sich um Göttinger Gastprofessuren für ausländische Mathematiker und unterstützt ihre Schüler, wie diese sich noch nach Jahrzehnten erinnern, »mit selbstlosem Eifer« beim Ausarbeiten ihrer Dissertationen. Dabei geht es ihr vor allem um die Anregung. Anderen Denkimpulse und Problemstellungen zu vermitteln, sie auf scheinbar unbegehbare algebraische Pfade zu lenken, Fragen so zu ersinnen und so zu formulieren, daß sie zu einer einfachen Axiomatik führen, mit der weite Zusammenhänge eines Gebietes erfaßt werden können – das bereitet ihr so viel Vergnügen, so viel Lust und so viel Genuß, daß sie

»Anregung geben und Spiritus rector sein« zu einem überaus wichtigen Teil ihrer Arbeit zählt.

Um Priorität eines Gedankens, einer geglückten Formulierung oder gar neuen Erkenntnis ist es ihr dabei nicht zu tun. Wem zuerst was gelingt, scheint ihr nahezu gleichgültig. Lediglich, daß es überhaupt gelingt, ist entscheidend für sie. Dort, wo ihre Anregung auf einen fruchtbaren Boden gefallen ist, wird es dankbar vermerkt. So leistet ihr russischer Schüler Otto Julewitsch Schmidt, auch Polarforscher und Geophysiker, mit »Noetherschen Methoden einen Beitrag zur Theorie der unendlichen Gruppen mit endlicher Kette und trägt damit wesentlich zur Entwicklung der Algebra in der UdSSR bei«. Auch steht auf Bartel van der Waerdens berühmtem klassischem Lehrbuch der *Modernen Algebra* im Titel der Zusatz »unter Benutzung von Vorlesungen von E. Artin und E. Noether«. In sowjetischen, japanischen und amerikanischen Arbeiten ist von dem Einfluß die Rede, den Emmy Noether »direkt und indirekt auf die Algebraisierung der Topologie genommen hatte«.

1923 wird sie korrespondierendes Mitglied der Akademie der Wissenschaften zu Berlin. Fünf Jahre später hält sie Vorlesungen als Gastprofessorin in Moskau. Vom algebraischen Talent der Emmy Noether ist nicht mehr die Rede. Vom algebraischen Genie wird gesprochen, denn sie gleicht nicht schlechthin »einem Schützen, der ein Ziel trifft, welches die übrigen nicht erreichen können, sondern der eins trifft, bis zu welchem sie nicht einmal zu sehen vermögen«. 1932 bekommt sie gemeinsam mit Emil Artin, dem österreichischen Mathematiker, der die Arithmetik der Algebren allgemein begründet, den ersten und letzten Preis ihres Lebens, den Alfred Ackermann-Teubner-Gedächtnispreis zur Förderung Mathematischer Wissenschaften. Im selben Jahr wird ihr auf dem Züricher Internationalen Mathematikerkongreß als einziger Frau die Ehre zuteil, einen der großen Hauptvorträge zu halten: »Hyperkomplexe Systeme in ihren Beziehungen zur kommutativen Algebra und zur Zahlentheorie.« Die vierhundertzwanzig Kongreßgäste aus allen Teilen der Erde feiern sie stürmisch.

Doch dafür, daß sie »in der ersten Reihe einer ganzen Phalanx von Algebraikern von Weltruf steht«, dafür, daß sich der »Siegeszug der von ihren Gedanken getragenen modernen Algebra in der ganzen Welt unaufhaltsam anbahnt«, wird sie, wie Einstein schreibt, »durch die neuen Herrscher in Deutschland mit einer Entlassung belohnt«. Das Reichsgesetz zur Wiederherstellung des Berufsbeamtentums vom 7. April 1933 dient als Begründung: Ausschluß aller Nichtarier von allen beamteten oder amtsähnlichen Stellen. Helmut Hasse hat zwar noch die Hoffnung, mit Gutachten über die wissenschaftlichen Leistungen seiner Kollegin den Minister umstimmen zu können, doch Emmy Noether weiß bereits um die Sinnlosigkeit eines solchen Unternehmens. Kurz vor seiner eigenen Emigration verschafft ihr Hermann Weyl eine Gastprofessur in Amerika, und so verläßt sie als eine der ersten jüdischen Wissenschaftlerinnen bereits Ende Oktober 1933 ihr Land. Wortlos, klaglos. Fügt sich in ein Schicksal, von dem sie weiß, daß es nur mit Gleichmut und Gelassenheit zu überstehen ist. Im Gegensatz zu Deutschland, wo man nicht sehen will, wen man außer Landes getrieben hat, weiß man in den USA, wer da angekommen ist: nicht nur eine Mathematikerin aus Göttingen, sondern eben Emmy Noether, eine Algebraikerin von Weltruf.

Am Women College in Bryn Mawr, Pennsylvanien, hält sie als Gastprofessorin Vorlesungen über die Theorie algebraischer Zahlen. Später wird sie nach Princeton gerufen, wo sich Einstein und Weyl niedergelassen haben. Emmy

Noether betrachtet es als ein gutes Omen, von nun an »auch Princeton gründlich algebraisch behandeln zu können«, führt am Flexner-Institut »Researchfellows« in die Tiefen der abstrakten Algebra ein, schart erneut einen kleinen Kreis um sich und findet auch hier begeisterte Zuhörer und enthusiasmierte Anhänger. Es scheint, als hätte sich alles gefügt und sie sich in alles gefunden. Kollegen glauben sogar, sie würde bruchlos ihre Göttinger Arbeit in Bryn Mawr fortsetzen – da plötzlich stirbt sie. Drei Wochen nach ihrem dreiundfünfzigsten Geburtstag. Äußerlich sind es die Folgen einer Operation, aber innerlich stirbt sie an einer Welt, die keine Hoffnung auf Heimkehr gewährt, die ihr Angst macht, um den Bruder, um viele begabte Mathematiker; stirbt an denen, die jedes menschliche Maß verloren haben.

Die Nachricht vom Tode Emmy Noethers füllt nicht nur die Spalten mathematischer Fachzeitschriften in aller Welt. Die *New York Herald Tribune* bezeichnet sie als »eine der größten Mathematikerinnen der Welt«. Albert Einstein verweist in seinem Nachruf in der *New York Times* auf die Bedeutung der Noetherschen Methoden für die künftige Generation von Mathematikern. Selbst jene, die nicht unmittelbar zur Noether-Schule gehört haben, kommen immer wieder beim Studium der Algebra mit ihr in Berührung. Die Erkenntnis, daß es einzelne strukturelle Eigenschaften gibt, die so grundlegend sind, daß man viele andere aus ihnen herleiten kann, bleibt ihr Verdienst. Auch in Fachbegriffen leben Noethersche Gedankengänge weiter. So »heißt ein Ring Noethersch, wenn jedes Ideal eine endliche Basis besitzt. Eine Gruppe heißt Noethersch, wenn jede Untergruppe endlich erzeugbar ist. Außerdem spricht man von Noetherschen Gleichungen, Noetherschen Moduln, Faktorensystemen u. a. m.«

Eingeweihte wissen, daß Emmy Noether die Mathematischen Traditionen einer Madame du Châtelet, Sophie Germain oder Sonja Kowalewskaja fortsetzt, wenn auch auf einem bisher noch nicht dagewesenen abstrakt axiomatischen Gebiet. Obwohl sie alle vier in den unterschiedlichsten mathematischen Disziplinen zu Ruhm kommen, obwohl sie sich in Herkunft, Temperament und Weltsicht unterscheiden, haben sie doch alle ein Gemeinsames: Sie zerstören ein Vorurteil. Sie zeigen, daß es nicht die Bestimmung der Frau sein kann, alles von andern zu empfangen, daß nicht im Schweigen die vielgerühmte »Weisheit des Weibes« liegt, sondern in tätiger Erkenntnis. Geist, das beweisen ihre Forschungsergebnisse, hat kein Geschlecht. Emmy Noether geht ihnen allen voran. Mit ihrem Denken erweitert sie die Grenzen der Algebra und formuliert damit zugleich die Größe weiblicher Möglichkeiten. Weniger hat sie nicht tun wollen. Mehr hätte es nicht sein können.

Renate Feyl
Idylle mit Professor
Roman

KiWi 262

Die Geschichte der Ehe Victoria Gottscheds wird in der einfühlsamen, prägnanten Darstellung Renate Feyls zum Paradigma der Widrigkeiten, die die Kreativität der Frau seit Jahrhunderten behindert haben.

»Renate Feyls Biographie der Gottschedin sei als unterhaltsame, informative und kluge Lektüre empfohlen.«
Neue Zürcher Zeitung

»Der Stoff ist gut, ja genial gewählt.« *FAZ*

KiWi Paperbackreihe bei Kiepenheuer & Witsch

Renate Feyl
Sein ist das Weib
Denken der Mann

Ansichten und Äußerungen für und wider
die gelehrten Frauen

KiWi 249

Was Deutschlands hervorragendste Dichter und Denker über die Frau gedacht haben, hat Renate Feyl mit dem scharfen Blick der Autorin, die in ihren Büchern den Kampf der Frauen um geistige Unabhängigkeit schildert, zusammengetragen. Ein Zitatenschatz, dessen Absurdität amüsiert, aber auch nachdenklich macht, denn Spuren dieses Denkens sind immer noch in Männern und Frauen lebendig.

KiWi Paperbackreihe bei Kiepenheuer & Witsch

Sandra Faulkner/Judy Nelson
Love Match

Judy Nelson und Martina Navratilova
Mit einem Vorwort von Rita Mae Brown

Titel der Originalausgabe: *Love Match*
Aus dem Amerikanischen von Titus Kreyenberg
Mit zahlreichen Abbildungen

KiWi 356
Originalausgabe

Love Match ist die ungewöhnliche Liebesgeschichte zweier Frauen – Judy Nelson und Martina Navratilova – in der privaten und öffentlichen Welt des großen Tennis, von den glücklichen Anfängen bis zum bitteren Ende.

KiWi Paperbackreihe bei Kiepenheuer & Witsch

Joan Haslip
Sissi
Kaiserin von Österreich

Titel der Originalausgabe: *The Lonely Empress*
Aus dem Englischen von Alfred P. Zeller
KiWi 358

Um kaum eine Figur der Geschichte rankt sich so viel Romantik und Tragik wie um »Sissi«, Kaiserin Elisabeth von Österreich und Königin von Ungarn. Ihre Liebesheirat mit Franz Joseph I. im Alter von siebzehn, ihre zunehmende Exzentrik und Vereinsamung, ihre Ermordung 1898 durch einen italienischen Anarchisten in Genf sind der Stoff für Joan Haslip, die hervorragende englische Autorin historischer Biographien.

Kiepenheuer & Witsch

Dorothea Tanning
Birthday
Lebenserinnerungen

Titel der Originalausgabe: *Birthday*
Aus dem Amerikanischen von Barbara Bortfeldt

KiWi 260

In ihren Erinnerungen schildert die Malerin Dorothea Tanning ihr Leben als Künstlerin und als Ehefrau von Max Ernst. Sie war 34 Jahre lang bis zu seinem Tod 1976 mit ihm zusammen.
Birthday wurde zu einem ungewöhnlichen Lebensbericht – dicht, farbenreich, von poetischer Kraft, ein surrealistisches Gemälde in literarischer Form.

KiWi Paperbackreihe bei Kiepenheuer & Witsch

Cheryl Benard / Edit Schlaffer
Grenzenlos weiblich
Europas schwaches Geschlecht: stark im Kommen

KiWi 293

In diesem Buch stellen sich Frauen vor, die es, wie man so sagt, »geschafft«, Karriere gemacht haben. Von jeder läßt sich etwas lernen. Ihre Wege zum Erfolg sind oft Umwege, die sie aber trotzdem zum Ziel führen.